SIMON DARAGON

FISCALITÉ IMMOBILIÈRE

CE QUE VOUS DEVEZ SAVOIR POUR OPTIMISER VOS INVESTISSEMENTS

Vuibert

Couverture : Valérie Le Roux
Photos de couverture : Olivier Polia
Conception graphique et mise en page : Sébastienne Ocampo

ISBN : 978-2-311-62555-4

5, allée de la 2e DB, 75015 Paris
Site Internet : www.vuibert.fr

« Vous ne devez pas chercher à baisser vos impôts.
Votre objectif doit être d'augmenter vos revenus
sans augmenter vos impôts. »

Simon Daragon

BONUS

Retrouvez Simon Daragon sur son compte Instagram *@daragonconseil* pour deux sessions de correction en direct des entraînements. Échangez avec lui et posez-lui vos questions !

Les deux sessions et les corrigés seront également accessibles sur le site Vuibert :

www.lienmini.fr/5554-01

Qu'il me soit ici permis d'exprimer ma sincère reconnaissance à tous ceux qui, depuis plusieurs années, me font confiance pour les aider à prendre les bonnes décisions dans leurs stratégies fiscales et, plus généralement, dans les problématiques qu'ils rencontrent. Nos échanges sont toujours passionnants, et vos interrogations m'ont permis de me perfectionner dans cette matière que j'aime tant. Ce livre est en partie le fruit de cette expérience acquise progressivement.

Évidemment, je souhaite également adresser ma gratitude à toute mon équipe, qui m'a accompagné au quotidien dans cette aventure. Je mesure pleinement vos efforts pour me supporter, et accepter le rythme parfois imposé. Sans vous, nul doute que le résultat n'aurait pas été le même.

Je tiens aussi à remercier l'Université catholique de Lille pour la confiance qu'elle m'a accordée, en me recrutant récemment comme maître de conférences en droit fiscal et en me confiant si rapidement la co-direction du master de droit fiscal. Merci notamment à monsieur le doyen, Ioannis Panoussis, pour son soutien permanent et son accueil dans cette belle université.

Au terme de cette aventure, je ne peux pas non plus oublier le soutien qui m'est continuellement apporté par l'ensemble de mes proches. Même si ce projet est resté confidentiel jusqu'au bout pour la majorité d'entre vous, votre présence au quotidien est ce qui me donne la force d'avancer et de me lancer sans cesse dans de nouveaux challenges.

Enfin, je tiens à exprimer ma profonde gratitude à tous ceux qui, de près ou de loin, de quelque manière que ce soit, ont contribué à la réalisation de ce travail. Je ne peux pas tous vous citer ici, mais j'ai conscience de ce que je vous dois, et vous suis éternellement reconnaissant.

SOMMAIRE

INTRODUCTION

Au moment où j'entame l'écriture de l'introduction de ce livre, nous sommes le dimanche 8 août 2021. Plus d'un an après avoir démarré la rédaction du corps de l'ouvrage, je termine par l'introduction. C'est une évidence pour ceux qui écrivent, mais savez-vous pour quelle raison on termine par l'introduction ? Tout simplement parce que celle-ci permet de faire passer le message général, la pensée de l'auteur et, surtout, elle présente l'ensemble des développements qui arrivent. Il faut être immédiatement percutant, tout en ne révélant pas complètement ce qui suit. À quel moment est-on le plus apte à le faire ? Évidemment juste avant de remettre le document final à l'éditeur. Imprégné du travail réalisé et des semaines qui y ont été consacrées, c'est donc le moment idéal pour introduire tout ce qui va suivre.

Ce dimanche 8 août 2021, je me trouve dans la maison de mes parents, dans l'arrière-pays niçois. C'est ici que, retranché pendant quelques semaines, je finalise cette passionnante aventure. Les années sont passées si vite. D'abord, il y a eu les études de droit, la spécialisation en fiscalité dans les masters parisiens les plus réputés, la rédaction de ma thèse de doctorat pendant plus de cinq années, la vie à Paris, le retour à Nice et, désormais, la découverte du Nord et du reste de la France. Ensuite, ce sont les expériences diverses, dans des cabinets d'avocats ou des entreprises, ou encore auprès du gouvernement de la principauté de Monaco. Et puis, évidemment, aujourd'hui, la passion pour l'enseignement, l'accompagnement de vous tous au quotidien, nos rencontres dans toute la France et à l'étranger. Enfin, il y a la rédaction de ce livre ces derniers mois, pour poursuivre mon objectif principal, qui s'est dessiné progressivement depuis le début de ma spécialisation universitaire : rendre la fiscalité accessible à tous.

Démocratiser cette matière particulièrement complexe est une mission que je me suis fixée, et ce avec une remise en cause permanente de ma méthode de transmission. Depuis bien longtemps, j'estime que celui qui n'est pas capable de se faire comprendre de tous ne dispose pas lui-même d'une maîtrise suffisante de la connaissance pour la transmettre efficacement. Autrement dit, ce n'est pas en parlant de fiscalité avec un autre spécialiste de la matière que l'on sait si on la maîtrise : c'est justement, au contraire, en l'expliquant à quelqu'un qui n'y connaît rien et qui a tout à apprendre que l'on se rend compte de son propre niveau. En un mot, il n'y a pas de mauvais élèves : dès lors qu'une personne a la volonté d'apprendre et de comprendre, il n'y a que de mauvais enseignants. À quoi bon maîtriser des sujets techniques si c'est pour en discuter uniquement avec d'autres spécialistes ? Cela n'a aucun intérêt. Ce livre a donc l'ambition d'être pour tous.

Un autre point important : transmettre par écrit n'est pas aussi simple que transmettre à l'oral, où les termes employés peuvent être plus « familiers », les illustrations choisies plus « grossièrement » décrites, les explications plus directes. Dans un livre, un cadre doit être respecté et un certain formalisme s'impose. Pour autant, l'avantage de l'écrit, qui n'existe pas lors d'explications orales, c'est que le lecteur a la possibilité de relire autant de fois qu'il le souhaite le développement. Ses chances de compréhension et de maîtrise sont donc tout aussi importantes. Surtout, pour pallier toutes les difficultés de compréhension qui pourraient survenir chez l'ensemble des lecteurs, et afin de combiner explications écrites et orales, j'ai décidé de répondre à toutes vos interrogations en live. Les deux sessions seront annoncées sur mon compte Instagram *@daragonconseil.*

*****

Ce livre, je l'ai principalement écrit pour deux raisons.

D'une part, parce que la transmission est ma passion. D'autre part, parce que j'estime, depuis longtemps, qu'un certain nombre de sujets, en matière fiscale, méritent d'être maîtrisés par tous. Mais si ce livre est un préalable nécessaire à l'investissement immobilier, il ne peut évidemment pas couvrir l'ensemble du champ de la fiscalité immobilière.

1. La transmission est ma passion

« On fait notre métier pour délivrer et pour transmettre notre connaissance [...]. »
Alain Ducasse

« Il est plus beau de transmettre aux autres
ce qu'on a contemplé que de contempler seulement. »
Saint Thomas d'Aquin

Ma passion pour l'écriture se manifeste dès le plus jeune âge. Celle pour la transmission est encore plus forte : j'ai su très tôt dans ma vie que j'aurai envie d'aider les autres et de transmettre. Je ne savais évidemment pas quelle serait ma spécialité avant mes études universitaires, mais j'ai rapidement tenu à me sentir utile.

J'ai pris conscience de l'importance de la matière fiscale lors de mes études de droit. Et plus précisément lorsque j'ai compris, en deuxième année, le fonctionnement des finances publiques de notre pays. Qui n'a pas entendu ses parents ou ses proches parler d'impôts, ou s'interroger sur l'utilisation qu'en font nos responsables politiques ? Comment sont réparties les sommes prélevées entre les différentes missions de service public ? C'est en effet important de le rappeler : nos impôts servent à financer les différentes missions de service public fournies par l'État et les différentes collectivités. Nous devons nécessairement payer des « impôts » (au sens large du terme) si nous voulons que l'État assure notre sécurité, finance notre système de santé ou encore permette aux enfants d'aller à l'école gratuitement. Et pour autant, un foyer sur deux ne paye pas l'impôt sur le revenu. Ce sont ces constats et ces interrogations qui m'ont conduit à m'intéresser de près aux finances publiques et à la fiscalité. Dès que j'ai compris qu'il s'agissait d'une matière particulièrement complexe, avec très peu de spécialistes, et difficilement accessible, j'ai su qu'il s'agirait de mon domaine de compétence.

Par la suite, j'ai progressivement franchi les étapes pour me spécialiser. D'abord, un master en droit fiscal à l'université Paris 1 Panthéon-Sorbonne, puis un second master en fiscalité internationale, à Paris 2 cette fois-ci (université Assas et HEC Paris), afin de maîtriser également la dimension internationale des problématiques fiscales. J'ai ensuite rédigé ma thèse de doctorat, pendant plus de cinq années, afin de devenir docteur en droit fiscal, diplôme le plus élevé chez les juristes. Cette étape était obligatoire pour me permettre de devenir maître de conférences et ainsi pouvoir légitimement enseigner aux étudiants de l'université.

Dès l'âge de 23 ans, j'ai pris un immense plaisir à vulgariser la fiscalité lors de mes enseignements à l'université, et surtout à m'apercevoir que « ça marche ». Les étudiants sont intéressés, alors que, pour la plupart, ils démarrent le premier cours en traînant les pieds, sans motivation particulière.

En 2018, contacté par un responsable politique français, je suis parti donner des conférences en Europe pour les Français de l'étranger. Je me suis rendu compte que ces personnes, parties de France pour le travail ou pour des raisons familiales, ne savaient absolument rien du traitement fiscal des Français résidant à l'étranger. Comment sont-ils imposés sur leurs revenus locatifs de source française, alors qu'ils vivent à l'étranger ? Peuvent-ils bénéficier des mêmes avantages fiscaux que lorsqu'ils vivaient en France ? Là encore, ces rencontres, si enrichissantes, m'ont fait constater un problème de compréhension de la fiscalité chez les contribuables, quels qu'ils soient.

Que me manquait-il encore comme ingrédient pour atteindre mon objectif de transmission ? Quelque chose qui ne s'apprend pas : l'expérience par la pratique. Je l'ai acquise avec le temps. Aujourd'hui, et depuis trois ans, mes rencontres quotidiennes avec chacun d'entre vous – particuliers, professionnels, investisseurs, sportifs de haut niveau, chefs d'entreprise de tous secteurs, « champions » du e-commerce et tant d'autres – me permettent de perfectionner la transmission de connaissances avec des exemples concrets et par des problématiques réelles traitées au quotidien. Chaque journée est ponctuée de nouvelles situations, de nouvelles réflexions et de nouvelles solutions. C'est cette richesse supplémentaire qui confère un aspect différent aux enseignements et séminaires réalisés, ainsi qu'à tous nos rendez-vous. Et cette expérience, j'ai également décidé de la vulgariser, comme tout le reste.

Aujourd'hui, que l'on se rencontre à l'université, dans un séminaire ou en rendez-vous, je n'ai qu'un seul objectif : vous expliquer clairement, avec des mots simples, des notions potentiellement complexes. Grâce à nos échanges, vous devez certes acquérir des connaissances, mais aussi et surtout une certaine autonomie pratique. Quel serait sinon l'intérêt de parler de fiscalité ? Finalement, je veux éviter que vous ne sortiez d'un rendez-vous, d'un cours ou d'un séminaire avec le ressenti que j'ai lorsque je sors de chez mon garagiste : quoi qu'il me dise, n'ayant aucune maîtrise de son domaine d'expertise et dans la mesure où il ne m'apporte pas d'explications claires, je ne peux qu'acquiescer lorsqu'il me dit quelles sont les réparations à réaliser. Avec – je sais que vous l'avez déjà eu aussi – le sentiment, parfois, de « se faire avoir », à cause de son ignorance.

Aujourd'hui, j'ai la sensation d'être arrivé à maturité et d'être en mesure de transmettre au plus grand nombre par le biais de cet ouvrage.

L'immobilier et la fiscalité sont deux domaines qui occupent le quotidien des Français. L'immobilier constitue de surcroît leur placement préféré. Il s'agit ainsi d'au moins deux bonnes raisons de vouloir vulgariser les règles fiscales applicables en présence d'un investissement immobilier.

Dans ce livre, mon souhait, comme lorsque j'échange avec chacun d'entre vous, est donc de vous donner davantage d'autonomie dans les décisions que vous aurez à prendre, et surtout de vous aider à comprendre pourquoi il faut se positionner dans un sens ou dans un autre. La plupart du temps, lorsque vous consultez un fiscaliste, ou même tout autre professionnel, il vous dit ce qu'il faut faire, mais sans vous en expliquer clairement la raison. Appliquer une solution, c'est bien ; la comprendre, c'est mieux.

2. Certaines connaissances sont nécessaires avant de se lancer dans l'investissement immobilier

« Choisir c'est renoncer. »

« La simplicité peut être plus difficile à atteindre que la complexité. Il faut travailler dur pour arriver à faire simple. »
Steve Jobs

Depuis de nombreuses années, je constate, en vous côtoyant au quotidien, que certaines connaissances essentielles à celui qui souhaite investir dans l'immobilier sont ignorées. Pour aller plus loin dans le raisonnement, je crois qu'il serait même intéressant d'envisager d'imposer un enseignement d'éducation fiscale dès le lycée, afin de permettre à chacun d'entre nous, dès le plus jeune âge, de comprendre la société dans laquelle nous vivons et le fonctionnement du rouage essentiel de notre système que représente le paiement de l'impôt.

Les thèmes de ce livre ont été minutieusement choisis car ils représentent, à mon sens, ce qui est essentiel pour maîtriser les fondamentaux de la fiscalité immobilière. Un investisseur ne peut pas avancer sereinement sans disposer de ces connaissances. S'il le fait, il prend le risque de réaliser des choix inopportuns, avec potentiellement des conséquences financières importantes dans un avenir plus ou moins proche.

Pour autant, ce livre n'a pas la prétention de couvrir l'ensemble des questionnements de la fiscalité immobilière. D'ailleurs, si c'était le cas, il perdrait la dimension « accessible à tous » que je souhaite impérativement lui donner. J'ai donc fait le choix de me concentrer sur la compréhension des mécanismes fiscaux les plus importants, sur le traitement fiscal applicable lorsque vous investissez en nom propre, et sur les conséquences que peut avoir la fiscalité dans notre quotidien, notamment en présence d'un contrôle fiscal.

J'ai volontairement écarté l'investissement par le biais de structures. Cette thématique nécessiterait potentiellement un livre à elle seule. Surtout, j'estime que ce n'est pas un sujet qui peut être synthétisé simplement dans un ouvrage, et qui dépend bien trop de la situation précise du contribuable, de ses objectifs à moyen et à long terme, et de sa capacité à maîtriser les enjeux existant derrière une ou plusieurs structures.

En un mot, j'ai préféré m'assurer que vous serez tous en mesure de comprendre ce livre, et que tous les éléments y sont réunis pour vous permettre de véritablement avancer dans la maîtrise de la matière. Plutôt que de tout y mettre, de manière trop théorique et trop complexe, et pour éviter qu'il ne s'agisse que d'un ouvrage réservé aux plus téméraires, j'ai fait le choix de l'essentiel plutôt que de l'exhaustivité. N'hésitez pas à vous imprégner des développements qui sont proposés. Vous verrez que, même si ce n'est pas dans l'immédiat, vous aurez à l'avenir certains déclics au niveau de la compréhension et des décisions à prendre. Tout a été pensé et réuni pour vous permettre d'avancer en ce sens.

Évidemment, les connaissances que comporte ce livre ne permettent pas à celui qui l'a lu de « foncer sans réfléchir » ou d'avoir des réponses précises à toutes ses interrogations. Au risque de vous décevoir, ce livre ne saurait donc vous garantir la réussite dans vos investissements immobiliers. Bien des paramètres sont à prendre en compte lorsque l'on investit, à commencer par l'état du marché immobilier et le choix des biens dans lesquels on investit. En revanche, les 15 thèmes de ce livre, une fois maîtrisés, vous permettront de comprendre l'environnement fiscal dans lequel nous vivons et de connaître les mécanismes fiscaux essentiels, en lien avec vos investissements immobiliers.

Et même si ce livre ne peut pas vous dispenser de voir un professionnel de la fiscalité pour cadrer votre stratégie, pour vous aider à prendre vos décisions, ou encore pour vous sécuriser complètement face à un contrôle fiscal, il vous permettra d'effectuer vos choix avec davantage de lucidité. Par exemple, si j'étais amené à vous accompagner à la suite de la lecture du livre, vos connaissances rendraient nos échanges bien plus intéressants et nous permettraient, ensemble, de prendre les bonnes décisions. Quelle est en effet la principale problématique que je rencontre aujourd'hui lorsque quelqu'un me présente sa situation et me demande de l'aider ? S'il n'a strictement aucune maîtrise de la matière fiscale, il omettra nécessairement de me communiquer des éléments importants de sa vie, dont je ne peux pas avoir connaissance. Et si je lui pose certes tout un tas de questions pour essayer de couvrir le champ de sa vie actuelle et future, personne d'autre que lui ne sait mieux ce qu'il veut pour l'avenir, et quels paramètres sont à prendre en considération. Comprendre et maîtriser la fiscalité, c'est non seulement se mettre en capacité de prendre les bonnes décisions, mais c'est aussi et surtout celle de se poser les bonnes questions.

*****

Chères lectrices, chers lecteurs,
Il est temps de conclure cette introduction et de se tourner vers le cœur du livre.

Si je devais résumer le message global de ce livre en une phrase, ce serait de vous dire que, quand vous investissez ou que vous entreprenez, **vous ne devez généralement pas chercher à baisser vos impôts. Votre objectif doit être d'augmenter vos revenus sans augmenter vos impôts.**

Ne commettez pas l'erreur de penser que c'est en baissant votre fiscalité que vous vous sentirez mieux, car c'est une quête qui, sur le long terme, serait vaine. Bien sûr, vous parviendriez à réduire vos impôts pendant quelques années, mais à quel prix ? À quelques exceptions près (car il y en a toujours), pensez-vous véritablement que le dispositif Pinel soit réellement intéressant ? Une acquisition généralement au-dessus du prix du marché, et tant de contraintes (durée minimum de location, plafonnement des loyers, etc.) pendant de nombreuses années pour faire le constat, à la sortie, que votre bien n'a pas (ou peu) pris de valeur, voire en a perdu. C'est une vision sur le court terme. C'est, d'une certaine manière, la solution apaisante à un instant « t », mais qui est généralement sans avantage financier réel. Elle est moralement satisfaisante, et vous avez la sensation, au moment où vos impôts sont particulièrement élevés et que vous prenez la décision d'utiliser le dispositif, que vous allez dans la bonne direction.

Je ne dis pas que ces dispositifs sont toujours inintéressants. Je ne dis pas non plus qu'il n'existe pas de moyen de baisser ses impôts et d'optimiser toutes les décisions prises au quotidien par les particuliers et les professionnels (c'est d'ailleurs mon rôle d'identifier les possibilités existantes). Je dis simplement qu'il existe une autre manière de raisonner pour celui qui investit dans l'immobilier, et qui est une « garantie » sur du plus long terme. Comme je l'ai écrit il y a quelques lignes, vous devez essayer d'augmenter vos revenus sans augmenter vos impôts.

Prenons un exemple très simple : supposons que vous avez des salaires de 100 et des impôts de 10. Votre première réaction est de vous demander comment réduire ce montant de 10. En réalité, vous ne devez pas nécessairement chercher à réduire le montant des impôts, mais plutôt à compléter vos salaires, grâce par exemple à vos investissements immobiliers.

Si vous parvenez, en quelques années, à avoir 10 de revenus locatifs nets sur lesquels la fiscalité est faible voire inexistante, vous aurez réussi à avoir des revenus de 110, avec des impôts toujours de 10. Quelle différence avec le fait d'avoir fait disparaître ses impôts grâce à un dispositif particulier ? Aucune, vous êtes à 0 dans les deux cas. Et pourtant il existe une différence très importante. Si vous êtes parvenu à réduire vos impôts à 0 grâce à un dispositif particulier, ce ne sera que provisoire, et généralement avec une conséquence financière négative à la fin (notamment au moment de la vente). L'augmentation de vos revenus sans fiscalité supplémentaire, ou avec une fiscalité limitée car maîtrisée, est en revanche une réalité potentiellement sans limite de durée, sur du long terme.

Vous devez suivre ce raisonnement dans l'investissement immobilier, mais plus généralement dans toutes vos décisions liées aux affaires. D'une certaine manière et – je vous l'accorde – assez schématiquement, soit on regarde vers le bas en essayant de réduire sa fiscalité (tout en sachant que lorsque l'on a des salaires, il existe un barème légal et peu de manières d'optimiser), soit on regarde vers le haut en se demandant comment faire en sorte que ses salaires soient complétés par d'autres sources de revenus, mais avec une fiscalité plus maîtrisée que celle applicable à ses salaires.

L'ensemble des développements de ce livre a donc pour ambition de vous préparer à avancer dans cette direction. Ce sont ensuite vos connaissances, vos raisonnements et vos stratégies qui vous permettront de trouver des solutions utiles sur la durée. Souvent, une fois ces connaissances maîtrisées, vous parviendrez à vous projeter sur plusieurs années et à identifier comment avancer.

Voilà ce que je voulais vous dire pour démarrer. L'introduction est la seule partie « romancée » de ce livre. Dès les prochaines pages, nous allons nous attaquer à la fiscalité à proprement parler, assez technique mais racontée avec la passion qui m'anime, et qui, je l'espère, sera perceptible au travers des mots employés.

Je vous souhaite une excellente lecture et suis impatient d'avoir vos retours.

Simon

PRÉSENTATION GÉNÉRALE DU LIVRE

« En ce monde rien n'est certain, à part la mort et les impôts. »
Benjamin Franklin

« Il faut apprendre, non pas pour l'amour de la connaissance, mais pour se défendre contre le mépris dans lequel le monde tient les ignorants. »
Charlie Chaplin

Le livre est structuré en 15 thèmes, destinés à répondre à 15 grandes interrogations.

À la fin de chaque thème, une rubrique « Ce qu'il faut retenir » permet de récapituler en quelques lignes l'ensemble des développements proposés. Il me semble en effet essentiel de vous proposer une synthèse des éléments incontournables de chaque thème.

Enfin, chaque thème se termine par quelques exercices d'entraînement, destinés à s'assurer que le contenu du thème est acquis et que vous pouvez poursuivre votre apprentissage.

1. Avoir son domicile fiscal en France : quelles conséquences ?
Le point de départ, en matière de fiscalité française, est de savoir si vous avez ou non votre domicile fiscal en France. En effet, si la réponse est positive, vous serez imposé en France sur vos revenus de source française comme de source étrangère. Il est donc essentiel d'être capable, dans une situation précise, de savoir si vous êtes concerné ou non par la fiscalité française.
Ce thème vous permettra donc de maîtriser la définition du domicile fiscal et d'être en mesure, dans n'importe quelle situation qui vous concernerait ou qui toucherait un de vos proches, de savoir si le domicile fiscal du contribuable se trouve ou non en France, et quelles sont les conséquences sur sa fiscalité.

2. Comment fonctionne l'imposition des revenus en France ?
Une fois que vous serez en mesure de déterminer si un contribuable a son domicile fiscal en France ou non, vous devrez comprendre la logique générale de l'impôt sur le revenu. Très concrètement, il s'agit de maîtriser

le cheminement qui permet, à partir d'une situation donnée, de calculer le montant de l'impôt sur le revenu dû par un contribuable.
Ici, nous aborderons plusieurs étapes, afin de partir du type de revenus perçu pour arriver au montant de l'impôt à payer. Des exemples chiffrés vous permettront de vérifier votre compréhension des différents mécanismes.

3. Comment fonctionne le prélèvement à la source ?
Une réforme importante est intervenue récemment en France, avec l'instauration du prélèvement à la source. Vous ne payez ainsi plus votre impôt sur le revenu avec un décalage d'un an, comme c'était le cas auparavant. Pour autant, le prélèvement à la source, censé simplifier la compréhension de la fiscalité française, a plutôt eu pour effet de complexifier la situation dès lors qu'un contribuable a d'autres revenus que des traitements et salaires. Par exemple, en présence de revenus locatifs, la situation est loin d'être simple, que ce soit pour le paiement de l'impôt sur le revenu ou pour les prélèvements sociaux.
Ce thème a pour ambition, d'une part, de tout vous expliquer pour éviter que vous ne soyez surpris par les prélèvements qui vous sont appliqués et, d'autre part, de décortiquer les situations existantes, afin que vous puissiez adopter les bons comportements face à ce nouveau mécanisme.

4. Comment sont imposés les revenus locatifs issus de la location nue ?
Dans ce thème, il s'agira de présenter la fiscalité applicable à vos revenus locatifs lorsque vous décidez de faire de la location nue. Les développements vous permettront de mieux maîtriser la fiscalité applicable, les subtilités des différents régimes, ainsi que les charges déductibles lorsque vous êtes au régime réel.
L'occasion vous sera ainsi donnée de comparer les explications avec celles du thème suivant.

5. Comment sont imposés les revenus locatifs issus de la location meublée ?
L'enjeu de ce thème sera de développer la fiscalité applicable aux revenus locatifs issus de la location meublée. En effet, un certain nombre de particularités, dans la location meublée, conduisent à bien dissocier cette dernière de ce qui aura été développé auparavant dans la location nue. Nul doute que la lecture de ce thème vous permettra de comprendre les détails et les exigences liés à ce type d'investissements.

6. Comment la sous-location est-elle traitée fiscalement ?
C'est un sujet de discussion souvent abordé lors de nos échanges, notamment lorsque nous nous rencontrons à l'occasion d'événements. Vous me

demandez si la sous-location est légale et, si oui, comment elle est traitée fiscalement.
Ce thème vous apportera toutes les réponses juridiques et fiscales à ces interrogations, afin que vous puissiez vous sécuriser si vous décidez de sous-louer votre logement, ou si votre locataire souhaite sous-louer un bien dont vous êtes propriétaire.

7. Comment sont imposés les plus-values immobilières réalisées en France ?
Il s'agira, dans un premier temps, d'examiner les principaux cas d'exonérations qui existent lorsque vous revendez un de vos biens. Dans un second temps, je vous expliquerai comment calculer précisément le montant de l'impôt sur la plus-value dû au titre d'une cession que vous envisagez et qui ne rentrerait pas dans un cas d'exonération.

8. Quelles sont les niches fiscales qui existent en France en matière immobilière ?
Vous entendez souvent parler de « niches fiscales ». Mais qu'est-ce qu'une niche fiscale, et lesquelles d'entre elles sont susceptibles de vous intéresser lorsque vous faites de l'investissement immobilier ? Voilà les principales questions auxquelles nous répondrons dans ce thème : vous pourrez ainsi vous projeter concernant certaines dépenses que vous engagez dans vos investissements, et estimer si elles sont susceptibles de vous faire bénéficier d'un quelconque avantage fiscal.

9. Quelle place la TVA occupe-t-elle en matière immobilière ?
La TVA est un impôt complexe, dont le fonctionnement est souvent mal compris. Il n'est pas évident de comprendre que la TVA n'est souvent pas une charge pour une société.
Dans ce thème, il conviendra donc, dans un premier temps, de bien comprendre le mécanisme de la TVA, du fournisseur jusqu'au client final. Dans un second temps, une fois les fondamentaux de cet impôt maîtrisés, nous nous concentrerons sur la place de la TVA dans vos investissements immobiliers. Il sera notamment essentiel d'aborder le cas du marchand de biens.

10. Comment fonctionne l'impôt sur la fortune immobilière (IFI) ?
L'IFI, vous le savez certainement, a remplacé l'ISF il y a quelques années. Nos responsables politiques ont décidé, par cette réforme, de sortir le patrimoine mobilier des contribuables de l'assiette de l'impôt. Autrement dit, seul le patrimoine immobilier est désormais pris en compte pour savoir si un contribuable est soumis ou non à l'IFI.

Dans ce thème, nous nous intéresserons à toute la réglementation qui concerne l'IFI, en vous souhaitant évidemment à tous d'être le plus vite possible concerné par cet impôt.

11. Quelles sont les taxes à connaître ?
Le détail de toutes les taxes qu'il vous faut connaître lorsque vous faites de l'investissement immobilier est un thème important de ce livre. Régulièrement, lorsque l'on investit, on découvre certaines taxes, qui représentent des coûts supplémentaires qui n'ont pas été pris en compte au moment de l'investissement. Il en existe même certaines dont vous n'avez peut-être jamais entendu parler.

12. Quelles sont les impositions locales à connaître ?
Suite logique du thème précédent, il s'agira ici de faire un point sur toutes les impositions qui existent en France, mais au niveau local cette fois-ci. En effet, vous n'êtes pas sans connaître notre fameux « mille-feuille administratif », qui consiste certes à donner des compétences à l'État français, mais également aux régions, aux départements ou encore aux communes. Et ces collectivités, pour assurer les missions de service public qui leur sont confiées, ont aussi besoin de ressources. Les impositions locales sont là pour répondre à ce besoin, et vous devez également les connaître, afin de les prendre en compte dès le moment où vous investissez. Parmi les plus connues, nous aborderons évidemment le cas de la taxe d'habitation et de la taxe foncière.

13. Comment se déroule un contrôle fiscal et comment réagir ?
Ce thème s'écarte à première vue de la fiscalité immobilière à proprement parler, mais il est essentiel car il couvre la problématique générale du contrôle fiscal. Un tel contrôle pourrait vous concerner un jour, que ce soit en lien avec vos investissements immobiliers ou non.
Ici, il sera important que vous compreniez précisément ce à quoi vous vous exposez, quels sont les droits de l'administration fiscale et, surtout, comment réagir face à un tel contrôle. Il faut savoir que la majorité des contrôles fiscaux ne débouchent pas sur un contentieux (c'est-à-dire un procès devant un tribunal), puisqu'ils sont généralement réglés en amont grâce aux échanges que vous aurez avec l'administration fiscale.

14. J'ai des revenus en France et à l'étranger : comment suis-je imposé ?
Ce thème concerne tous les contribuables qui auraient des revenus en France et à l'étranger. La combinaison de ces deux sources de revenus

est souvent complexe à comprendre, et les conséquences fiscales ne sont généralement pas maîtrisées.
Ici, il s'agira de vous expliquer le fonctionnement de l'imposition en présence de plusieurs sources de revenus, et de s'appuyer sur certaines conventions fiscales pour vous expliquer la logique d'ensemble et le raisonnement à mener si vous êtes concerné. Évidemment, chaque cas étant bien particulier, il vous faudra certainement vous assurer de votre analyse auprès d'un professionnel si le pays qui vous concerne n'est pas abordé dans le livre.

15. Quelles sont mes obligations déclaratives en France ?
Enfin, le « thème de l'évidence ». Dans ce dernier thème, j'ai décidé de développer de manière détaillée l'ensemble des obligations déclaratives qui vous concerne lorsque vous investissez dans l'immobilier. Je sais à quel point c'est un véritable casse-tête pour vous chaque année, et jamais aucun document n'avait été réalisé pour synthétiser tous les besoins des contribuables concernant les investissements immobiliers. Vous pourrez donc désormais vous référer aux développements de ce thème au moment de remplir vos déclarations de revenus.

*****

Voici donc, présentés brièvement, les 15 thèmes qu'il vous faut impérativement maîtriser lorsque vous investissez dans l'immobilier, mais aussi, plus généralement, que chaque contribuable devrait connaître, afin de comprendre le fonctionnement de la fiscalité française.

1

AVOIR SON DOMICILE FISCAL EN FRANCE : QUELLES CONSÉQUENCES ?

OBJECTIFS À ATTEINDRE

1. Être en mesure de savoir quand vous avez (ou non) votre domicile fiscal en France.
2. Appréhender les conséquences du domicile fiscal, notamment concernant l'imposition de vos revenus (qu'ils soient de source française ou de source étrangère).

La notion de domiciliation fiscale est essentielle en fiscalité. D'après l'article 4 A du Code général des impôts (CGI), lorsqu'il est établi qu'une personne possède son **domicile fiscal** en France, elle est passible de l'impôt sur le revenu à raison de l'ensemble de ses revenus, qu'ils soient de source française et/ou de source étrangère. On dit que ses **obligations fiscales sont illimitées**. En d'autres termes, si j'ai mon domicile fiscal en France, tous mes revenus, qu'ils soient français ou étrangers, sont en principe imposés en France (sous réserve de ce qui suit).

Lorsqu'un contribuable présente des liens plus ou moins ténus avec un pays étranger, il convient de consulter la **convention fiscale bilatérale**, si elle existe, signée entre la France et ledit pays. Ce type de convention permet de répartir le droit d'imposer entre les deux États, après avoir déterminé la résidence fiscale du contribuable. Sont alors prises en considération la source et la nature des revenus – article 4 bis du CGI (voir Thème 14).

Ainsi, si une personne a son domicile fiscal en France, elle est soumise à l'impôt sur le revenu français sur l'ensemble de ses revenus (français et étrangers), sauf disposition contraire dans la convention fiscale bilatérale existant potentiellement entre la France et le pays d'où sont issus les revenus. Et selon le type de revenus, le traitement fiscal peut être différent. Le domicile fiscal est donc la **condition préalable** pour être assujetti à l'impôt sur le revenu.

En revanche, la personne dont le domicile fiscal n'est pas établi en France est passible de l'impôt sur le revenu sur ses seuls revenus de **source** française (article 4 A du CGI).

Finalement, on constate que lorsque le droit interne (c'est-à-dire le droit national) est appliqué, c'est soit la notion de domicile fiscal soit celle de source des revenus qui permet d'imposer un contribuable.

1. COMMENT DÉTERMINE-T-ON LE DOMICILE FISCAL D'UNE PERSONNE ?

On apprécie la domiciliation fiscale en fonction de chaque personne physique, au regard exclusif de sa situation de fait.

La loi interne, précisément l'article 4 B du CGI, considère comme ayant leur domicile fiscal en France les personnes y ayant leur **foyer**, leur **lieu de**

séjour principal, leur **activité professionnelle** ou le **centre de leurs intérêts économiques**.

Le Conseil d'État a estimé qu'il s'agit de **critères alternatifs** et qu'ils doivent être analysés successivement dans cet ordre d'énonciation (CE, 3 novembre 1995, n° 126513, *Larcher*). Ce sont donc les critères personnels qui l'emportent sur les critères professionnels, qui l'emportent eux-mêmes sur les critères économiques. Le fait que les critères soient alternatifs signifie qu'il suffit qu'un seul de ces critères soit rempli pour qu'une personne soit domiciliée fiscalement en France, et donc que tous ses revenus, de source française comme de source étrangère, soient en principe imposés en France.

EXEMPLE

Une personne travaillant à l'étranger, mais dont le foyer est en France, sera considérée comme ayant son domicile fiscal en France. Le critère de foyer l'emportant sur celui de l'activité professionnelle, il n'est donc pas pertinent d'examiner ce dernier dans ce cas d'espèce.

Le cas d'un avocat syrien a ainsi été présenté devant le Conseil d'État. Son épouse résidait habituellement et effectivement en France et ses enfants étaient également scolarisés en France.

Le Conseil d'État, en application de l'article 4 B-1-A du CGI, a conclu que, même si l'avocat disposait également d'un appartement en Syrie – où il exerçait son activité professionnelle –, le simple fait que son foyer se situait en France impliquait que son domicile fiscal se trouvait également en France, sans considération de la durée de ses séjours en Syrie.

Quand le critère du foyer est rempli, celui du séjour principal ou celui d'ordre professionnel demeure sans effet.

Si le domicile fiscal en France est établi pour tous les membres du foyer fiscal, l'ensemble des revenus de ce foyer sont imposés en France (voir Thème 2). *A contrario*, si un des membres du foyer fiscal ne répond pas à l'un des critères de la domiciliation fiscale en France, il est, sous réserve de l'application des conventions fiscales bilatérales, imposable uniquement sur ses revenus de source française (CE, 23 juin 2000, n° 196143).

2. COMMENT DÉTERMINE-T-ON SI LES CRITÈRES DU DOMICILE FISCAL SONT REMPLIS ?

Le foyer en France

On considère que le foyer correspond au **lieu où le contribuable habite normalement**, son lieu de **résidence habituelle** et présentant un **caractère permanent**. Les séjours temporaires réalisés à l'étranger pour des raisons professionnelles ou en raison de circonstances exceptionnelles sont par ailleurs sans effets.

Même si le contribuable n'y séjourne pas durant la plus grande partie de l'année, le fait que sa famille y habite (étant entendu les conjoints, les concubins et les enfants mineurs) suffit à établir la domiciliation fiscale en France.

EXEMPLE

La domiciliation fiscale en France est établie même si un salarié détaché à l'étranger a laissé sa femme et les personnes à sa charge en France.

Il convient dès lors de se demander comment déterminer le foyer d'une personne célibataire et sans enfant. Les contribuables vivant seuls et sans charge de famille constituent un foyer à eux seuls. Leur foyer est établi à l'**endroit où ils habitent normalement** et où se situe le **centre de leur vie personnelle** (CE, 17 mars 2010, n° 299770).

Par ailleurs, les juges du Conseil d'État ont considéré qu'au lieu de quatre critères de domiciliation fiscale, il fallait plutôt considérer que les critères du foyer et du lieu de séjour principal ne visaient en réalité qu'une seule hypothèse, celle du foyer ou, à défaut, le lieu de séjour principal du contribuable.

Le séjour principal en France

On recherche ici le critère des « six mois et un jour ». Il faut en effet que la présence du contribuable en France dépasse les 183 jours par an. Quand le contribuable réside dans plusieurs pays et qu'il passe moins de 183 jours dans ces États, il convient de déterminer dans lequel il réside le plus souvent. Par exemple, et sans que cette liste soit exhaustive, les factures d'électricité, les billets d'avion et de train, ou encore les retraits bancaires peuvent constituer des moyens pour apporter la preuve du lieu où le contribuable passe le plus de temps sur l'année d'imposition.

La qualité du lieu où séjourne le contribuable n'est cependant en rien pertinente. Sa simple présence sur le territoire suffit à remplir ce critère. Qu'il ait séjourné dans un hôtel, chez des proches ou dans un appartement dont il a disposé à titre gratuit est indifférent pour établir sa domiciliation fiscale.

L'activité professionnelle principale en France

Sauf si cette activité présente un caractère accessoire, l'exercice d'une activité professionnelle en France, qu'elle soit salariée ou non, permet d'établir le domicile fiscal en France si les critères personnels précédents ne sont pas remplis.

L'activité est considérée comme principale si le contribuable y passe la majeure partie de son temps effectif. Si ce critère ne peut pas être vérifié, c'est le montant de ses revenus qui est étudié. Dans ce cas, l'activité principale du contribuable est établie en fonction du pays dont provient la plus grande part de ses revenus mondiaux.

Le centre des intérêts économiques en France

À l'origine, on recherchait le lieu où ont été effectués les principaux investissements du contribuable, notamment immobiliers, l'endroit où se situe le siège de ses affaires, où sont administrés ses biens, où se situe le centre de ses activités professionnelles, ou encore le pays d'où sont tirés la majeure partie de ses revenus.

Toutefois, au regard de la jurisprudence, ce critère de « centre des intérêts économiques » n'est pas stabilisé. Pour les juges, pour remplir ce critère, il faut que le contribuable possède sur le territoire français la majorité de son **patrimoine productif de revenus**. On ne tiendrait donc compte que de cet élément (CE, 7 oct. 2020, n° 426124).

EXEMPLE

Nous allons illustrer ce critère avec l'affaire de monsieur Caporal.

Après avoir quitté Beyrouth, Monsieur Caporal et son épouse se sont installés en France et ont eu deux enfants. Monsieur Caporal est ensuite parti seul en Grèce pour y travailler, son épouse et ses enfants étant restés en France. Le couple s'est progressivement séparé et a changé petit à petit de régime matrimonial, pour passer de la communauté réduite aux acquêts à la séparation de biens, et finir par signer une convention de séparation amiable.

Pour le Conseil d'État, afin d'établir le lieu de la domiciliation fiscale de monsieur Caporal, il n'était pas possible de se fonder sur les critères de foyer, puisque le couple était en cours de séparation pendant les années litigieuses. De surcroît, son épouse était en concubinage notoire avec une autre personne et ses enfants étaient majeurs.

Par ailleurs, le Conseil d'État n'a pas eu à se prononcer sur l'établissement du lieu de séjour principal en France car la procédure suivie par l'administration pour en démontrer l'existence était irrégulière.

Le lieu de l'activité professionnelle était établi en Grèce.

Le dernier terrain exploitable était donc celui du centre des intérêts économiques.

Dans cette situation, le contribuable tirait d'importants revenus de Grèce et ne disposait en France que d'un patrimoine comprenant des biens immobiliers et des avoirs en compte courant non productifs de revenus dans des sociétés de golf (CE, 27 janv. 2010, n° 294784, *Caporal*).

Le Conseil d'État a finalement conclu qu'une personne qui dispose d'importants revenus professionnels dans un pays étranger, alors qu'elle ne dispose en France que d'un patrimoine immobilier non productif de revenus n'a pas le centre de ses intérêts économiques en France au sens de l'article 4 B, 1-c du CGI.

L'AVIS DE L'EXPERT

Dans la majorité des cas, la détermination du domicile fiscal est simple.

La question se pose de plus en plus avec l'émergence du statut de « nomade digital » (travailleur sans lieu de travail fixe, qui voyage en travaillant), ou encore depuis la dernière crise sanitaire, ayant forcé au télétravail dans des pays étrangers par exemple.

De façon plus classique, beaucoup de travailleurs résident en France et exercent leur profession à l'étranger. Dans ces cas, il convient de se référer à la convention fiscale bilatérale signée entre les deux pays, pour savoir à quel endroit les revenus sont imposés.

Si vous avez un doute sur le lieu de votre domiciliation fiscale, n'hésitez pas à consulter un professionnel, afin d'éviter tout rappel d'impôt avec majoration et intérêts de retard.

3. QUE SE PASSE-T-IL SI JE VIENS DE TRANSFÉRER MON DOMICILE FISCAL EN FRANCE OU À L'ÉTRANGER ?

En cas de transfert de domicile en France ou à l'étranger, il faut diviser en deux l'année durant laquelle a eu lieu le transfert de domicile fiscal.

Pour la période de domiciliation en France, ce sont les dispositions concernant les personnes domiciliées qui s'appliquent. Toutefois, pour le calcul du taux d'imposition effectif, on prend en compte les revenus exonérés en France et qui ont été réalisés (les bénéfices industriels et commerciaux, les bénéfices agricoles et les plus-values) ou qui sont devenus disponibles (notamment les salaires, pensions, revenus de capitaux mobiliers, revenus fonciers, bénéfices non commerciaux ou encore les rémunérations de dirigeants de sociétés) pendant la période de domiciliation en France.

Le taux effectif est la méthode permettant de calculer l'impôt des seuls éléments imposables en France, mais en tenant tout de même compte de l'ensemble des revenus mondiaux perçus par le contribuable concerné. En effet, même si certains revenus sont exonérés grâce à l'application d'une convention fiscale, il n'en demeure pas moins qu'ils doivent être pris en considération pour déterminer le taux d'imposition des revenus qui restent imposables (voir Thème 14).

CE QU'IL FAUT RETENIR

» Si le domicile fiscal est situé en France, les revenus de source française et de source étrangère sont imposés en France. On parle d'une obligation fiscale illimitée.

» Si le domicile fiscal est situé à l'étranger, seuls les revenus de source française sont imposés en France. On parle d'une obligation fiscale limitée.

» Pour déterminer le domicile fiscal d'un contribuable, sous réserve de l'application d'une convention fiscale bilatérale, c'est le droit interne qui s'applique.

» Une convention fiscale bilatérale s'applique quand le contribuable présente un élément d'extranéité.

» C'est au niveau de chaque personne physique qu'est appréciée la domiciliation fiscale, au regard exclusif de sa situation de fait.

» En droit interne, les critères sont alternatifs et doivent être analysés dans cet ordre :
- le lieu du **foyer** ou celui du **séjour principal** ;
- le lieu de l'**activité professionnelle** ;
- le lieu du **centre de leurs intérêts économiques**.

ENTRAÎNEZ-VOUS !

1. Qu'est-ce que l'obligation fiscale illimitée ?

❑ Le paiement de l'impôt à l'étranger.

❑ Le paiement de l'impôt sur les revenus de source française et/ou étrangère pour une personne qui possède son domicile fiscal en France.

❑ Le paiement de l'impôt exclusivement sur les revenus de source française.

2. Quel est le premier critère pris en compte pour apprécier la domiciliation fiscale ?

❑ Le centre des intérêts économiques.

❑ L'activité professionnelle.

❑ Le foyer.

3. En cas de prise en compte du critère de séjour principal, combien de temps le contribuable doit-il avoir passé dans le pays ?

❑ 6 mois.

❑ Plus de 183 jours.

❑ 173 jours.

4. Qu'est-ce que le centre des intérêts économiques ?

❑ Le lieu où le contribuable a un patrimoine productif de revenus.

❑ Le lieu où le contribuable a un immeuble non productif de revenus.

❑ Le lieu où le contribuable exerce une activité professionnelle accessoire.

5. Recherchez la convention fiscale entre la France et l'Espagne. Quel est l'article traitant de la résidence fiscale des contribuables ?

❑ L'article 4.

❑ L'article 6.

❑ L'article 8.

Retrouvez les corrigés de tous les entraînements sur
www.vuibert.fr/site/625554

2

COMMENT FONCTIONNE **L'IMPOSITION DES REVENUS** EN FRANCE ?

OBJECTIFS À ATTEINDRE

1. Savoir calculer précisément le montant de votre impôt sur le revenu, en maîtrisant toutes les étapes de calcul.
2. Identifier précisément la méthode de calcul correspondant à votre situation.
3. Maîtriser les cas dans lesquels certains avantages existent, et vérifier s'ils concernent votre cas particulier.
4. Comprendre la logique de l'imposition par foyer fiscal.
5. Connaître les différentes catégories de revenus.

Lorsqu'une personne possède son **domicile fiscal** en France (voir Thème 1), c'est l'ensemble de ses revenus et bénéfices qui entrent dans le calcul de l'impôt sur le revenu. Le calcul de l'impôt se fait par **foyer fiscal**, c'est-à-dire que **tous les revenus et bénéfices** des membres du foyer fiscal sont pris en compte dans le calcul de l'impôt sur le revenu.

Plusieurs questions doivent se poser :

- Quelles sont les personnes composant le foyer fiscal ?
- Quels sont les revenus ou bénéfices imposables à l'impôt sur le revenu ?
- Ai-je des dépenses devant être prises en compte pour le calcul de mon impôt ?

1. QUE SIGNIFIE LE PRINCIPE D'IMPOSITION PAR FOYER FISCAL ?

En France, le principe est que l'imposition n'est pas réalisée par personne physique, mais par foyer fiscal. Cela signifie qu'un certain nombre de personnes peuvent être imposées ensemble, ce qui n'exclut pas non plus qu'un foyer fiscal soit composé d'une seule personne, par exemple un célibataire sans enfant.

C'est au 1er janvier de l'année d'imposition qu'est appréciée la composition du foyer fiscal du contribuable, à moins que l'année n'ait été marquée par une augmentation des charges de famille, comme la naissance d'un enfant. Dans ce dernier cas, elle est appréciée au 31 décembre de cette même année (article 196 bis du CGI).

Le foyer fiscal peut se limiter à un contribuable célibataire sans personne à charge. Il peut être élargi d'un époux/se ou partenaire de pacs, ainsi que des enfants et personnes à charge, comme les enfants mineurs, majeurs ou recueillis sous certaines conditions, les enfants infirmes quel que soit leur âge, ou encore les personnes invalides vivant sous le toit du contribuable.

avec un contribuable célibataire — avec plusieurs membres

Composition du foyer fiscal

L'AVIS DE L'EXPERT

Il existe plusieurs possibilités et conditions pour rattacher une personne à son foyer fiscal. Généralement, vous subvenez aux besoins de ces individus, puisqu'ils ne peuvent pas le faire seuls.
Pour vérifier si les enfants ou autres personnes que vous avez à charge peuvent être rattachés à votre foyer fiscal, il faut consulter les articles 6, 196, et 196 A bis du CGI.

Lorsque les membres du foyer fiscal sont identifiés, c'est l'**intégralité de leurs revenus** (sauf exception et dispositions particulières attachées aux revenus) qui doit être intégrée dans les revenus imposables.

EXEMPLE

Un enfant de moins de 25 ans poursuivant ses études peut être rattaché au foyer fiscal de ses parents. Au titre de sa formation, il bénéficie d'une rémunération en tant qu'apprenti. En principe, ce salaire devrait être intégré dans les revenus imposables du foyer fiscal, en plus de ceux de ses parents. Mais l'article 81 bis du CGI prévoit que les salaires des apprentis sont exonérés dans la limite d'un SMIC annuel. Par conséquent, seule la fraction supérieure de cette rémunération doit être déclarée et est donc imposable.

2. QUELS SONT LES CRITÈRES DU REVENU IMPOSABLE ?

L'article 156 du CGI dispose que le revenu imposable au titre de l'impôt sur le revenu est le **revenu global**, **net, annuel** et **disponible**, déterminé au niveau du foyer fiscal.

On dégage donc quatre critères du revenu imposable :

- **Il est global :** il est la somme des revenus ou bénéfices, non exonérés par la loi, des membres du foyer fiscal.
- **Il est net :** on déduit de cette somme de revenus certaines charges énumérées par la loi.
- **Il est annuel :** pour la plupart des recettes, le contribuable doit déclarer celles réalisées au cours de l'année civile visée par la déclaration. Ce sont les sommes qu'il a encaissées ou qui ont été mises à sa disposition immédiate.

Quelques cas particuliers peuvent être répertoriés. Il s'agit par exemple des bénéfices industriels et commerciaux (BIC) pour lesquels doivent être retenus les résultats du dernier exercice comptable clos, alors que celui-ci ne correspond pas forcément avec l'année civile.

- **Il est disponible :** pour qu'un revenu soit imposable au titre d'une année, le contribuable doit en avoir disposé cette même année. Par « disponible », on entend qu'il ne dépend que de la volonté du bénéficiaire du revenu de le percevoir.

Un revenu réputé acquis qui n'est pas encore disponible n'est pas imposable. Il peut par exemple s'agir de loyers stipulés payables trimestriellement et à terme échu. Des exceptions légales sont prévues à ce principe, notamment en ce qui concerne les plus-values immobilières réalisées par les particuliers. Dans ce cas, elles sont imposables au moment du transfert de propriété, sans prendre en considération le paiement du prix de cession.

Par ailleurs, cette notion de disponibilité des revenus diffère selon qu'il s'agit de fiscalité des entreprises ou de celle des particuliers. Dans le premier cas, le bénéfice imposable est calculé selon les principes de comptabilité d'engagement, dans le second cas, le revenu qui fait l'objet d'une imposition est calculé selon les principes de la comptabilité de caisse.

3. COMMENT DÉTERMINER LE REVENU IMPOSABLE ?

Il existe plusieurs catégories de revenus. Pour chacune d'elles, des règles fiscales différentes sont prévues. Le premier travail consiste donc à identifier la catégorie (ou cédule) à laquelle appartient le revenu. Autrement dit, lorsqu'un contribuable perçoit une somme d'argent, il est fondamental de pouvoir la « ranger » dans la bonne catégorie de revenus, afin ensuite de pouvoir la soumettre à la bonne réglementation fiscale.
L'article 1A du CGI fait état de huit catégories de revenus :

1. **Les traitements et salaires, indemnités, émoluments, pensions et rentes viagères :**
   - Les revenus perçus d'un employeur avec lequel le contribuable est lié par un **contrat de travail** ou avec lequel il est dans un **état de subordination** relèvent de la catégorie des salaires.
   - Les traitements publics et tous les revenus que le CGI assimile à des salaires font également partie de cette catégorie.
   - Certaines indemnités, pensions et rentes viagères peuvent être exonérées d'impôt sur le revenu par la loi, par exemple la retraite

du combattant ou les indemnités versées aux victimes de l'amiante ou à leurs ayants droit.

2. **Les revenus fonciers** (voir Thème 4) :
   - Il s'agit des recettes et loyers provenant de la location nue (c'est-à-dire non meublée) des immeubles figurant dans le patrimoine privé du contribuable.
   - Il est indifférent que la propriété de l'immeuble se fasse directement ou par l'intermédiaire de la détention de parts d'une société civile immobilière (SCI) de location.
3. **Les bénéfices industriels et commerciaux (BIC)** (voir Thème 5) :
   - Les bénéfices, réalisés par des personnes physiques, qui proviennent de l'exercice d'une profession commerciale, industrielle ou artisanale entrent dans cette catégorie.
   - Il existe des BIC par nature, par détermination de la loi et par attraction.
   - C'est dans cette catégorie que les revenus provenant de la location ou de la sous-location meublée – que le contribuable soit loueur professionnel ou non – sont imposés.
4. **Les revenus de capitaux mobiliers (RCM) :** il s'agit des revenus générés par des placements financiers ou des valeurs mobilières ou droits sociaux détenus en comptes titres, quelle que soit leur source.
5. **Les bénéfices agricoles :** ce sont des bénéfices issus de l'exploitation des biens ruraux.
6. **Les rémunérations des dirigeants :** suivant la forme ou le régime fiscal de la société versante, ou encore selon la nature et le montant des rémunérations en cause, le régime d'imposition afférent peut varier. Il n'existe pas, à ce titre, de régime d'imposition unique.

EXEMPLE

La rémunération d'un associé d'une société civile soumise à l'impôt sur le revenu, qu'il soit ou non gérant, relève de la catégorie de revenus correspondant à l'activité de la société. En revanche, le gérant non associé de cette même société voit sa rémunération relever de la catégorie des traitements et salaires.

7. **Les plus-values de cession à titre onéreux de biens ou de droits de toute nature** :
   - Cette catégorie peut recouvrir la plus-value dégagée par la vente des valeurs mobilières ou des droits sociaux détenus sur un compte titres.

- Les plus-values réalisées lors de la revente d'actifs numériques, de biens ou de droits immobiliers – notamment lors de la revente de parts de certaines sociétés civiles immobilières – sont aussi visées.
- Certaines exonérations sont prévues et les régimes divergent selon que les biens immobiliers se trouvent dans le patrimoine particulier ou professionnel du contribuable (voir Thème 7).

8. **Les bénéfices non commerciaux (BNC) :** sous réserve que les rémunérations trouvent leur source dans des actes ou des opérations susceptibles de **renouvellement**, tous les profits, même s'ils ne sont pas le fruit d'une activité professionnelle, relèvent de cette catégorie s'il n'est pas possible de les rattacher à une des catégories précédentes.

Étape 1 – Le calcul du revenu brut global

Une fois le premier travail de classification effectué, c'est-à-dire une fois que chaque revenu a été placé dans la catégorie correspondante, il convient d'appliquer le régime fiscal particulier de chaque catégorie aux revenus qui y sont attachés. En effet, comme déjà évoqué précédemment, chaque catégorie de revenus est soumise à une réglementation qui lui est propre. C'est ce qui rend si importante la première étape consistant à bien identifier à quelle catégorie de revenus correspond chaque somme perçue par un contribuable.

EXEMPLE

Pour les revenus appartenant aux traitements et salaires, il existe un mécanisme automatique de prise en compte des frais professionnels engendrés pour conserver ces revenus. Il s'agit d'une déduction de 10 %, censée couvrir les dépenses professionnelles courantes.
Le contribuable peut cependant faire le choix de déduire les frais réels. Dans cette seconde option, il doit calculer tous les frais professionnels déductibles énumérés par la loi et les reporter sur sa déclaration, tout en conservant ses factures et notes de frais pendant quatre ans.
Cette déduction (forfaitaire ou réelle) est réservée aux revenus relevant de la catégorie des traitements et salaires. On note encore une fois l'importance de savoir à quelle catégorie appartient chaque revenu.

Une fois le régime catégoriel appliqué à ce « **revenu brut catégoriel** », on obtient le **revenu net catégoriel**. En d'autres termes, une fois les sommes de la catégorie réunies, on leur applique la réglementation fiscale de la catégorie concernée pour obtenir le revenu net catégoriel.

Par conséquent, si le contribuable possède plusieurs sources de revenus appartenant à des catégories différentes, on obtient **plusieurs sommes de revenus nets catégoriels**. En additionnant tous les revenus nets catégoriels, on obtient le **revenu brut global**.

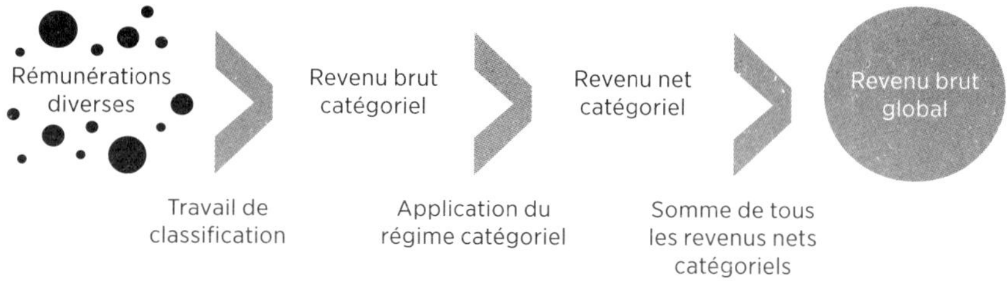

Revenu brut global

Étape 2 – Le calcul du revenu net imposable

Une fois le revenu brut global déterminé, il peut être soumis à des déductions. Il s'agit de **charges** limitativement énumérées par la loi, notamment le versement de **certaines pensions**, des **déficits catégoriels** de l'année d'imposition pour lesquels les revenus catégoriels n'étaient pas assez importants pour les éponger, et des **déficits globaux** des années antérieures qui n'ont pas pu être imputés, faute d'un revenu global suffisant :

- **Les pensions déductibles :**
  - Dans l'exécution de l'obligation alimentaire prévue par le Code civil (articles 205 à 207), il s'agit le plus souvent de pensions versées à un **enfant mineur** ou **majeur** ou à un **parent**, ou encore de sommes versées à l'**ex-conjoint**. Les aides versées à d'autres proches ne sont, en revanche, pas déductibles (CE, 28 mars 2012, n° 323852).
  - Plusieurs conditions doivent être remplies : le bénéficiaire de la pension doit notamment **être dans le besoin**, ne **pas être rattaché au foyer fiscal** du verseur et pouvoir prouver que ces pensions ont bien été **payées au cours de l'année d'imposition**.
  - Les bénéficiaires doivent, quant à eux, déclarer ces revenus puisqu'ils sont **imposables**. Autrement dit, le contribuable qui verse une pension alimentaire peut la déduire de son revenu global ; de son côté, le bénéficiaire de la pension doit la déclarer dans ses revenus imposables. D'une certaine manière, ce qui est déduit d'un côté sera nécessairement imposable de l'autre.

- **Les abattements spéciaux :** la loi prévoit différents abattements spéciaux, comme ceux pour les **personnes âgées** ou les **invalides**, ou encore pour les **enfants à charge ayant formé un foyer distinct**. Pour comprendre le mécanisme, détaillons ce dernier cas.
  Les enfants **mariés** ou **pacsés** peuvent, si **l'un d'eux a moins de 21 ans** ou **moins de 25 ans et qu'il poursuit des études**, demander le rattachement au foyer fiscal de l'un ou l'autre des parents du couple. Cela ne permet pas une majoration du quotient familial, mais un **abattement sur les revenus imposables du foyer fiscal de rattachement**. Le montant de l'abattement varie selon la composition du foyer rattaché. Le couple marié ou pacsé offre au contribuable qui accepte ce rattachement un abattement s'élevant à 11 918 €, et à 5 959 € (chiffres de 2020) par enfant à charge.
  Il n'existe **pas de condition d'âge** si un des enfants mariés ou pacsés est **handicapé** et dans le besoin.

EXEMPLE

Monsieur et madame X sont mariés. Monsieur X a 23 ans et poursuit ses études. Le couple demande le rattachement au foyer fiscal des parents de madame X. Il a par ailleurs deux enfants à charge.

Les revenus du foyer fiscal des parents de madame X sont donc majorés des revenus des enfants mariés et de l'éventuelle pension alimentaire versée par les parents de monsieur X.

Lors de la déclaration des revenus du foyer fiscal de rattachement (celui des parents de madame X), l'abattement s'élève à 11 918 + (5 959 × 2), soit 23 836 € d'abattement sur le revenu imposable. Cela permet assurément de réduire considérablement le montant de leur impôt sur le revenu.

- **Les déficits catégoriels** :
  - Lorsque les catégories des revenus imposables sont déficitaires, ce déficit catégoriel est, la plupart du temps et sans limitation de montant, imputable sur le revenu global de l'année d'imposition.
  - Dans le cas où le revenu global de l'année d'imposition serait insuffisant pour imputer l'ensemble du déficit constaté, ce dernier devient un **déficit global**, alors imputable sur le revenu global des **six années suivantes**.

Revenus catégoriels – Charges catégorielles (Charges > Revenus)	Déficit catégoriel	Déficit catégoriel imputable sur le revenu global pendant 6 ans

Déficit catégoriel

Il existe des cas particuliers où les déficits catégoriels ne peuvent être déduits que dans une certaine limite de montant.

EXEMPLE

Un contribuable perçoit des loyers d'un appartement non meublé et constate, au titre de l'année d'imposition, un déficit foncier de 15 700 € résultant des charges foncières déductibles autres que les intérêts et frais d'emprunt.

Deux cas peuvent se présenter :

1. Soit son revenu global (composé par exemple de salaires) est supérieur à 10 700 € et il pourra déduire 10 700 € de déficit sur son revenu global (ce montant correspondant au plafond légal de déficit foncier déductible sur le revenu global). La part du déficit qui n'aura pas pu être déduite, c'est-à-dire 5 000 €, pourra l'être uniquement sur les revenus fonciers des dix prochaines années.

2. Soit son revenu global est inférieur à 10 700 € (admettons qu'il s'élève à 10 000 €) : l'excédent (c'est-à-dire 700 €), appelé déficit global, pourra être imputé sur le revenu global des six années suivantes (voir Thème 4). Le reste du déficit, c'est-à-dire 5 000 €, pourra uniquement être reporté sur les revenus fonciers des dix années suivantes.

Revenus fonciers – Charges foncières (Charges foncières > Revenus fonciers) — Déficit foncier (15 700 € par exemple)

/ Revenu global > 10 700 €
- Déduction de 10 700 € sur le revenu global
- Déduction de 5 000 € sur les revenus fonciers des 10 prochaines années

\ Revenu global < 10 700 €(10 000 € par ex.)
- Déduction de l'excédent de 700 € sur le revenu global des 6 prochaines années
- Déduction des 5 000 € restants sur les revenus fonciers des 10 années suivantes

Une fois ces sommes déduites du revenu brut global, on obtient le **revenu net imposable**. C'est celui-ci qui sera utilisé pour calculer l'**impôt sur le revenu**.

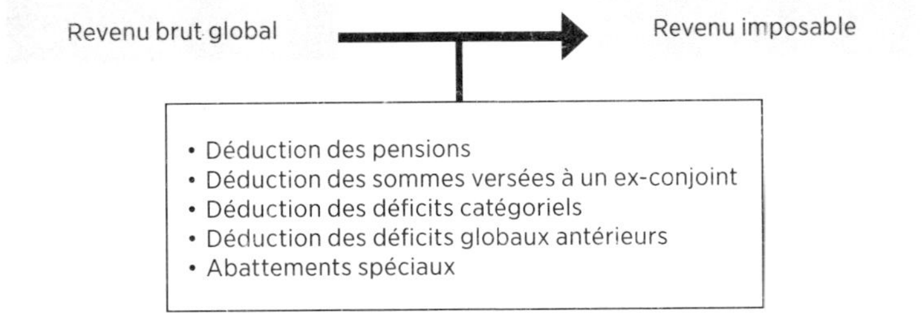

Détermination du revenu net imposable

Avant de calculer le montant de l'impôt sur le revenu, il convient de déterminer le **quotient familial** du foyer fiscal.

Étape 3 – La détermination du quotient familial

Pour déterminer le montant de l'impôt, il convient de prendre en compte les **facultés contributives** des contribuables, grâce au **quotient familial** et au **barème progressif**.

L'objectif du quotient familial est de **minorer la charge fiscale** des familles en fonction de la **situation personnelle** du contribuable et des **personnes lui étant fiscalement rattachées**. Plusieurs étapes permettent d'effectuer ce calcul (article 193 et suivants du CGI) :

- **Déterminer le nombre de parts dans le foyer fiscal** :
  - Une personne seule ou en concubinage compte pour 1 part. Lorsque deux personnes sont mariées ou pacsées, elles composent à elles deux un foyer fiscal de 2 parts.
  - Jusqu'au second enfant à charge, on ajoute 0,5 part par enfant. C'est à partir du troisième enfant que chaque enfant supplémentaire compte pour 1 part de plus.
  - Dans le cas où les parents sont divorcés/séparés et que les enfants sont en garde alternée, les deux premiers enfants comptent pour 0,25 part et, à partir du troisième enfant, chaque enfant compte pour 0,5 part.
  - Si le foyer fiscal possède à sa charge un enfant infirme, quel que soit son âge, il bénéficie d'une demi-part supplémentaire.

Le tableau suivant permet de résumer la majorité des cas.

NOMBRE D'ENFANTS À CHARGE	MARIÉS / PACSÉS	VEUF / VEUVE	CÉLIBATAIRE DIVORCÉ/SÉPARÉ VIVANT SEUL	CONCUBINS
0	2	1*	1*	1
1	2,5	2,5	2	1,5
2	3	3	2,5	2
3	4	4	3,5	3
4	5	5	4,5	4

* 1,5 si le contribuable a élevé un enfant seul pendant au moins cinq années ou s'il est considéré comme parent isolé.

Nombre de parts dans le foyer fiscal

EXEMPLES

- Un couple marié a deux enfants. Son foyer fiscal est alors composé de trois parts : 2 parts pour le couple marié et 0,5 + 0,5 pour les deux enfants.
- Un contribuable s'est remarié et a trois enfants en garde alternée avec son ex-épouse. Son foyer fiscal est alors composé de trois parts : 2 parts pour le couple marié et 0,25 + 0,25 + 0,5 pour les trois enfants en garde alternée.
- Un célibataire a élevé seul pendant sept ans ses deux enfants toujours à charge, dont l'un est infirme. Son foyer fiscal est alors composé de trois parts : 1 part pour le parent célibataire, 1 part pour l'enfant à charge infirme, 0,5 part pour le second enfant, ainsi qu'une demi-part supplémentaire pour avoir élevé au moins un enfant seul pendant au moins cinq ans.

- **Diviser le revenu net imposable par le nombre de parts :** le revenu net imposable et le nombre de parts du foyer fiscal étant déterminés, il faut diviser le premier par le second pour obtenir le quotient familial :

$$\frac{\text{Revenu imposable}}{\text{Nombre de parts}} = \text{quotient familial}$$

C'est ce montant qui entre dans le barème progressif de l'impôt sur le revenu. Il représente le revenu imposable pour une part entière de quotient familial. Cela permet de **proportionner le montant de l'impôt sur le revenu en fonction du nombre de personnes qui vivent de ce revenu**.

Étape 4 – Le calcul de l'impôt sur le revenu à payer

Le calcul de l'impôt sur le revenu brut

Le barème de l'impôt sur le revenu est composé de cinq tranches d'imposition, dont les taux vont de 0 % à 45 %. Les montants évoluent chaque année ; pensez donc à vous référer au barème de l'année en cours.

FRACTION DU REVENU IMPOSABLE	TAUX D'IMPOSITION
Jusqu'à 10 084 €	0 %
De 10 084 € à 25 710 €	11 %
De 25 710 € à 73 516 €	30 %
De 73 516 € à 158 122 €	41 %
Au-delà de 158 122 €	45 %

Barème progressif pour l'imposition des revenus de l'année 2021

Le barème est dit **progressif** puisque l'on est imposé dans toutes les tranches d'imposition sur la fraction de revenu imposable correspondant, avant d'**additionner** les résultats de chaque tranche. Pour finir, on **multiplie le montant d'impôt obtenu par le nombre de parts**.

EXEMPLE

Un célibataire déclare 31 000 € de salaires. C'est son revenu brut catégoriel imposé dans la catégorie des traitements et salaires. Il convient de déduire de ce montant les frais professionnels avec le forfait de 10 % prévu par la loi. Notre célibataire n'a pas gardé ses justificatifs de frais professionnels et n'est pas certain que la déduction des frais réels serait plus intéressante pour lui. Son revenu net catégoriel est donc de 27 900 €. Il n'a pas de déficit catégoriel ou global à déduire, ni même de charges ou d'abattements spéciaux.

Il est seul, sans personne à charge : son foyer fiscal ne vaut qu'une part.

$$\text{Quotient familial} = \frac{27\,900}{1 \text{ part}} = 27\,900\ €$$

Si l'on reprend le barème progressif, on voit que sa fraction de revenu imposable correspond au taux marginal d'imposition de 30 %.

Le calcul de l'impôt se décompose comme suit :

- de 0 € à 10 084 € = 10 084 € × 0 % = 0 € ;
- de 10 084 € à 25 710 € = 15 626 € × 11 % = 1 718,86 € ;
- de 25 710 € à 27 900 € = 2 190 € × 30 % = 657 €.

Il faut additionner le montant d'impôt par tranche, puis le multiplier par le nombre de parts : (0 + 1 718,86 + 657) × 1 part = 2 375,86 €.

La somme des montants obtenus correspond à l'impôt brut, soit 2 376 €.

Le calcul de l'impôt sur le revenu net

Plusieurs mécanismes viennent corriger le montant de l'impôt brut, soit à la hausse, soit à la baisse. Nous allons aborder les plus fréquents.

Le plafonnement des effets du quotient familial (QF)

Le quotient familial peut, selon les cas, présenter un avantage non négligeable. C'est la raison pour laquelle la loi plafonne la **réduction d'impôt qui résulte de son application**. Autrement dit, le mécanisme du quotient familial ne doit pas apporter au foyer concerné un avantage fiscal plus important que ce qui est prévu par la loi.

Ce plafonnement des effets du quotient familial s'applique sur les demi-parts et quarts de part supplémentaires qui s'ajoutent au nombre de parts de droit commun (article 197, I, 2 du CGI). Pour 2021, le plafond de la réduction d'impôt liée au quotient familial est le suivant :

- 1 570 € pour chaque demi-part supplémentaire ;
- 938 € pour la demi-part supplémentaire pour les personnes vivant avec et ayant élevé seules un enfant pendant au moins cinq ans ;
- 3 704 € pour la part entière du premier enfant à charge pour les personnes séparées, célibataires ou divorcées qui élèvent seules leurs enfants ;
- 4 888 € pour les personnes veuves avec des enfants à charge.

Pour vérifier si le plafonnement est applicable ou non, il convient d'effectuer deux calculs :

- Le premier retient le nombre de parts qui correspond à la **situation personnelle du contribuable et des personnes à sa charge**.
- Le second retient le **nombre de parts de droit commun**, c'est-à-dire comprenant seulement la situation personnelle du contribuable : célibataire, marié(e), pacsé(e), divorcé(e), séparé(e), veuf(ve).

Le résultat obtenu sera donc diminué du montant indiqué ci-dessus multiplié par le nombre de demi-parts supplémentaires détenues par le foyer. Si le premier calcul permet d'obtenir un résultat inférieur à celui issu du second calcul, alors le plafonnement s'applique et c'est l'impôt sur le revenu brut du second calcul qui sera retenu.

EXEMPLE

Prenons le cas d'un foyer fiscal composé d'un couple marié, représentant 2 parts, avec quatre enfants à charge, correspondant à 3 parts, dont l'un est invalide, soit 0,5 part supplémentaire.

On a donc un nombre total de 5,5 parts pour le foyer fiscal.

Supposons un revenu net imposable pour le foyer fiscal de 130 000 €.

1. Le premier calcul permet de tenir compte de la situation réelle du foyer fiscal. On prend donc en compte les 5,5 parts :

$$\frac{130\ 000}{5{,}5 \text{ parts}} = 23\ 636{,}36 \text{ €}$$

On fait passer ce montant dans le barème progressif. Ici, le foyer fiscal entre dans la tranche d'imposition à 11 % :

- jusqu'à 10 084 € : 0 € ;
- de 10 085 € à 23 636 € : (23 636 – 10 085) × 11 % = 13 551 × 11 % = 1 490,61 €.

Puis, on multiplie ce montant par le nombre de parts du foyer fiscal, soit 8 198 € (1 490,61 × 5,5), qui équivaut à l'impôt brut sans plafonnement des effets du quotient familial.

2. Le second calcul permet de plafonner les effets du quotient familial. Ici, le nombre de parts de droit commun du foyer fiscal s'élève à 2 :

$$\frac{130\ 000}{2 \text{ parts}} = 65\ 000 \text{ €}$$

On fait passer ce montant dans le barème progressif. Ici, le foyer fiscal entre dans la tranche d'imposition à 30 % :

- jusqu'à 10 084 € : 0 € ;
- de 10 085 € à 25 710 € : (25 710 – 10 085) × 11 % = 15 625 × 11 % = 1 718,75 € ;
- de 25 711 à 65 000 € : (65 000 € – 25 711) × 30 % = 39 289 × 30 % = 11 786,70 €.

On obtient un total de 13 505,45 €.

Puis, on multiplie ce montant par le nombre de parts de droit commun du foyer fiscal, soit 27 011 €.

De ce résultat, on retranche l'avantage conféré par les sept demi-parts supplémentaires qui sont soumises au plafonnement, dont l'une correspond à l'invalidité d'un de leurs enfants, ce qui permet d'obtenir une réduction d'impôt supplémentaire de 1 565 €, soit :

$$(1\ 570 \times 7) + 1\ 565 = 12\ 555 \text{ €}$$

L'impôt avec application du plafonnement des effets du quotient familial s'élève à 14 456 € (27 011 – 12 555).

En conclusion, le premier calcul donnant un montant inférieur au second (8 198 < 14 456), le plafonnement est donc applicable. C'est le montant de l'impôt issu du second calcul qui sera retenu, soit 14 456 € d'impôt sur le revenu à payer.

Le mécanisme de la décote

La décote est une correction de l'impôt sur le revenu pour les foyers faiblement imposés, qui intervient après l'éventuelle application du plafonnement des effets du quotient familial.

En 2021, pour l'imposition des revenus de 2020, son champ d'application concerne les foyers dont l'impôt brut (après calcul du plafonnement des effets du quotient familial) est inférieur à 1 720 € pour les célibataires et à 2 847 € pour les couples. Pour les revenus perçus en 2021, il s'agit des foyers dont l'impôt brut est inférieur à 1 722 € pour les célibataires et à 2 849 € pour les couples.

LE CALCUL DE LA DÉCOTE

Pour une personne célibataire : 779 € – (impôt brut × 45,25 %)

Pour un couple : 1 289 € – (impôt brut × 45,25 %)

EXEMPLES

Prenons le cas d'un célibataire dont l'impôt brut est de 1 000 €.

Son impôt étant inférieur à 1 720 €, il a le droit de se voir appliquer le mécanisme de la décote :

- calcul du montant de la décote : 779 – (1 000 × 0,4525) = 326 € ;
- déduction de la décote de son impôt : 1 000 – 326 = 674 € d'impôt au lieu de 1 000 € initialement.

Maintenant, appliquons le mécanisme à un couple dont le montant de l'impôt est aussi de 1 000 €.

Le foyer fiscal a le droit de se voir appliquer le mécanisme de la décote puisque son impôt est inférieur à 2 847 € :

- calcul du montant de la décote du foyer fiscal : 1 289 – (1 000 × 0,4525) = 836 € ;
- déduction de la décote de leur impôt : 1 000 – 836 = 164 € d'impôt, au lieu de 1 000 € initialement.

Les réductions et les crédits d'impôt (ou dépenses fiscales)

Il existe des dépenses familiales ou personnelles versées au cours de l'année d'imposition qui peuvent, grâce à des dispositions légales, ouvrir droit à des réductions ou crédits d'impôt (voir Thème 8). Pour en bénéficier, il faut être **résident fiscal français** ou **non-résident Schumacker**.

Selon la doctrine administrative, est considéré comme un non-résident Schumacker le contribuable qui remplit les conditions suivantes :
« - le non-résident "Schumacker" est domicilié dans un autre État membre de l'Union européenne, ou dans un État partie à l'espace économique européen ayant conclu avec la France une convention fiscale qui contient une clause d'assistance administrative en vue de lutter contre la fraude ou l'évasion fiscale ;
- les revenus de source française du non-résident concerné sont supérieurs ou égaux à 75 % de son revenu mondial imposable, conformément à la recommandation de la Commission européenne, du 21 décembre 1993, relative à l'imposition de certains revenus obtenus par des non-résidents dans un État membre autre que celui de leur résidence (94/79/CE) ;
- le non-résident "Schumacker" ne bénéficie pas de mécanismes suffisants de nature à minorer l'imposition dans l'État de résidence, en fonction de sa situation personnelle et familiale, en raison de la faiblesse des revenus imposables dans ce même État. » (BOI-IR-DOMIC-40-30)

Les réductions d'impôt s'imputent sur l'impôt avant les crédits d'impôt. En effet, si l'impôt n'est pas suffisant pour imputer la totalité du montant des **réductions d'impôt**, l'excédent n'est **pas restituable ou reportable** sur l'impôt des années suivantes, contrairement aux **crédits d'impôt**, dont l'excédent est **remboursé** par l'administration fiscale (voir Thème 8).

Chaque dépense fiscale se voit appliquer un régime particulier selon son origine. La plupart des dépenses fiscales sont ensuite soumises au mécanisme de plafonnement global des niches fiscales, qui permet de limiter l'avantage fiscal.

Parmi ces niches fiscales, voici les plus connues :

- **La garde des enfants hors du domicile** : cette niche ouvre droit à un crédit d'impôt de 50 % des dépenses engagées, avec un plafonnement des dépenses prises en compte fixé à 2 300 € par enfant à charge de moins de six ans, soit un avantage fiscal maximum de 1 150 € par enfant à charge (article 200 quater B du CGI).
- **Les dons consentis en argent ou en nature à certains organismes d'intérêt général à but non lucratif et** à **certaines associations d'utilité publique** : cette niche ouvre droit à une réduction d'impôt. Certaines conditions relatives aux dons et aux associations doivent être remplies pour en bénéficier (article 200 du CGI). Si les dons sont effectués au profit d'organismes d'aide aux personnes en difficulté, la réduction

d'impôt est égale à 75 % de leur montant, avec un plafonnement de la somme prise en compte fixé à 1 000 €. Pour les autres organismes, la réduction d'impôt s'élève à 66 % des versements, dans la limite de 20 % du revenu net imposable.

- **Le crédit d'impôt pour la transition énergétique ou CITE** (voir Thème 8) : cette niche vise les travaux effectués dans son logement pour en améliorer les performances thermiques. Elle permet, pour les dépenses qui y sont éligibles, d'offrir 30 % de crédit d'impôt, peu importe la nature et le nombre de travaux réalisés, tant qu'ils ont été effectués par un artisan « reconnu garant de l'environnement » (RGE). Depuis le 1er janvier 2020, le CITE est remplacé par une prime pour les ménages les plus modestes, et maintenu sous conditions pour les autres. Au 1er janvier 2021, le CITE a été définitivement supprimé et la prime a été étendue à tous les ménages, à l'exception faite des plus aisés.

Nous reviendrons en détail sur les niches fiscales en lien avec l'immobilier dans le thème 8.

CE QU'IL FAUT RETENIR

» L'imposition se fait par foyer fiscal.

» La composition du foyer fiscal varie en fonction de la situation personnelle du contribuable.

» Le revenu imposable est le revenu net, global, annuel et disponible.

» Il existe huit catégories de revenus imposables à l'IR :

- les traitements et salaires, indemnités, émoluments, pensions et rentes viagères ;
- les revenus fonciers ;
- les bénéfices industriels et commerciaux ;
- les revenus de capitaux mobiliers ;
- les bénéfices agricoles ;
- les rémunérations des dirigeants ;
- les plus-values de cession à titre onéreux de biens ou de droits de toute nature ;
- les bénéfices non commerciaux.

» Chaque catégorie de revenus possède un régime fiscal qui lui est propre.

» Les catégories de revenus peuvent dégager des déficits venant diminuer le revenu imposable.

» Certaines charges du foyer fiscal peuvent venir en déduction du revenu imposable.

Calcul du quotient familial

$$\text{Quotient familial} = \frac{\text{Revenu net imposable}}{\text{Nombre de parts}}$$

Le quotient familial permet de limiter la progressivité de l'impôt sur le revenu, en tenant compte de la situation particulière du contribuable et du nombre de personnes qui vivent de ce revenu.

FRACTION DU REVENU IMPOSABLE	TAUX D'IMPOSITION
Jusqu'à 10 084 €	0 %
De 10 084 € à 25 710 €	11 %
De 25 710 € à 73 516 €	30 %
De 73 516 € à 158 122 €	41 %
Au-delà de 158 122 €	45 %

Barème de l'impôt sur le revenu pour 2021

Revenu net catégoriel	• Somme de tous les revenus par cédule et imposable du foyer fiscal • Retraitement cédulaire
Revenu brut global	• Somme de tous les revenus nets catégoriels
Revenu net global	• Déductions des déficits globaux s'il y en a • Déduction des charges déterminées par la loi
Revenu net imposable	• Déduction des abattements spéciaux

Calcul du revenu net imposable

Impôt brut	• Application du mécanisme du quotient familial au revenu net imposable • Application du barème progressif
Impôt net	• Plafonnement des effets du quotient familial si besoin • Application de la décote si possible • Déduction des éventuels réductions et crédits d'impôts

Calcul de l'impôt net à payer

ENTRAÎNEZ-VOUS !

Les époux X ont deux enfants de trois et sept ans. Monsieur X perçoit 30 000 € de salaires, mais n'a pas conservé les justificatifs de ses frais professionnels. Madame X perçoit 55 000 € de salaires et a 6 000 € de frais réels (qui sont, eux, justifiables).

Ils ont dépensé en 2021 :

- 2 000 € pour payer la garderie de leur enfant de trois ans ;
- 1 000 € au titre d'un don effectué à une association.

Calculez le montant de l'impôt sur le revenu qu'ils devront payer, en respectant les étapes suivantes.

1. Le calcul du revenu brut global

Pour monsieur X :

Pour madame X :

Total :

2. Le calcul du revenu net imposable

Existe-t-il des abattements ?

Existe-t-il des pensions alimentaires ?

3. Le quotient familial

Quel est le nombre de parts du foyer fiscal ?

Calculez le quotient familial.

4. Le calcul du montant de l'impôt sur le revenu brut

En vous aidant du barème progressif de 2021, calculez le montant de l'impôt sur le revenu brut.

5. Le calcul du montant de l'impôt sur le revenu net

Le plafonnement du quotient familial est-il applicable ?

Sont-ils éligibles à la décote ?

Existe-t-il des réductions ou crédits d'impôt ?

6. Quel est le montant de l'impôt sur le revenu des époux X au titre des revenus 2021 ?

3

COMMENT FONCTIONNE **LE PRÉLÈVEMENT À LA SOURCE ?**

OBJECTIFS À ATTEINDRE

1. Comprendre le fonctionnement du prélèvement à la source depuis la récente réforme.
2. Faire les choix opportuns concernant le taux appliqué selon votre situation, notamment si vous êtes célibataire ou marié/pacsé.
3. Maîtriser la distinction entre les retenues à la source opérées par les tiers collecteurs et les acomptes prélevés directement au contribuable.
4. Apprendre à tenir compte de sa situation réelle pour adapter le fonctionnement de son prélèvement à la source.

Depuis le 1er janvier 2019, tous les revenus perçus ou réalisés à compter de cette date sont soumis au **prélèvement à la source (PAS) de l'impôt sur le revenu**. Ce prélèvement supprime le décalage d'une année existant entre la perception desdits revenus et le paiement de l'impôt afférant. Il s'agit donc simplement d'une **modification de la méthode de collecte** de l'impôt sur le revenu. Le mode de calcul reste le même.

Les **prélèvements sociaux** afférant à certains revenus sont également soumis à cette méthode de collecte. Ils prennent la forme d'une **retenue à la source** ou d'un **acompte contemporain**, selon les situations (notamment selon la nature et l'origine des revenus, ou encore selon la domiciliation fiscale du contribuable).

Pour les prélèvements à la source, c'est le **débiteur des revenus** qui doit se charger de ces opérations, alors que, pour les acomptes, c'est le **contribuable** qui doit les verser directement aux services fiscaux. Dans le premier cas, le débiteur des revenus est celui qui verse les revenus au contribuable, c'est-à-dire l'employeur lorsque les revenus versés sont des salaires, l'organisme de retraite lorsqu'il s'agit de retraites, ou encore Pôle emploi lorsque le contribuable bénéficie de droits au chômage.

En principe, c'est un **taux personnalisé**, propre au foyer fiscal, qui permet de calculer le montant du prélèvement. Ce taux prend en compte le quotient familial (voir Thème 2), ainsi que la progressivité de l'impôt. Il peut également être actualisé en cours d'année, pour être au plus près de la situation personnelle du contribuable. Ce dernier peut également faire le choix de se voir appliquer un **taux individualisé ou par défaut**.

La déclaration reste malgré tout obligatoire : les contribuables déclarent leurs revenus perçus l'année précédente (N – 1) et une comparaison est faite entre ces prélèvements mensuels au titre du PAS et les revenus que le contribuable a effectivement perçus. Cela permet de vérifier si celui-ci n'a pas trop ou pas assez payé d'impôts au titre d'une année. Dans le premier cas, le solde lui est restitué ; dans le second, il devra payer le restant dû.

1. POURQUOI MAINTENIR LA DÉCLARATION DE REVENUS EN DÉPIT DU PAS ?

Les retenues à la source (RAS) sont calculées en fonction de la situation personnelle et des revenus de l'année N – 1 du contribuable, dont il a fait état dans sa déclaration de revenus annuelle. Le taux d'imposition est donc calculé une fois par an. D'une année sur l'autre, les revenus pouvant varier plus ou moins sensiblement, la déclaration annuelle permet d'actualiser ce taux au minimum une fois par an.

L'AVIS DE L'EXPERT

Pour payer le plus juste montant d'impôts chaque mois, nous vous conseillons de vous rendre dans votre espace personnel sur www.impôt.gouv.fr pour déclarer un changement de situation personnelle ou une variation de revenus. Votre nouveau taux sera alors instantanément recalculé et votre prélèvement sera donc conforme à la réalité de votre situation.

2. SUIS-JE CONCERNÉ PAR LE PAS ?

Deux types de contribuables sont soumis au PAS :

- ceux **domiciliés fiscalement en France** (voir Thème 1), soumis à l'impôt sur le revenu et qui ont des revenus entrant dans le champ du PAS ;
- ceux qui ne sont **pas domiciliés fiscalement en France**, mais qui ont des revenus en France qui entrent dans le champ du PAS.

3. MES REVENUS SONT-ILS SOUMIS À LA RAS OU AUX ACOMPTES ?

Le tableau suivant permet de résumer les différentes situations auxquelles un **contribuable domicilié fiscalement en France** peut faire face.

SOURCE DES REVENUS	TYPE DE REVENUS	CHAMP D'APPLICATION - FORME DE PRÉLÈVEMENT
Française	Salaires versés par l'employeur (qu'il soit établi en France ou hors de France)	RAS
Étrangère	Salaires imposables en France* et versés par un employeur établi en France	
Étrangère	Salaires imposables en France* et versés par un employeur établi hors de France	Acompte

SOURCE DES REVENUS	TYPE DE REVENUS	CHAMP D'APPLICATION - FORME DE PRÉLÈVEMENT
Française	Pensions, rentes viagères à titre gratuit et prestations de retraite sous forme de capital	RAS
Étrangère	Pensions, rentes viagères à titre gratuit et prestations de retraite sous forme de capital imposable en France*	Acompte
Française ou étrangère	Revenus des travailleurs indépendants, rémunération de gérants ou associés (article 62 du CGI), produits des droits d'auteur, revenus fonciers, pensions alimentaires, rentes viagères à titre onéreux, imposables en France*	Acompte
Étrangère	Revenus de toute nature et dans le champ du prélèvement, mais exonérés ou qui – en application d'une convention fiscale – ouvrent droit à un crédit d'impôt égal à l'impôt français correspondant à ces revenus	Hors du champ du PAS
Française ou étrangère	Gains d'actionnariat salarié, dividendes, intérêts, plus-values de cession de valeurs mobilières ou immobilières, etc.	Hors du champ du PAS

* En vertu du droit interne ou d'une convention fiscale bilatérale.

Cas du contribuable domicilié fiscalement en France

Le tableau suivant permet de résumer les différentes situations auxquelles un **contribuable non domicilié fiscalement en France** peut faire face.

SOURCE DES REVENUS	TYPE DE REVENUS	CHAMP D'APPLICATION - FORME DE PRÉLÈVEMENT
Française	Salaires, pensions et rentes viagères, prestations artistiques, gain d'actionnariat salarié, prestations de services	Hors champ (RAS spécifiques)
Étrangère	Tous revenus non imposables en France	Hors champ
Française	Revenus imposables en France* de travailleurs indépendants, revenus fonciers, pensions alimentaires, rentes viagères, sans faire l'objet d'une RAS spécifique	Acompte
Étrangère	Revenus entrant dans le champ du PAS imposable en France*	RAS ou acompte selon la nature du revenu
Française ou étrangère	Tous revenus exclus du PAS	Hors champ

* Imposables en vertu du droit interne ou d'une convention fiscale bilatérale.

Cas du contribuable non domicilié fiscalement en France

4. COMMENT MON PAS EST-IL CALCULÉ ?

La détermination de l'assiette de la retenue

L'assiette de la retenue à la source est composée de tous les **revenus entrant dans son champ d'application** (voir Thème 1). Tous les frais professionnels ou abattements ne sont pas déduits pour en réduire l'assiette. Ils ne seront pris en compte que dans le calcul du taux personnalisé. Quant aux **revenus exonérés** d'impôt sur le revenu, ils ne sont pas intégrés dans l'assiette.

Le champ de la retenue à la source

> **EXEMPLE**
>
> Prenons le cas des rémunérations des apprentis.
>
> Nous avons vu, dans le thème 2, que les salaires des apprentis étaient exonérés d'impôt sur le revenu dans la limite du montant annuel brut du SMIC. Dans ce cas, seule la partie excédant la limite de cette exonération est soumise à la retenue dans les conditions de droit commun.

La détermination de l'assiette de l'acompte

C'est sur la dernière année pour laquelle l'impôt a été établi que l'assiette de l'acompte est constituée. Ce sont les revenus ou bénéfices imposés au **barème progressif** de l'impôt sur le revenu qui sont pris en compte. Par conséquent, ceux qui ont été imposés à un taux proportionnel sont exclus.

L'assiette de l'acompte des différentes catégories de revenus qui en relèvent répond à des règles qui lui sont propres. Nous les détaillerons dans les thèmes traitant de l'imposition des revenus locatifs (voir Thèmes 4 et 5) ou encore de celle des revenus de source étrangère (voir Thème 14).

La détermination du taux de prélèvement (articles 204 H et E du CGI)

Plusieurs calculs de taux sont possibles, en fonction des préférences de chacun.

Il existe notamment le **taux du foyer fiscal ou « taux de droit commun »**. Pour chaque foyer fiscal (voir Thème 2), l'administration calcule le taux en se fondant sur les dernières déclarations de revenus. Ce taux doit représenter le **poids moyen des impôts du foyer** rapporté au montant de ses revenus. On prend ici en compte, d'une part, les **versements d'acomptes, ainsi que les retenues** qui ont été faites de **janvier à août de l'année N**, c'est-à-dire les revenus et bénéfices perçus en N – 2, et, d'autre part, les retenues qui ont été faites de **septembre à décembre de l'année N**, c'est-à-dire les revenus et bénéfices perçus en N – 1.

Mai-juin N	• Déclaration des revenus de l'année N-1
Août N	• Établissement du taux propre actualisé grâce à la déclaration
Septembre N à Août N+1	• Application du nouveau taux aux revenus contemporains perçus
Mai-Juin N+1	• Déclaration des revenus de l'année N
Août N+1	• Établissement du taux propre actualisé grâce à la déclaration
Septembre N+1 à Août N+2	• Application du nouveau taux applicable aux revenus contemporains perçus

Le taux du foyer fiscal ou « taux de droit commun »

Autrement dit, c'est avec la déclaration de revenus de l'année 2020 qu'est déterminé le taux qui sera applicable de septembre 2021 jusqu'à août 2022 inclus.

EXEMPLE

Prenons le cas d'un contribuable célibataire et sans enfant. L'année N – 1, 40 000 € de revenus lui ont été versés au titre de ses salaires imposables. Il a alors payé 5 093 € d'impôt sur le revenu. Le taux de PAS est calculé comme suit : $\frac{5\,093}{40\,000}$.

On obtient un taux de retenue à la source sur les revenus perçus de septembre de l'année N à août de l'année N + 1 de 12,7 %.

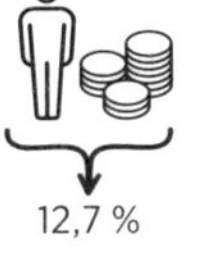

Tous les ans, une actualisation interviendra en fonction de la déclaration de l'année et s'appliquera dès le mois de septembre, en se référant à la déclaration de revenus de l'année précédente.

Par ailleurs, si le contribuable n'est pas imposable (car ses revenus ne sont pas suffisamment importants), l'administration fiscale transmet un taux nul aux tiers collecteurs (notamment à l'employeur) et le contribuable n'est pas imposé jusqu'au mois d'août de l'année suivante.

L'AVIS DE L'EXPERT

Prenez garde à bien effectuer votre déclaration de revenus. Un taux, par défaut proportionnel à leur montant, sera appliqué. Le trop-perçu par le fisc vous sera ensuite restitué l'année suivante.
Il est dans votre intérêt d'être le plus transparent possible sur la nature et le montant de vos revenus pour que votre RAS ou acompte contemporain soit le plus juste possible, et ainsi éviter de constater des soldes trop différents de la réalité au moment de leur déclaration. Vous avez également la possibilité d'actualiser vos revenus pour moduler vos prélèvements sans attendre les déclarations de revenus annuelles.
Ce suivi précis permet de rendre l'impôt plus « indolore » puisqu'il est à jour et lissé sur 12 mois, tout en réduisant les difficultés de trésorerie lorsque d'importants changements professionnels se produisent en cours d'année.

Il existe également le **taux individualisé**. L'administration, sur une option qui peut être exercée à n'importe quel moment par le contribuable, peut calculer un **taux de prélèvement individualisé pour chacun des conjoints ou partenaires soumis à imposition commune**. Il est ainsi possible de tenir compte des **importantes différences de rémunérations** entre les deux déclarants.

L'**impôt payé** est *in fine* globalement similaire à celui payé avec le taux du foyer. Il est simplement réparti plus justement entre les deux membres du couple. Celui dont les revenus sont moins élevés se voit appliquer un taux minoré et inversement pour celui disposant de revenus plus importants.

Représentation du taux individualisé dans un couple

Seuls les revenus dont chacun dispose **à titre personnel** peuvent se voir appliquer ce taux. Les revenus **communs du foyer** (comme des revenus fonciers, par exemple) sont donc exclus. Un seul foyer peut donc se voir appliquer trois taux différents : un pour **chacun des membres** du couple, et un troisième pour les **revenus du foyer**.

Ce taux individualisé présente cependant une limite. En effet, l'administration répartit alors pour moitié sur chacun des membres du couple les charges de famille, ainsi que les charges déductibles. Dans les faits, ce n'est cependant pas toujours le cas.

L'AVIS DE L'EXPERT

Si vous voulez exercer ou dénoncer cette option, vous pouvez le faire depuis votre espace personnel sur www.impots.gouv.fr, dans la rubrique « Gérer mon prélèvement à la source », puis dans « Individualiser votre taux de prélèvement ». Le fisc transmettra ce nouveau taux au débiteur du revenu (sans préciser qu'il s'agit d'un taux individualisé, car cela ne regarde pas votre employeur) et votre choix prendra effet au plus tard le troisième mois qui suit celui de la demande. Vous pouvez renoncer à ce taux à tout moment en suivant la même procédure. Votre demande sera exécutée dans les mêmes délais.

Il existe également un **taux par défaut**. Le choix de ce taux est établi grâce à des **grilles**. Pour déterminer ce **taux proportionnel**, plusieurs éléments sont pris en compte :

- les **montants** et la **périodicité** des versements ;
- la **domiciliation** du contribuable et la **durée de son contrat**.

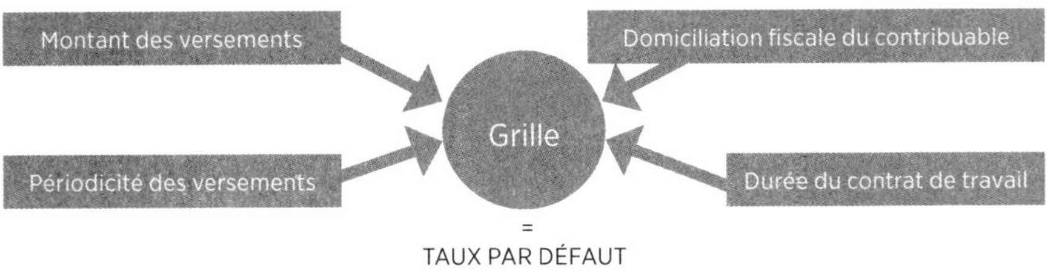

Établissement du taux par défaut

Ce taux est appliqué de **plein droit** si l'administration :

- n'a pas pu déterminer le taux propre du contribuable : c'est le cas si elle ne dispose pas d'informations déclarées par le contribuable

(par exemple, un contribuable procédant à sa première déclaration ou encore un contribuable revenant de l'étranger) ;
- ne peut pas transmettre de taux à la personne devant effectuer la retenue (par exemple, l'employeur) : par exemple, en cas de changement professionnel récent, comme le début d'un contrat de travail.

L'AVIS DE L'EXPERT

Si le débiteur de la retenue (l'employeur) possède un taux validé et transmis par l'administration, l'application de la grille est impossible. Le taux issu de la grille a donc un caractère subsidiaire par rapport aux deux autres taux (BOI-IR-PAS-20-20-30-10, 28 déc. 2018, § 110).
A contrario, l'application de la grille sera obligatoire si le contribuable ne dispose pas d'un taux validé ou transmis par l'administration au débiteur de la retenue.

Le taux par défaut est appliqué sur option du contribuable à ses traitements et salaires. Il est utilisé pour tous les revenus qui entrent dans le champ de l'option et qui lui ont été versés. Le contribuable choisit en général cette option quand il ne veut pas que son taux propre soit communiqué à son employeur (BOI-IR-PAS-20-20-30-20, 15 mai 2018, § 20 et 70).

L'AVIS DE L'EXPERT

L'option peut être exercée à tout moment depuis votre espace personnel sur www.impots.gouv.fr, si vous devez ou allez percevoir des revenus qui entrent dans le champ de la retenue. Votre choix prendra effet, au plus tard, le troisième mois qui suit celui de la demande.

Il se peut que le montant de retenue à la source résultant de l'application du taux par défaut soit inférieur ou supérieur à celui résultant de l'application du taux propre, puisque le premier ne prend pas en compte le **quotient familial** du foyer ou les éventuelles **charges** qu'il supporte, contrairement au second. Dans ce cas, le contribuable doit **s'acquitter** ou se voit **restituer** un complément égal à la différence entre les deux montants de retenue à la source. De grandes variations de trésorerie peuvent alors exister pour le contribuable. Dans le premier cas, le contribuable doit combler la différence au fur et à mesure de la perception de ses salaires. Dans le second cas, la somme lui est restituée au moment de la liquidation de cet impôt.

La liquidation de l'impôt correspond au calcul de l'impôt dû par le contribuable. Contrairement à ce que l'on peut penser à la lecture de cette expression, elle ne fait pas référence au paiement de l'impôt, mais bien au calcul, par l'administration fiscale, du montant de l'impôt dû par le contribuable.

En pratique, pour verser le complément, le contribuable doit effectuer le calcul en fonction de sa rémunération et déclarer ce complément au plus tard le dernier jour de chaque mois ayant suivi sa perception, tout en tenant compte de sa variation. Il effectue cette déclaration depuis son espace personnel, sur www.impots.gouv.fr.

EXEMPLE

Prenons le cas d'un contribuable dont le taux propre est de 15 %. Comme il ne souhaite pas que son employeur en ait connaissance, il a préféré opter pour le taux par défaut. L'administration transmet donc le taux de 4,1 % à l'employeur, en lui indiquant qu'il s'agit du taux par défaut applicable aux revenus qu'il verse à son employé.

Cette grande différence de taux implique que le contribuable n'est plus assez prélevé sur ses revenus au titre du PAS de l'impôt sur le revenu. Il doit alors s'acquitter d'un complément tous les mois depuis son espace personnel sur www.impots.gouv.fr.

Pour calculer ce complément, admettons que notre contribuable ait perçu 2 000 € de salaire en avril : il devra alors déclarer à l'administration fiscale un complément de retenue à la source de 218 € (2 000 × 15 % – 2 000 × 4,1 %) au plus tard le dernier jour du mois de mai.

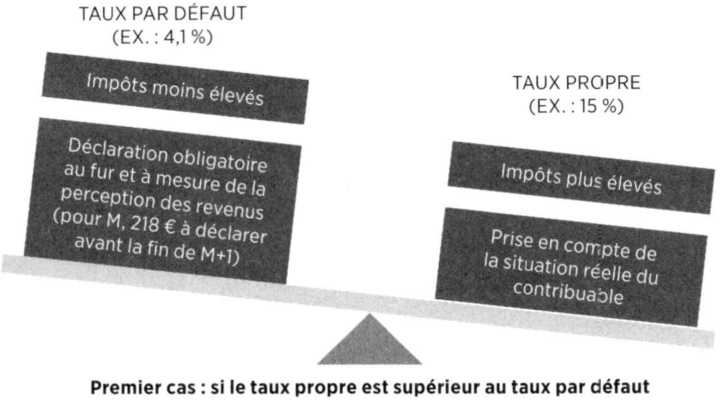

Premier cas : si le taux propre est supérieur au taux par défaut

L'AVIS DE L'EXPERT

Si vous êtes dans cette situation, prenez garde à effectuer cette manipulation dans les temps et avec exactitude. En effet, vous encourez une majoration de 10 % en cas d'insuffisance de versement et, à défaut de paiement, les mêmes modalités ou garanties et sûretés que l'impôt sur le revenu peuvent s'appliquer pour mener à bien le recouvrement (BOI-IR-PAS-20-20-30-20, 15 mai 2018, § 180 et 200).

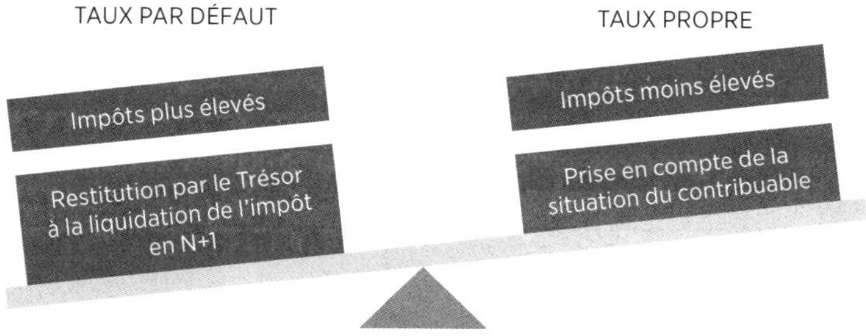

Second cas : si le taux par défaut est supérieur au taux propre

Différentes grilles de taux sont prévues et établies sur une **base mensuelle** de versement, en fonction de la domiciliation du contribuable (métropole, Réunion et Martinique ou Guyane et Mayotte). Le débiteur doit appliquer la **grille en vigueur à la date du versement**.

En principe, le prélèvement est mensuel : c'est ce que l'on appelle la **périodicité usuelle**. Dans le cas où le versement des rémunérations n'est pas mensuel, il faut diviser le revenu imposable versé par un **coefficient**.

EXEMPLE

Si le versement est annuel, il faut diviser le revenu imposable par 12. S'il est journalier, il faut le diviser par 12/312.

En ce qui concerne les **revenus soumis à la retenue**, le débiteur doit faire la somme de tous les revenus ou de tous les avantages soumis au prélèvement et se rapportant à un même versement (BOI-IR-PAS-20-20-30-10, 28 déc. 2018, § 200).

En ce qui concerne les **revenus soumis à l'acompte**, l'utilisation de la grille ne concerne en principe que les personnes à charge. Ici, l'assiette de l'acompte est majorée de 11 % (article 204, H, III, 1, d, dernier alinéa du CGI). Il faut ensuite diviser par 12 le montant de l'assiette, celle-ci étant calculée sur une base annuelle (BOI-IR-PAS-20-20-30-10, 28 déc. 2018, § 220).

L'actualisation du prélèvement

Tout changement de **situation personnelle** ou **professionnelle** du contribuable impliquant une modification du montant de ses revenus doit faire intervenir une actualisation du prélèvement. Par « changement de situation personnelle », on entend un mariage, la conclusion d'un pacs, l'arrivée d'un enfant mineur, un décès, un divorce ou une séparation.

Ces changements doivent être déclarés à l'administration, qui calcule automatiquement l'actualisation du prélèvement, ce qui entraîne une **modification du taux** de la retenue, des **acomptes** et de leurs **conditions de mise en œuvre** (BOI-IR-PAS-20-30-10, 15 mai 2018, § 340 à 370). Le taux du foyer est alors déterminé selon les **modalités de droit commun**, en tenant compte du quotient familial résultant de l'augmentation ou de la diminution des charges de famille, et donc de la nouvelle composition du foyer.

Les contribuables concernés par cette capacité de modulation sont ceux pour lesquels l'administration a calculé un taux propre. La modulation peut donc être à la **hausse** ou à la **baisse** :

- **la modulation à la hausse** : le contribuable a le choix entre trois méthodes d'augmentation, sans condition d'écart. Il peut choisir d'augmenter :
  - le **taux de son foyer**, qui s'appliquera aussi bien aux revenus soumis à la retenue qu'à l'assiette de l'acompte ;
  - l'**assiette de son acompte**, en laissant inchangé le taux de prélèvement ;
  - le **taux de retenue** qui s'applique **à son foyer** et à l'assiette de son acompte.
- **la modulation à la baisse** : le contribuable dispose d'un droit de modulation à la baisse si la condition d'écart est respectée. Pour cela, il faut vérifier qu'un écart de plus de 10 % existe entre :
  - d'une part, le montant du prélèvement qui résulte de la situation du contribuable et des revenus de l'année en cours qui ont été estimés par lui ;

– d'autre part, le montant du prélèvement qu'il aurait supporté au cours de cette année en l'absence de toute modulation (article 204, J, III, 1 du CGI).

Il est important de noter que cet écart est apprécié au regard de l'impôt sur le revenu. Si la modulation à la baisse est admise, elle entraîne alors une mise à jour de l'assiette de l'acompte dû au titre des prélèvements sociaux.

L'AVIS DE L'EXPERT

Si vous souhaitez effectuer une modulation à la baisse, veillez à bien calculer les revenus que vous percevrez et/ou réaliserez pendant l'année en cours. Si l'administration constate une modulation à la baisse excessive ou erronée, des pénalités pourront vous être infligées.

En pratique, si les conditions pour exercer un droit à la modulation sont réunies, l'administration transmet le **taux modifié** au débiteur des revenus relevant de la retenue. En ce qui concerne les acomptes, un **nouvel échéancier** de versements est établi. La demande de modulation est mise en œuvre au plus tard le troisième mois suivant la demande et jusqu'au 31 décembre de cette même année.

Le cas particulier de l'acompte contemporain

Un acompte constitue une avance, réalisée par celui qui le verse, en attendant de connaître le montant précis qui est dû. Cette avance est suivie d'un versement complémentaire ou d'un remboursement si le montant de l'acompte excédait le montant de la somme réellement due.

Les revenus soumis à l'acompte présentent des particularités lors de leur **première et de leur dernière année de perception**. Il n'est pas possible pour l'administration de déterminer le montant de l'acompte dû par le contribuable pour la première année de perception puisque les revenus n'ont pas été déclarés dans cette catégorie au titre des années N – 2 et N – 1. Ce n'est qu'à compter de septembre de l'année N + 1 que l'administration peut déterminer le montant de l'acompte dû pour les revenus perçus ou réalisés au cours de l'année N.

L'AVIS DE L'EXPERT

Si vous commencez à percevoir un revenu relevant de l'acompte, vous pouvez déclarer votre intention d'acquitter un acompte entre le moment de sa première perception et le mois de mai de l'année N + 1. Vous devrez alors déterminer librement le montant que vous devrez acquitter à l'administration.

Lorsque plus aucun revenu entrant dans le champ de l'acompte n'est perçu au titre de l'année N, il est possible de demander à ne plus le verser (article 204 L du CGI). La demande est prise en compte à compter du versement mensuel ou trimestriel suivant le mois de la demande.

L'AVIS DE L'EXPERT

Lorsque vous effectuez cette demande, faites bien attention au fait qu'elle ne modifie ni le taux applicable aux autres revenus ni les acomptes dus pour les autres catégories de revenus qui en relèvent.

Pour ce qui concerne les **modalités d'application de l'acompte contemporain**, il est possible de faire le choix de le payer **mensuellement** – le 15 de chaque mois au plus tard –, ou, sur option, **trimestriellement** (article 1663 du CGI) – au plus tard les 15 février, 15 mai, 15 août et 15 novembre.

L'AVIS DE L'EXPERT

Si vous souhaitez exercer l'option, vous pouvez le faire depuis votre espace personnel sur le site www.impots.gouv.fr avant le 1er octobre de l'année précédant celle au cours de laquelle vous souhaitez qu'elle s'applique.
Si vous voulez qu'elle se poursuive l'année suivante, vous n'avez rien à faire.
Pour la dénoncer, il faudra le faire dans le même délai que celui de l'option.

Le paiement a lieu par **prélèvement bancaire** sur un compte ouvert dans un établissement habilité et est unique pour tout le foyer fiscal. Si les coordonnées bancaires n'ont pas été fournies ou que le prélèvement a été rejeté, l'acompte est considéré comme impayé et donne lieu à une régularisation. Il faut effectuer ce paiement dans un **délai de 30 jours** à compter de l'envoi ou de la mise à disposition de l'avis. Le paiement doit être régularisé pour la **totalité de son montant** par le biais du paiement direct en ligne.

Si la régularisation n'aboutit pas dans les délais ou si le paiement est rejeté, le contribuable concerné s'expose à un **recouvrement forcé** de son acompte. Si un retard de paiement est constaté, une **majoration de 10 %** des sommes non acquittées dans les délais s'applique (article 1729 G du CGI).

5. COMMENT LE PAIEMENT DU SOLDE DE L'IMPÔT SUR LE REVENU EST-IL EFFECTUÉ ?

Le solde de l'impôt dû est calculé annuellement au moment de la déclaration des revenus, en imputant les réductions et crédits d'impôt, les prélèvements et retenues à la source, ainsi que les acomptes. Concrètement, la déclaration de revenus permet d'identifier plus précisément le montant de votre impôt sur le revenu de l'année précédente. **C'est cette déclaration qui permet de voir si votre PAS et/ou vos acomptes payés au cours de l'année ont été suffisants par rapport à la réalité de votre situation financière.**

S'il apparaît que vos prélèvements n'ont pas couvert l'ensemble de l'impôt à payer, le solde restant est **exigible 30 jours après la date de mise en recouvrement du rôle** (date à laquelle l'administration estime le montant dû), et ce par voie dématérialisée (sauf option contraire). Si le solde excède toutefois 300 €, son montant sera étalé le plus souvent entre septembre et décembre. Il existe des situations où l'étalement est impossible, comme en cas de décès du contribuable ou quand il existe par exemple une exigibilité immédiate en cas de cessation d'activité prévue aux articles 201 et 202 du CGI.

EXEMPLE

Au cours de l'année 2020, monsieur X a été prélevé à la source à hauteur de 2 000 €. Or, sa déclaration de revenus de 2020, déposée en mai 2021, fait état d'un impôt sur le revenu, pour 2020, de 2 400 €. Il existe donc un restant dû de 400 €.

Monsieur X va donc devoir payer le solde de son impôt sur le revenu entre septembre et décembre 2021 (soit 100 € par mois). De septembre à décembre 2021, il sera, en plus de ce complément d'impôt à payer au titre de l'année 2020, prélevé à la source pour l'année en cours. Monsieur X aurait donc eu intérêt à prévenir l'administration fiscale dès qu'il avait eu connaissance d'évolutions de situations conduisant à une augmentation de son impôt sur le revenu. Cela lui aurait évité un effort financier entre septembre et décembre.

6. COMMENT LE PAS DES CONTRIBUTIONS ET PRÉLÈVEMENTS SOCIAUX SE DÉROULE-T-IL ?

L'assiette du PAS des contributions et prélèvements sociaux

Le PAS des contributions et les prélèvements sociaux s'appliquent aux revenus entrant dans le champ de l'acompte et soumis à la CSG sur les revenus du patrimoine. Il s'agit, d'une part, des **revenus de source française ou étrangère imposables en France**, même s'ils ouvrent droit à un crédit d'impôt égal à l'impôt étranger en vertu de l'application d'une convention fiscale, et perçus par des contribuables fiscalement domiciliés en France, comme les revenus fonciers, les rentes viagères constituées à titre onéreux, les bénéfices industriels et commerciaux (BIC), les bénéfices agricoles (BA) et les bénéfices non commerciaux (BNC). D'autre part, il s'agit des **revenus de source française issus de la location d'immeubles situés en France** et perçus par des personnes physiques domiciliées fiscalement hors de France.

Le calcul du prélèvement

L'assiette de ce PAS afférent aux revenus visés dans la sous-section précédente est déterminée selon les règles de l'article 204 G du CGI. C'est le taux de 17,2 % qui est appliqué à cette assiette.

Le montant de ce PAS peut être actualisé en cours d'année en cas de modulation du PAS de l'impôt sur le revenu, ou de création ou suppression d'un acompte. Son recouvrement et son contrôle se font selon les mêmes modalités et sous les mêmes garanties, sanctions et sûretés que l'acompte.

CE QU'IL FAUT RETENIR

» Le PAS modifie la méthode de collecte de l'impôt sur le revenu, mais ne modifie pas la méthode de calcul de celui-ci.

» Le PAS se matérialise par des retenues à la source et des acomptes contemporains, selon la nature des revenus, leur origine et la domiciliation du contribuable.

» Chaque taux peut être :
- **personnalisé :** calculé par foyer fiscal, le taux doit représenter le poids moyen d'impôt pour le foyer ; il s'agit du taux qui calcule le plus justement l'impôt dû ;
- **individualisé :** il s'agit d'un taux spécifique pour chacun des membres du couple et adapté à leurs revenus ; c'est particulièrement utile quand il existe de grosses différences de revenus entre les deux membres du couple ;
- **par défaut :** le taux est évalué aux moyens de grilles et prend en compte le montant des versements et leur périodicité, la domiciliation du contribuable et la durée de son contrat. Des régularisations sont parfois nécessaires si le taux par défaut est inférieur au taux propre.

» La déclaration annuelle des revenus est maintenue pour permettre l'actualisation du PAS et vérifier que l'impôt dû a justement été payé.

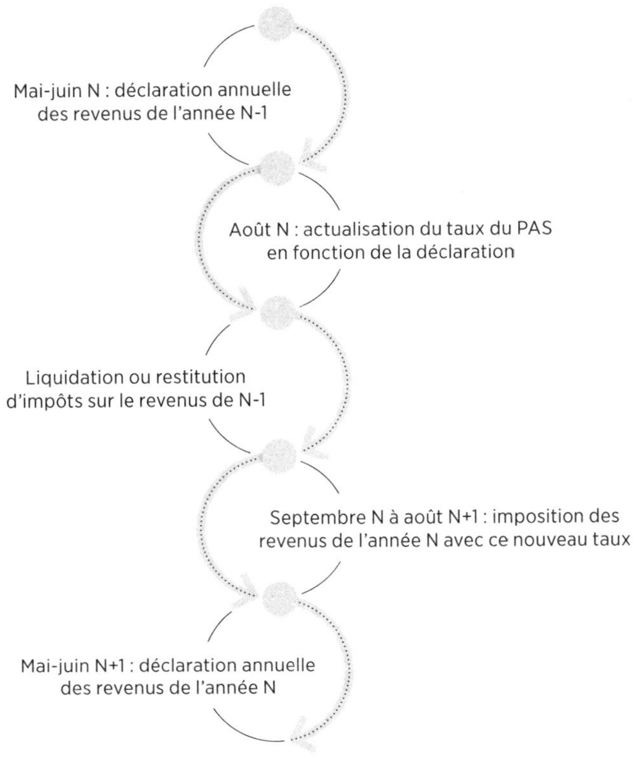

Mécanisme du PAS

» Les assiettes à retenir sont :
  - **l'assiette du PAS :** voir les deux tableaux pages 45 et 46 ;
  - **l'assiette de l'acompte contemporain :** les revenus ou bénéfices qui ont été imposés au barème progressif de l'impôt sur le revenu en N – 1.

» **L'actualisation du PAS :** tout changement de la situation personnelle ou professionnelle du contribuable doit être déclaré à l'administration, qui calculera automatiquement l'actualisation du prélèvement. Le taux de la retenue, les acomptes et leurs conditions de mise en œuvre sont alors modifiés. Une modulation à la hausse ou à la baisse (si la condition d'écart est respectée) peut intervenir. En cas de commencement de perception d'un revenu relevant de l'acompte, vous pouvez déclarer votre intention de commencer à l'acquitter entre le moment de sa première perception et mai N + 1. Il faudra déterminer librement le montant qui devra être acquitté à l'administration.

ENTRAÎNEZ-VOUS !

1. Depuis quand les revenus sont-ils soumis au prélèvement à la source ?

- ❑ Depuis le 1er janvier 2018.
- ❑ Depuis le 1er janvier 2019.
- ❑ Depuis le 1er janvier 2020.

2. Qu'est-ce que le taux de droit commun ?

- ❑ C'est le taux attribué aux personnes dont l'administration fiscale ne connaît pas le taux exact.
- ❑ C'est le taux attribué à une profession.
- ❑ C'est le taux du foyer fiscal.

3. Quel taux permet aux contribuables de ne pas transmettre à leur employeur leur taux réel ?

- ❑ Le taux de droit commun.
- ❑ Le taux individualisé.
- ❑ Le taux par défaut.

4. Est-il possible de moduler son taux de prélèvement ?

- ❑ Oui, dans tous les cas.
- ❑ Non, c'est impossible.
- ❑ Oui, mais sous certaines conditions.

5. La déclaration d'impôt est-elle toujours nécessaire ?

- ❑ Oui.
- ❑ Non.
- ❑ Dans certains cas seulement.

CAS PRATIQUE 1 :

Un contribuable est soumis au prélèvement à la source à un taux de 20 %. Ses revenus mensuels sont de 3 500 € net. Il a décidé d'opter pour le taux par défaut. L'administration fiscale transmet donc à son employeur un taux de 5 %.

Quel est le montant que le contribuable devra déclarer à l'administration fiscale au titre du complément de retenue à la source ?

CAS PRATIQUE 2 :

Un contribuable a subi une importante baisse de revenus en raison de la crise sanitaire. Il paye actuellement 500 € de prélèvement à la source. À la suite de cette baisse, il estime qu'il devrait payer 350 €.

Peut-il demander une modulation de son taux à la baisse ?

4

COMMENT SONT IMPOSÉS LES **REVENUS LOCATIFS** ISSUS DE LA **LOCATION NUE ?**

OBJECTIFS À ATTEINDRE

1. Maîtriser l'imposition de vos revenus locatifs issus de logements loués non meublés.
2. Identifier les sommes perçues entrant dans la catégorie des revenus fonciers (et donc imposables).
3. Connaître précisément les charges déductibles de vos revenus locatifs si vous choisissez le régime réel d'imposition.
4. Comprendre la logique globale du déficit foncier.

Toutes les recettes perçues par un contribuable propriétaire, au titre de la location de ses biens immobiliers, sont imposables. Autrement dit, les revenus **principaux** ou **accessoires**, tirés de la **jouissance d'un immeuble neuf** ou **ancien**, sont passibles de l'impôt sur le revenu (IR). Ces recettes s'ajoutent aux autres revenus, comme les salaires, pour être soumises au **barème progressif** de l'IR (voir Thème 2). Elles sont également soumises aux **prélèvements sociaux au taux de 17,2 %**, en tant que revenus du patrimoine.

Le revenu foncier imposable, c'est-à-dire le montant de ces recettes véritablement imposé à l'IR et aux prélèvements sociaux, correspond généralement à la différence entre le **montant du revenu brut** et le **total des charges de la propriété**.

Revenu foncier imposable = Revenus bruts - charges de la copropriété

C'est au moment de la déclaration des revenus que le propriétaire doit les transmettre, en se fondant sur les recettes encaissées et les dépenses payées au cours de l'année visée par la déclaration.

EXEMPLE

La déclaration des revenus perçus en 2020 a eu lieu entre avril et juin 2021. Au titre de cette année, tous les revenus entrant dans son champ d'application, y compris le revenu foncier net de l'année 2020, ont été déclarés.

Lorsque les charges déductibles sont supérieures aux revenus, un **déficit** est constaté et est susceptible d'être **imputé sur le revenu global** dans une certaine limite, ou totalement selon les cas.

Enfin, il existe plusieurs dispositions particulières, avec l'objectif de **favoriser l'investissement locatif** ou d'**inciter la rénovation du patrimoine national**.

1. QUELLES SONT LES PERSONNES CONCERNÉES PAR LA DÉCLARATION ET L'IMPOSITION À L'IR ?

Les personnes physiques

Toutes les **personnes physiques membres du foyer fiscal**, si elles sont **propriétaires d'immeubles bâtis ou non bâtis** mis en **location nue**, doivent déclarer ces revenus (article 6 du CGI). Autrement dit, dès lors que vous êtes propriétaire d'un bien que vous mettez en location nue, les loyers que vous percevez doivent être déclarés au fisc français, et vous êtes imposés dessus.

Pour les immeubles dont la **propriété est démembrée**, c'est au nom de l'**usufruitier** que les revenus sont imposés.

> *La propriété est démembrée lorsqu'elle est répartie entre plusieurs personnes. L'usufruitier détient notamment le droit de jouir de la chose et de ses fruits (notamment les loyers) ; le nu-propriétaire détient quant à lui le droit de disposer de la chose (c'est-à-dire notamment de la vendre). Il est donc logique que ce soit à l'usufruitier, c'est-à-dire celui qui perçoit les loyers, de déclarer ces derniers comme revenus et donc d'être imposé dessus.*

Pour les immeubles en **indivision**, c'est sur la part des revenus fonciers correspondant à ses droits dans l'indivision que le propriétaire est personnellement imposable. Chaque indivisaire est, dans le même sens, tenu aux charges au prorata de ses droits dans l'indivision.

> *L'indivision renvoie à la situation dans laquelle un même bien est détenu par plusieurs personnes en nom propre, c'est-à-dire sans création de société. Chaque personne est un co-indivisaire, c'est-à-dire qu'elle est propriétaire d'une partie du bien. Dès lors, si deux personnes sont co-indivisaires à 50/50 d'un bien mis en location et générant des loyers de 100, elles doivent chacune déclarer 50 de revenus fonciers dans leur foyer fiscal ; les charges afférentes au bien sont également réparties par moitié entre elles.*

L'AVIS DE L'EXPERT

Si vous détenez l'usufruit des parts d'une société et que cette dernière présente un résultat déficitaire, vous pouvez déduire de vos revenus personnels la quote-part du déficit correspondant à vos droits (CE, 8 nov. 2017, n° 399764), à condition qu'il s'agisse d'une société soumise à l'IR.

Que vous soyez ou non domicilié fiscalement en France, dans la majorité des cas, c'est au **lieu de situation de l'immeuble** que les **conventions fiscales** attribuent le droit d'imposer.

EXEMPLE
Si je suis résident fiscal français mais que je suis propriétaire d'un bien immobilier situé en Allemagne et que ce bien génère des revenus locatifs, ces derniers sont imposés en Allemagne. En revanche, je suis tenu de déclarer ces revenus en France, même s'ils sont uniquement imposés en Allemagne.

Il existe un cas particulier quand aucune convention fiscale n'a été signée avec le pays dans lequel se trouve l'immeuble, et que le propriétaire possède son **domicile fiscal en France**. Celui-ci est alors imposable sur ses revenus provenant d'**immeubles situés en France à la fois en France et à l'étranger** (article 4 A du CGI).

Inversement, le propriétaire d'un **immeuble situé en France**, mais qui n'est pas domicilié fiscalement en France, est imposable en France sur les revenus générés par cet immeuble (articles 4 et 164 B du CGI).

Les personnes morales

Il est question ici des personnes morales qui ne sont **pas soumises à l'impôt sur les sociétés**. Dans ce cas, elles sont susceptibles d'être imposées au titre des revenus fonciers au **nom des associés**. En d'autres termes, les sociétés dites à l'IR sont imposables à l'IR français, au titre des loyers qu'elles perçoivent. L'exemple classique, avant d'évoquer les différents cas de figure, est celui de la société civile immobilière (SCI) à l'IR : si la société a perçu 10 000 € de loyers sur l'année, et qu'elle compte deux associés à 50/50, chacun d'eux doit déclarer 5 000 € dans sa déclaration personnelle et sera imposé dessus.
Plus précisément, on retrouve ici :

- **Les sociétés transparentes fiscalement** (article 1655 ter du CGI) **:** par leur objet social particulier, elles permettent à leurs associés d'être considérés, fiscalement, comme étant **personnellement propriétaires**. Quelle que soit la forme juridique de ces sociétés, leurs actions ou parts sociales leur donnent droit à la **jouissance des locaux**. En conséquence, si un de ces propriétaires se réserve la jouissance des locaux, le revenu en nature qui en découle est imposable.
- **Les sociétés translucides :** il s'agit des sociétés (le plus souvent des SCI ou société civiles de placement immobilier – SCPI) non soumises à l'IS, mais qui ne relèvent pas de la catégorie des sociétés évoquées ci-dessus. Elles se voient appliquer les règles fiscales des sociétés de personnes. Les associés sont donc soumis à l'IR pour

les revenus correspondant à leur **quote-part de leur droit** dans la société. Contrairement aux sociétés transparentes, les associés n'y sont pas considérés comme propriétaires privatifs des locaux qui se trouveraient dans le patrimoine social.

Dans les deux cas, l'imposition dépend du **régime fiscal** auquel chacun des propriétaires est soumis.

2. QUELS SONT LES DIFFÉRENTS RÉGIMES D'IMPOSITION ?

Lorsque vous êtes propriétaire d'un ou de plusieurs biens immobiliers que vous décidez de louer nus, vous devez choisir d'être imposé soit au régime microfoncier, soit au régime foncier réel.

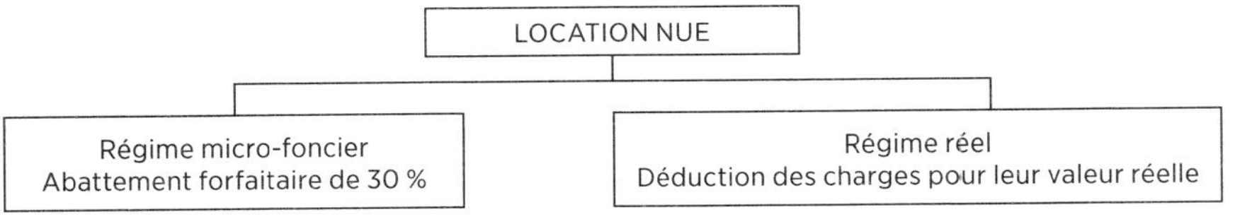

Les régimes d'imposition liés à la location nue

Le régime microfoncier

Pour bénéficier de ce régime simplifié, il faut que les revenus locatifs nus annuels **n'excèdent pas 15 000 €** (article 32 du CGI). Les services fiscaux appliquent un **abattement de 30 % pour charges** sur les recettes brutes transmises au moment de la déclaration annuelle des revenus. En d'autres termes, seuls 70 % des loyers perçus sont imposés à l'IR et aux prélèvements sociaux.

EXEMPLE

J'ai perçu 10 000 € de loyers sur l'année 2021, mais seuls 7 000 € sont imposés.

Les conditions

En cas d'**application d'un régime spécial**, certains biens sont exclus de ce régime d'office, même si les revenus locatifs nus du contribuable concerné sont inférieurs à 15 000 € par an. C'est le cas si les biens bénéficient :

- d'un régime spécial ;

- d'un avantage fiscal particulier : Cosse ancien, Besson, Robien, Borloo, Périssol, déductions spécifiques (monuments historiques, etc.).

En revanche, ce régime est applicable si ces logements sont loués selon les lois Pinel, Denormandie ancien, Duflot, Scellier classique ou Malraux (voir Thème 8), sauf s'ils bénéficient de déductions supplémentaires en raison de la loi Scellier intermédiaire ou Scellier ZRR.

En cas de **bien détenu par une société**, le régime microfoncier ne peut concerner que :

- les biens détenus directement, c'est-à-dire par le contribuable en nom propre ;
- les biens détenus indirectement par le biais d'une société immobilière transparente, comme une société immobilière d'attribution ;
- les biens détenus indirectement par le biais d'une société immobilière translucide soumise à l'IR comme une SCI ou SCPI si :
  - le propriétaire possède également directement au moins un immeuble loué nu,
  - les immeubles de la société et ceux du propriétaire ne bénéficient pas d'un régime fiscal particulier qui exclut l'application du microfoncier ;
- les parts de fonds de placement immobilier si le propriétaire est par ailleurs propriétaire d'un logement loué nu.

L'AVIS DE L'EXPERT

Il faut être très prudent sur les exclusions de certains immeubles du régime microfoncier puisque, si un de vos immeubles est exclu de ce régime, tous les revenus fonciers du foyer fiscal relèveront aussi du régime réel d'imposition.

Pour savoir si le **plafond de revenus bruts de 15 000 €** est atteint, il convient d'additionner tous les loyers bruts qui entrent dans la catégorie des revenus fonciers (voir ci-après). Plus précisément, on prend en considération tous les loyers bruts perçus par l'ensemble des membres du foyer fiscal, ainsi que ceux pour l'ensemble de l'année d'imposition concernée.

EXEMPLE

Si l'année d'imposition est 2021, il faut prendre en compte l'ensemble des revenus perçus entre le 1er janvier 2021 et le 31 décembre de la même année.

Il faut ainsi additionner :

- les loyers ;
- les recettes accessoires ;
- les dépenses à la charge du locataire ;
- la valeur des biens autres que celle des logements dont le propriétaire se réserve la jouissance.

Il ne faut pas inclure dans le calcul :

- les remboursements et provisions versés par le locataire au titre des charges locatives ;
- la TVA, si les loyers y sont soumis ;
- le prorata si la location n'a pas duré toute l'année ;
- les revenus fonciers du conjoint si le mariage a eu lieu l'année d'imposition.

Les obligations déclaratives

Il suffit de cocher la case « Microfoncier » sur la déclaration de revenus classique (la déclaration 2042) et d'y reporter les recettes brutes de l'année d'imposition, avec la mention des adresses de location. Il ne faut cependant pas appliquer les 30 % d'abattement : c'est le fisc qui procède à ce calcul.

L'AVIS DE L'EXPERT

En choisissant ce régime, vous renoncez à déduire les dépenses que vous avez eues à votre charge au cours de l'année d'imposition, et renoncez ainsi à un potentiel déficit foncier imputable sur le revenu global. Si ce régime a le mérite de la simplicité, il ne faut pas négliger le fait que vos dépenses liées à ces recettes pourraient être supérieures à 30 % de ces revenus, voire leur capacité à générer un déficit.

Il est toutefois possible de continuer d'imputer les déficits fonciers constatés au cours des dix années précédentes si, auparavant, les revenus étaient imposés dans le régime réel et que les déficits étaient encore reportables au 1er janvier de l'année d'imposition. Il faudra les mentionner sur la déclaration et ils s'imputeront sur les revenus fonciers nets (donc après l'abattement de 30 %) jusqu'à l'expiration du délai de report de dix ans.

Le régime réel d'imposition

Grâce au régime réel d'imposition, il est possible de déduire des revenus les **frais et charges supportés réellement dans l'année et qui ont été engagés pour percevoir ces dits revenus** (article 31 du CGI). C'est le propriétaire des logements loués qui doit les déduire lui-même pour obtenir son résultat imposable. Si le résultat obtenu est **positif**, il vient s'ajouter aux autres revenus catégoriels, pour constituer le **revenu global** soumis à l'impôt. S'il est **négatif**, il génère un **déficit foncier**, qui est imputable pour partie sur le **revenu global** et pour autre partie sur les **revenus fonciers de l'année suivante**.

Les conditions d'application

Si les revenus fonciers annuels du foyer fiscal sont **supérieurs à 15 000 €** ou que le régime microfoncier ne peut pas s'appliquer, le régime réel s'applique obligatoirement. Le contribuable peut également décider d'opter pour le régime réel, même si les loyers sont inférieurs à 15 000 € par an.

Le régime réel peut s'appliquer de **plein droit** pour :

- les propriétaires qui le sont directement ou indirectement par le biais d'une société qui n'est pas soumise à l'IS ;
- des logements loués selon les lois Cosse ancien, Robien, Borloo, Besson, Périssol, Scellier intermédiaire ou ZRR ;
- des monuments historiques ;
- des immeubles bénéficiant d'une réduction d'impôt prévue en faveur des investissements en secteur touristique.

Il sera **obligatoirement** applicable si le contribuable détient :

- des parts de SCPI Robien ou Borloo ;
- des parts de sociétés immobilières non soumises à l'IR (comme les SCI ou SCPI) qui donnent en location des biens non meublés.

Il convient de faire une seule déclaration par foyer et, lorsque le contribuable opte pour le régime réel (c'est-à-dire lorsque les revenus fonciers annuels du foyer sont inférieurs à 15 000 €, mais que le contribuable souhaite bénéficier du régime réel), ce régime est **irrévocable pendant trois ans** et son renouvellement est **tacite**.

Les frais déductibles

Il s'agit ici de relever les principaux frais déductibles des loyers perçus par le foyer fiscal. C'est la déduction de ces frais qui permet de réduire le revenu net catégoriel, et donc *in fine* l'imposition des revenus locatifs nus.

Parmi les **frais de gestion et d'administration**, on trouve :

- **La part récupérable auprès du locataire :** cela correspond aux frais d'administration qui surviennent entre deux locataires et qui ont été supportés par le propriétaire, ou encore à l'avance de frais d'administration pour le compte du locataire et que ce dernier n'a pas remboursés à son départ. Il s'agit de **charges déductibles**.
- **La rémunération des gardiens :** par « gardiens », on entend les personnes qui ont la garde des biens loués et dont les rémunérations sont à la charge du propriétaire, au moins pour partie. Cela correspond aux sommes versées en contrepartie de l'activité de gardiennage, qu'elles aient été versées en espèce ou en nature. Il s'agit de **charges déductibles**.
- **La rémunération des tiers :** cette catégorie comprend les salaires, honoraires ou commissions versés à une agence de location pour la recherche d'un locataire ou la rédaction des contrats, à l'administrateur de biens qui a en charge la gestion des biens loués, pour la tenue de la comptabilité liée à la gestion, ou encore aux tiers qui rédigent les déclarations fiscales relatives aux locations. Il s'agit de **charges déductibles**.

  Les frais de gestion payés par l'intermédiaire d'un tiers, comme un syndic, s'ils ne sont pas rattachables à l'activité d'intermédiation, ou les frais versés à un tiers pour la cession ou l'acquisition d'un bien donné en location ou d'un fonds de commerce correspondent à des **charges non déductibles**.
- **Les frais de procédure :** il est question ici des différends avec le locataire, un entrepreneur ou un prestataire lorsqu'ils engagent des procédures dont les frais sont versés à des notaires, avocats, huissiers ou des experts. Cela correspond également aux frais restés à la charge du propriétaire suite à un procès ou ceux concernant le règlement de litiges portant sur la propriété d'un bien donné en location. Il s'agit de **charges déductibles**.
- **Les autres frais de gestion :** un forfait annuel de 20 € est déductible pour tous les autres frais d'administration et de gestion qui ne sont pas couverts par les autres catégories, comme l'acquisition de matériel de bureau, d'équipements informatiques, les frais

d'enregistrement de baux ou des actes de location, la promotion et la publicité. Le forfait peut s'appliquer pour chaque bien donné en location, qu'il soit bâti ou non.

Les **primes d'assurance** sont déductibles si elles couvrent les risques susceptibles d'affecter les immeubles dont le propriétaire est responsable. Il s'agit des primes qui garantissent les risques d'incendie et de dégât des eaux, les sinistres dus à la tempête, les dommages causés pendant un vol, le vandalisme, ainsi que les impayés de loyers. En revanche, ni les coûts d'assurance du locataire ni les primes relatives au mobilier ne sont déductibles.

La **déduction des travaux** dépend de leur nature, du type d'immeuble pour lesquels ils sont réalisés et de son affectation. Parmi les **travaux déductibles**, on trouve :

- **Les travaux d'entretien et de réparation :** c'est le cas s'ils sont à la charge du propriétaire et qu'ils consistent à maintenir ou remettre l'immeuble en bon état. On entend par là que les travaux doivent permettre un usage normal du bien sans que la consistance, l'agencement ou l'équipement soit modifié. En revanche, la modification d'une installation existante ou son remplacement lorsqu'elle est vétuste ou hors d'usage entre dans le champ de la déductibilité si elle est de même nature et plus moderne.
- **Les coûts de déplacement** : c'est le cas quand ils sont supportés par le propriétaire pour la réalisation de ces travaux (CAA Lyon, 25 mai 2010, n° 08LY00786).
- **Les réparations dites locatives** : elles sont déductibles sous certaines conditions, notamment s'il s'agit de petites réparations ou de l'entretien du logement, charges qui devraient être supportées par le locataire et rendues nécessaires par la vétusté ou la force majeure, ou qu'elles résultent par exemple d'un vice de construction ou d'une malfaçon.
- **Les travaux d'amélioration du logement :** il s'agit des travaux qui apportent un élément plus adapté aux conditions de la vie moderne ou de confort nouveau, comme des travaux d'économies d'énergie ou d'équipements de sécurité. Il ne faut pas qu'ils modifient la surface habitable, le volume ou la structure de l'immeuble.

L'AVIS DE L'EXPERT

Lorsque ce type de travaux porte sur des locaux professionnels, ils ne sont déductibles que dans certaines situations.
C'est notamment le cas si les dépenses ont été effectuées dans des locaux à usage de bureaux auparavant affectés à l'usage d'habitation (si leur occupation professionnelle temporaire ne leur a pas enlevé leur nature d'habitation).
C'est aussi le cas pour les travaux d'amélioration de locaux destinés à faciliter l'accessibilité ou l'accueil des personnes handicapées.

Il faut accorder une attention particulière aux **travaux réalisés au départ d'un locataire**. Si l'intention du propriétaire est d'y habiter par la suite ou de vendre le bien, ils ne sont pas déductibles, car ils sortent du champ des dépenses engagées pour acquérir ou conserver le revenu foncier (CAA Nantes, 26 juill. 2012, n° 11NT02240). *A contrario*, les travaux effectués dans un logement vacant, avec l'intention de le louer à la suite des travaux, sont déductibles.

Les travaux de reconstruction et d'agrandissement ne sont pas déductibles. Comme il s'agit de modifications importantes du gros œuvre, cela équivaut à une reconstruction ou à une augmentation du volume de la surface habitable. En revanche, ces travaux pourront être amortis après l'achèvement du bien si le logement relève des lois Borloo neuf, Robien, Besson neuf ou Périssol.

L'AVIS DE L'EXPERT

La différence entre des travaux d'amélioration et de construction peut être subtile et s'apprécie au cas par cas. C'est surtout la nature et l'importance des travaux, et non les montants, qui conduisent à les répartir dans telle ou telle catégorie.
Si vous avez un doute sur la nature des travaux réalisés, n'hésitez pas à contacter par écrit l'administration fiscale, avant toute déduction.
Par ailleurs, si vous effectuez simultanément des travaux d'amélioration et de construction, essayer de les dissocier le plus possible en prouvant le montant et la réalité des dépenses, pour pouvoir déduire la part des travaux d'amélioration. Si ces dépenses ne sont pas dissociables, elles ne seront pas déductibles.

Pour ce qui concerne les **modalités de déduction des travaux de reconstruction et d'agrandissement**, il faut que ces travaux et dépenses annexes aient été payés au cours de l'année d'imposition. Il faut également que le propriétaire soit en mesure de prouver la réalité des dépenses, ainsi que l'adresse de la réalisation des travaux, par exemple par le biais de factures et de reçus.

Leur montant devra être indiqué sur la déclaration des revenus fonciers, en spécifiant pour chaque bien :

- la nature des travaux ;
- la date ;
- le nom et l'adresse des entrepreneurs ;
- le mode de règlement ;
- les paiements effectués.

Les **arrhes** et **acomptes** sont également déductibles, même si les travaux ne sont pas encore réalisés. Les **intérêts liés à l'emprunt** contracté pour la réalisation de travaux sont déductibles au fur et à mesure de leur paiement.

En revanche, les travaux dans les parties communes étant inclus dans les provisions pour charges de copropriété, ils peuvent être déduits au titre des **provisions pour charges** (voir ci-après) et non au titre de travaux, sauf si des versements ont été effectués à un « fond de travaux » pour anticiper des travaux non encore votés.

La figure suivante propose un résumé relatif aux travaux réalisés sur un ou plusieurs biens loués nus.

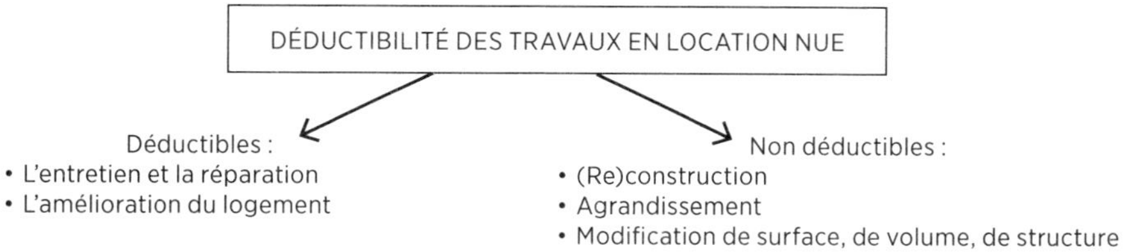

Modalités de déduction des travaux en location nue

Il est possible de déduire les **impôts et taxes** dont le propriétaire a été redevable au titre de ses propriétés données en location au cours de l'année d'imposition. Les impôts déductibles sont ceux qui incombent au propriétaire ; ceux qui sont récupérables auprès du locataire ne le sont pas.

Si des impôts déductibles ont été mis à la charge du locataire contractuellement, alors il faut les intégrer dans les recettes pour les déduire dans les charges. Parmi les impôts déductibles, il est possible de compter la taxe foncière sur les propriétés bâties et non bâties, les prélèvements pour frais de gestion, certaines taxes annexes à la taxe foncière ou encore la contribution sur les revenus locatifs.

Le traitement fiscal des **charges de copropriété** se fait en deux temps :

- **Étape 1 :** la **déduction des provisions pour charge et pour les travaux votés qui ont été versés dans l'année au syndic**. Concrètement, il s'agit des avances versées par un propriétaire à son syndic en vue des dépenses qui vont être réalisées. Pour autant, à ce stade, les dépenses ne sont pas encore faites, mais une somme est versée par le propriétaire : il est donc logique qu'il puisse la déduire au titre de cette année-là.
- **Étape 2 :** la **régularisation l'année suivante** des provisions qui ont été déduites l'année précédente, alors que cela n'aurait pas dû être le cas. Concrètement, l'année suivante, un point doit être fait pour savoir si le montant qu'avait versé le propriétaire au syndic a totalement été utilisé pour payer les charges de copropriété.

Reprenons les deux étapes :

- **Étape 1 :** les provisions déductibles sont celles relatives aux dépenses courantes de maintenance, de fonctionnement et d'administration des parties communes et des équipements de l'immeuble, qui sont comprises dans le budget prévisionnel, ainsi que les provisions pour travaux qui n'ont pas à figurer dans le budget prévisionnel. Les dépenses de travaux d'amélioration sont aussi déductibles, comme les études techniques.

L'AVIS DE L'EXPERT

Prenez garde au cas particulier des provisions appelées par le syndic au titre de fonds de travaux devant être destinés à faire face à des travaux susceptibles d'être nécessaires, mais qui n'ont pas encore été votés.
Ces provisions ne sont déductibles qu'au titre de l'année du paiement des travaux si ceux-ci ont le caractère de charges déductibles.

- **Étape 2 :** pour la régularisation lors de la déclaration de revenus de l'année suivante, il faut, avec le relevé de charges fourni lors de

l'assemblée générale de copropriété, identifier les provisions qui ont couvert des charges déductibles incombant au propriétaire. L'année suivante, il faut donc réintégrer dans son revenu :
- la fraction des provisions ayant servi à payer des dépenses non déductibles des loyers ou des charges récupérables auprès du locataire ;
- la partie des provisions qui n'a pas été utilisée.

EXEMPLE

Si les provisions versées en 2020 sont supérieures aux charges réelles, la fraction des provisions déduite des revenus de 2020 qui n'a pas été utilisée devra être réintégrée dans les revenus fonciers perçus en 2021.
Ainsi, si, en 2020, un propriétaire verse 3 000 € de provisions et que, au cours de l'année, seuls 2 500 € sont utilisés, il devra donc réintégrer 500 € l'année suivante, car il s'agit d'une somme qui n'a pas été effectivement dépensée, et donc qui ne doit pas donner lieu à déduction.

À l'inverse, si le syndic a appelé à un **complément de provisions** pour l'année, il est possible de déduire le complément des revenus fonciers de l'année suivante.

EXEMPLE

Si les provisions versées en 2020 sont inférieures aux charges réelles, la fraction supplémentaire versée pourra être déduite des revenus fonciers de 2021.
Ainsi, si, en 2020, un propriétaire verse 3 000 € de provisions et que, au cours de l'année, un complément de provisions de 500 € lui est demandé, il pourra déduire ce complément de ses revenus fonciers l'année suivante.

Les **intérêts et frais d'emprunt** contractés pour acquérir, construire ou reconstruire, conserver, agrandir, améliorer ou réparer un bien en location ou destiné à l'être sont des charges déductibles des revenus fonciers (BOI-RFPI-BASE-20-80). Il n'existe pas de limitation temporelle ou liée à un montant.

Les intérêts déductibles sont ceux payés pour financer l'achat d'un terrain à bâtir ou la construction d'un bien qui sera destiné à la location. Dans ce cas, une note jointe à la déclaration de revenus doit spécifier l'intention de donner le bien en location par la suite. Lorsque l'emprunt consiste à financer des travaux, les intérêts sont déductibles, même si les travaux auxquels ils se rapportent ne le sont pas.

Les intérêts liés à un emprunt contracté pour payer les droits de mutation à titre gratuit ou onéreux, par exemple, sont également compris. Dans le cas où une SCI possède le bien, les intérêts des emprunts contractés par la société sont déductibles à hauteur de la quote-part des intérêts correspondant aux droits du propriétaire dans la SCI.

Les intérêts des emprunts contractés pour racheter des parts de SCI à un associé en vue de conserver le revenu et d'éviter la vente du bien sont déductibles, au même titre que ceux payés par un usufruitier de parts d'une société pour financer l'acquisition de ses parts.

L'AVIS DE L'EXPERT

Ce n'est pas le cas pour le nu-propriétaire. Il ne peut les déduire que si le bien est détenu en direct et que son emprunt est destiné à financer l'acquisition de la nue-propriété, ou pour financer les dépenses de réparation, d'entretien ou d'amélioration permettant d'assurer la conservation de l'immeuble (BOI-RFPI-BASE-20-80, § 170).

En ce qui concerne les **frais d'emprunt**, il est par exemple possible de déduire ceux engagés pour constituer un dossier de demande de prêt, pour l'inscription hypothécaire, les primes d'une assurance destinée à garantir le remboursement du prêt, etc. Pour ce qui est des **modalités de déduction des intérêts et frais d'emprunt**, ce sont les montants réels des intérêts payés qui sont déductibles. Ceux échus mais non payés ne le sont pas. Le propriétaire doit également être en mesure de **justifier du montant des sommes déduites** et de leur **affectation**.

Pour pouvoir déduire les intérêts correspondants, il faut établir que la totalité des sommes empruntées a été destinée au paiement des travaux, mais également la réalité et la date de l'emprunt, le paiement des intérêts, ainsi que l'utilisation des capitaux pour un immeuble qui est ou sera donné en location.

L'AVIS DE L'EXPERT

Si vous souscrivez à un emprunt pour un immeuble dont une partie seulement sera soumise à la location, les intérêts d'emprunt ne sont déductibles que pour la partie des locaux louée par rapport à la surface totale du bien (CE, 4 nov. 1992, n° 81658 ; CAA Bordeaux, 25 oct. 2007, n° 05BX00060). Ceux concernant la partie de l'immeuble destinée à la résidence principale ne sont pas déductibles.
Il convient donc ici de faire la distinction et de calculer le prorata de ces intérêts d'emprunt pour identifier la partie déductible.

Le déficit foncier

Le déficit foncier est constaté lorsque les charges déductibles excèdent les recettes brutes.

Charges déductibles **>** Recettes brutes

S'il existe plusieurs biens relevant des revenus fonciers, on constate un déficit foncier si la compensation entre les résultats bénéficiaires et déficitaires de chacun des immeubles aboutit à un résultat global négatif.

Σ Résultat déficitaire - Σ Résultats bénéficiaires = Résultat global < 0

Ce déficit est imputable sur le revenu global dans la **limite de 10 700 €**. L'**excédent** est déductible sur les **revenus fonciers des dix années suivantes**, tout comme la part du déficit qui a été générée par les **intérêts d'emprunt déductibles**. Dans le cas où le revenu global est insuffisant pour éponger le déficit foncier (à hauteur de 10 700 €), son excédent devient un **déficit global imputable sur le revenu global des six années suivantes**.

Ces limites sont applicables pour le foyer fiscal entier. En cas de déclarations de revenus séparées, comme un divorce en cours d'année par exemple, ou quand on a plusieurs associés d'une SCI, chaque déclaration bénéficie de l'intégralité du plafond : ce dernier n'est pas réparti entre les différents propriétaires.

Il existe une particularité liée aux **intérêts d'emprunt**. En effet, la part du déficit foncier qui a été **générée par les intérêts d'emprunt n'est déductible que des revenus fonciers des dix années suivantes**, et non pas du revenu global.

Deux cas peuvent se présenter :

- **Les intérêts d'emprunt sont inférieurs aux recettes brutes :** le déficit foncier ne résulte alors que des autres charges déductibles. Il est totalement imputable du revenu global à hauteur de 10 700 €.

EXEMPLE

En 2021, 12 000 € de loyers ont été perçus, 8 000 € de charges ont été supportés et les intérêts d'emprunt se sont élevés à 6 000 €.

Un déficit foncier de 2 000 € est constaté.

Les loyers épongeant la totalité des intérêts d'emprunt, le déficit est totalement imputable sur le revenu global.

- **Les intérêts d'emprunt sont supérieurs aux recettes brutes :** le déficit a été créé par les intérêts d'emprunt et la fraction excédentaire s'impute sur les revenus fonciers des dix années suivantes.

EXEMPLE

En 2021, 8 000 € de loyers ont été perçus, 1 620 € de charges ont été supportés et les intérêts d'emprunt versés se sont élevés à 10 000 €.

Le déficit foncier provient des intérêts d'emprunt à hauteur de 2 000 € (8 000 – 10 000) et des autres charges pour leur montant total (soit 1 620 €).

Le montant des charges déductibles peut être déduit en totalité du revenu global, car il est inférieur à 10 700 € ; quant aux 2 000 € de déficit qui proviennent des intérêts d'emprunt, ils s'imputeront sur les revenus fonciers des dix années suivantes.

L'AVIS DE L'EXPERT

Si votre situation de famille change en cours d'année, le sort du déficit change selon la nouvelle composition du foyer fiscal.

Par exemple, un mariage avec déclaration commune implique que les déficits de chacun sur des immeubles personnels et non encore imputés sont déduits sur la déclaration commune.

En cas de divorce ou de rupture du pacs, la part du déficit global constatée au cours des années passées et antérieures à la rupture sera répartie par moitié entre les deux ex-partenaires ou époux.

Par ailleurs, l'**imputation d'un déficit foncier sur le revenu global** n'est acquise que si le bien continue d'être loué pendant trois ans. À défaut, l'imputation du déficit peut être remise en cause.

Si ce n'est pas le cas, l'administration fiscale recalcule le revenu global et le revenu foncier pour les années concernées. Le déficit généré est considéré comme ayant été indûment appliqué sur le revenu global et son montant est déduit des autres revenus fonciers de l'année au cours de laquelle le déficit a été constaté, et des dix années suivantes si le contribuable a par ailleurs d'autres revenus fonciers. Sinon, le déficit imputé à tort sur le revenu global est perdu.

L'imputation de ce déficit sur le revenu global peut être remise en cause jusqu'à la fin de la troisième année suivant celle de la fin de la location. Elle n'est cependant pas remise en cause en cas d'invalidité, de licenciement ou de décès du bailleur ou de son conjoint par exemple.

L'AVIS DE L'EXPERT

La constatation d'un déficit foncier peut affecter grandement votre revenu imposable, et donc votre impôt.
Il est très intéressant de se pencher sur de potentiels travaux entrant dans le champ de la déductibilité ou de passer par la souscription d'emprunt, qui a le double avantage de vous laisser du capital et de faire gagner de la valeur à votre bien tout en diminuant vos impôts.

CE QU'IL FAUT RETENIR

» Les **revenus principaux ou accessoires tirés de la jouissance d'un immeuble neuf ou ancien** sont imposés dans la catégorie des revenus fonciers. Ils sont soumis au barème progressif et aux prélèvements sociaux au taux de 17,2 % au titre des revenus du patrimoine.

» **Revenu foncier imposable** = Montant du revenu brut – Total des charges de la propriété

» Les **personnes imposables** sont :
- les personnes physiques membres du foyer fiscal et propriétaires d'immeubles bâtis ou non bâtis mis en location ;
- l'usufruitier ;
- l'indivisaire, pour la part des revenus fonciers correspondant à ses droits dans l'indivision ;
- les personnes morales non soumises à l'impôt sur les sociétés et imposées au titre des revenus fonciers au nom des associés (société transparente et translucide).

» On parle de **territorialité** si une situation internationale existe, c'est-à-dire que le bien se trouve dans un État et que le propriétaire est résident fiscal d'un autre État :
- **en présence d'une convention fiscale :** dans la majorité des cas, l'imposition se fait au lieu de situation de l'immeuble ;
- **en l'absence de convention fiscale :**
  > si le propriétaire a son domicile fiscal en France, il est imposable en France sur ses revenus provenant d'immeubles situés en France et à l'étranger,
  > si le propriétaire n'a pas son domicile fiscal en France, il est imposable en France sur les revenus générés par un immeuble situé en France.

» Il existe deux régimes d'imposition en location nue :
- **le régime microfoncier :** plafond de recettes de 15 000 € et abattement de 30 % pour charges **;**
- **le régime réel :** il s'applique de plein droit ou obligatoirement lorsque les revenus locatifs nus sont supérieurs à 15 000 € par an. En cas d'option pour le régime réel, celle-ci est irrévocable pendant trois

ans et son renouvellement est tacite. Ici, il est possible de déduire des recettes les frais et charges supportés dans l'année qui ont été engagés pour percevoir ces dits revenus.

» Les **frais déductibles** correspondent :
- aux frais de gestion et d'administration (part récupérable auprès du locataire, rémunération des gardiens et de certains tiers, frais de procédure, autres frais de gestion pour un forfait annuel de 20 €) ;
- à certaines primes d'assurance ;
- à certains travaux (d'entretien, de réparation, d'amélioration) avec des modalités de déduction précises ;
- aux impôts et taxes ;
- aux charges de copropriété, qui se font en deux temps (déduction, puis régularisation) ;
- aux intérêts et frais d'emprunt.

Le résultat sera soit positif, soit négatif. Dans ce second cas, il génère un **déficit imputable sur le revenu global dans la limite de 10 700 €**. L'excédent est déductible sur les revenus fonciers des dix années suivantes, tout comme la part du déficit qui a été générée par les intérêts d'emprunt déductibles.
Si le revenu global est insuffisant pour éponger le déficit foncier, son excédent deviendra un **déficit global imputable sur le revenu global des six années suivantes**.

	RÉGIME MICROFONCIER	RÉGIME FONCIER RÉEL
Loyers perçus	Loyers bruts inférieurs à 15 000 € par an	Loyers bruts supérieurs à 15 000 € par an ou inférieurs à ce montant, mais option du contribuable pour ce régime
Charges déductibles	Aucune charge déductible, mais bénéfice d'un abattement forfaitaire automatique de 30 %	Principales charges déductibles : - taxe foncière - charges de copropriété - intérêts d'emprunt - primes d'assurances - travaux
Obligations déclaratives	La déclaration 2042 permet de renseigner les informations (notamment les loyers perçus). Il n'y a donc pas de déclaration supplémentaire à remplir.	Nécessité de remplir une déclaration 2044 ou 2044 S, en indiquant le détail des charges déductibles. Un report doit ensuite être réalisé dans la déclaration 2042.

Tableau récapitulatif

ENTRAÎNEZ-VOUS !

CAS PRATIQUE 1 :

Un contribuable perçoit 13 000 € de loyers. Sa taxe foncière est de 1 000 € et il paye une assurance de 200 €. Son bien fait l'objet d'une gestion qu'il paye 500 € (les montants indiqués sont annuels). Il n'a pas contracté d'emprunt ni réalisé de travaux.

Déterminez s'il est plus intéressant pour ce contribuable d'opter pour le régime microfoncier ou le régime réel.

CAS PRATIQUE 2 :

Monsieur X perçoit 23 000 € de loyers. Il paye une taxe foncière de 2 000 €, une assurance de 300 € et a réalisé des travaux déductibles pour un montant total de 45 000 €. Pour l'achat de ce bien, il a contracté un prêt dont les intérêts annuels sont de 10 000 €.

Déterminez le revenu foncier imposable et traitez l'éventuel déficit.

5

COMMENT SONT IMPOSÉS LES **REVENUS LOCATIFS** ISSUS DE LA **LOCATION MEUBLÉE ?**

OBJECTIFS À ATTEINDRE

1. Savoir quand votre logement est correctement meublé.
2. Comprendre la distinction entre loueur meublé professionnel (LMP) et loueur meublé non professionnel (LMNP), ainsi que la logique de l'amortissement.
3. Identifier les sommes perçues entrant dans la catégorie des bénéfices industriels et commerciaux (et donc imposables).
4. Maîtriser l'imposition de vos revenus locatifs issus de logements loués meublés.

Pour débuter ce thème, il est important d'indiquer que le traitement fiscal des revenus locatifs issus de la location meublée n'est pas identique à celui appliqué aux revenus locatifs issus de la location nue (et développé dans le thème précédent). Dès lors, il est essentiel, pour un contribuable, de bien maîtriser les différences de régimes fiscaux, afin de s'orienter, selon son projet immobilier et sa situation, vers le régime le plus adéquat. Notamment utilisé dans les locations de courte durée, le régime de la location meublée comporte de nombreux avantages, tant pour le locataire que pour le bailleur : il s'agit d'un logement clé en main pour le locataire (voyageur ou étudiant, dans la majeure partie des cas), dont le rendement est généralement plus élevé pour le bailleur. Toutefois, ce qui est certain, c'est que la fiscalité de la location meublée est plus complexe que celle de la location nue.

D'abord, au sens fiscal, la location meublée est une activité commerciale générant des bénéfices industriels et commerciaux (BIC). Ensuite, les loueurs meublés peuvent avoir trois statuts fiscaux :

- le loueur en meublé non professionnel (LMNP) ;
- le loueur en meublé professionnel (LMP) ;
- le loueur para-hôtelier (LPH).

Il existe des particularités fiscales propres à chacun de ces trois régimes, et nous les analyserons dans les prochaines pages.

Enfin, et surtout, deux régimes fiscaux sont globalement possibles : le micro-BIC ou le régime réel. La logique est identique à celle vue dans la location nue : le régime micro donne droit à un abattement automatique, et le régime réel permet de prendre en considération un certain nombre de charges déductibles, mais également (nous le verrons) un certain nombre d'amortissements.

Pour comprendre le traitement des revenus issus de la location meublée, précisons d'abord dans quels cas un logement peut être considéré comme meublé.

1. QUAND LA LOCATION EST-ELLE MEUBLÉE ?

La location meublée est considérée comme un logement équipé d'un certain nombre de meubles permettant au locataire de dormir, manger et vivre convenablement, selon les exigences de la vie courante.

Les meubles obligatoires

Le mobilier requis est précisément énoncé dans un décret du 31 juillet 2015 (n° 2015-981). Les meubles obligatoires sont donc :

- la literie (couette ou couverture) ;
- des volets ou rideaux occultants pour les pièces à coucher ;
- au moins deux plaques de cuisson ;
- un four ou un four à micro-ondes ;
- un réfrigérateur et un congélateur ;
- de la vaisselle en nombre suffisant selon la capacité du logement ;
- des ustensiles de cuisine ;
- une table et des sièges en nombre suffisant selon la capacité du logement ;
- des étagères de rangement ;
- des luminaires ;
- des produits d'entretien ménager.

Précisons que, lorsque l'on parle de « nombre suffisant selon la capacité du logement », on dénombre en général une ou deux personnes pour un studio, et deux à quatre personnes pour un trois-pièces. De ce fait, la vaisselle et les sièges doivent correspondre au nombre de personnes pouvant habiter le logement.

Si l'ensemble des éléments mentionnés ci-dessus n'est pas réuni, le locataire est en droit de les réclamer au propriétaire. En cas de non-respect de cette liste, le logement peut être requalifié en logement « nu », entraînant donc un traitement fiscal différent des revenus locatifs perçus par le propriétaire.

Les différentes catégories au sein de la location meublée

Il existe différentes catégories au sein de la location meublée, dont deux principales : les locations à usage d'habitation et les locations à usage touristique. Cette distinction n'a pas d'incidence véritable en matière fiscale, puisque les revenus locatifs issus de la location meublée entrent tous dans la catégorie des BIC.

De manière plus exhaustive, on retrouve plusieurs sous-catégories de location, s'insérant dans la catégorie « location à usage d'habitation » ou « location à usage touristique » :

- l'usage en tant que résidence principale ;
- la location saisonnière / de courte durée ;
- la location meublée de tourisme (classée ou non) ;
- la location de chambres d'hôte.

On parle d'**usage à titre d'habitation** lorsque le locataire fait du logement sa résidence principale. Il doit donc rester dans l'habitation plus de huit mois par an. Cette qualification est assortie d'obligations que le bailleur doit respecter. Ce dernier doit établir un contrat de location écrit d'une durée minimale d'un an (pour les étudiants, il est de neuf mois) et doit fournir tous les diagnostics de performance énergétique. En tant que bailleur de meublé, il est toutefois en droit de demander une caution de deux mois de loyers hors charge.

On parle de **location saisonnière**, **de courte durée ou touristique** lorsque la location s'effectue en période « touristique ». La location ne doit pas durer plus de 90 jours pour la même personne. Elle peut donc très bien être d'une journée, une semaine ou un mois. Cette qualification entraîne également quelques obligations pour le bailleur, notamment celle d'établir une offre de location écrite contenant toutes les informations (le descriptif du logement et le prix). Notons également que ce type de location doit faire l'objet d'une déclaration en mairie.

Enfin, on parle de **chambre d'hôte** lorsque le locataire vit chez l'habitant. Cela ne peut concerner que cinq chambres maximum, pour un nombre total de 15 personnes. Ici, d'autres services sont liés à la location : le petit déjeuner et la fourniture du linge. Là encore, une déclaration à la mairie est nécessaire.

Les locations de logement sans meubles (nue), les locaux professionnels équipés et, enfin, les logements meublés mais ne contenant pas tous les équipements ne constituent donc pas une location meublée.

Dans tous les cas, comme la location meublée est considérée comme une activité commerciale, les loyers perçus sont imposés dans la catégorie des bénéfices industriels et commerciaux (BIC). Depuis le 1er janvier 2017, il n'existe plus de distinction fiscale entre une location effectuée à titre occasionnel, principal, secondaire ou saisonnier. **Toutes les locations meublées relèvent des BIC.**

2. LE TRAITEMENT FISCAL DE LA LOCATION MEUBLÉE

Dans l'imposition des BIC, **le propriétaire est assujetti de plein droit ou sur option soit au régime micro-BIC soit au régime réel**. Concrètement, ces régimes s'appliquent en fonction des recettes annuelles. Le propriétaire garde cependant le droit d'opter pour le régime supérieur, même si ses recettes sont inférieures aux seuils.

Par ailleurs, le propriétaire peut être redevable de cotisations sociales. L'assujettissement ou non à ces cotisations dépend de la qualité de la location et du chiffre d'affaires réalisé. Ici, il s'agit du paiement de cotisations au titre des revenus d'activité et non de prélèvements sociaux au titre des revenus du patrimoine.

> Avant de détailler les deux régimes fiscaux relevant des BIC, intéressons-nous aux trois statuts des loueurs meublés : LMNP, LMP et LPH.
> Dans le cadre de locations meublées effectuées par le biais d'une société civile immobilière (SCI), les loyers sont imposés à l'impôt sur les sociétés (IS), directement *via* la société. Cependant, si l'activité de location meublée ne représente pas plus de 10 % des recettes de la SCI, elle est considérée comme accessoire et peut relever de l'impôt sur le revenu. De même, lorsque l'activité est occasionnelle, si l'activité n'est pas récurrente, d'une année à une autre, la société n'est pas obligée de passer à l'IS.
> Les fractions du résultat distribuées aux porteurs de parts de fonds de placement immobilier se voient également appliquer les règles fiscales de la location meublée (BOI-BIC-BASE-10-30).

Le statut de loueur meublé non professionnel (LMNP)

Le statut de LMNP est attribué aux bailleurs qui perçoivent moins de 23 000 € par an de loyers issus de cette activité ou à ceux dont les loyers des meublés ne représentent pas plus de 50 % des recettes globales du foyer. En effet, le statut de LMNP ou LMP est déterminé selon les revenus du foyer fiscal, et pas seulement selon ceux du bailleur.

> **L'AVIS DE L'EXPERT**
>
> Le régime de LMNP n'est pas une réduction d'impôt, mais il est considéré comme un dispositif de défiscalisation immobilière, notamment grâce au traitement des amortissements. Les développements qui suivent vont permettre de comprendre pourquoi ce régime est particulièrement intéressant.

Le statut de LMNP est aussi bien ouvert aux locations de logements meublés qu'à celles de résidences de tourisme ou encore de chambres d'hôte.

Fiscalement, le bailleur est assujetti au régime micro-BIC s'il ne dépasse pas un certain seuil de revenus issus de la location meublée. Si ces revenus dépassent les seuils ou si le bailleur choisit cette option, il peut bénéficier du régime réel.

Enfin, il convient de déclarer l'activité de LMNP au centre des impôts et au greffe du tribunal de commerce. Le contribuable se voit alors attribuer un numéro de SIRET. Le bailleur dispose de 15 jours maximum après la mise en location de son logement pour déclarer son activité.

Le statut de loueur meublé professionnel (LMP)

Le statut de LMP est attribué aux bailleurs percevant plus de 23 000 € de recettes issues de la location meublée et dont les loyers – charges comprises – représentent la majeure partie des ressources du foyer fiscal.

Pour cette seconde condition, on comptabilise les traitements, salaires, pensions de retraite ou d'invalidité et rentes viagères, les BIC (autres que ceux tirés des locations meublées), les bénéfices non commerciaux (BNC), les bénéfices agricoles (BA) et les revenus des gérants et associés fiscalement assimilés à des salaires.

Pour l'appréciation de cette seconde condition, ni les dividendes perçus par le contribuable ni les revenus fonciers (issus donc de la location nue) ne sont pris en compte.

EXEMPLE

Si les ressources du foyer (loyers meublés compris) sont de 100 000 €, le statut de LMP ne peut être attribué au bailleur que si les revenus issus de la location meublée représentent au moins 50 % de 100 000 €, soit 50 000 €. Si les recettes sont inférieures à 50 000 €, le bailleur conserve le statut de LMNP. À l'inverse, si les recettes sont supérieures à 50 000 €, le bailleur est considéré comme LMP.

Pour apprécier ce seuil de recettes, **toutes les recettes tirées des locations meublées du foyer fiscal au cours d'une année civile** doivent être comptabilisées. Si l'activité de location meublée a été commencée **en cours d'année**, ce seuil est apprécié au ***prorata temporis***, c'est-à-dire en fonction du nombre de jours de location par rapport au nombre de jours de l'année et distinctement pour chaque immeuble loué l'année d'imposition.

Il faut également effectuer ce calcul en cas de **cessation d'activité**, sauf si elle est partielle. Notons qu'il n'est plus nécessaire de s'inscrire au registre du commerce et des sociétés pour bénéficier de ce statut.

EXEMPLE

Un contribuable devient propriétaire d'un logement neuf en juillet 2021, qu'il loue meublé dès le 1er septembre de la même année.

En 2021, ces loyers génèrent 10 000 € de recettes brutes. On les ramène à 12 mois de location en tenant compte de la date d'acquisition du bien, soit (10 000 € / 122 jours) × 365, ce qui donne un montant de recette de 29 918 € par an.

Ici, notre contribuable peut potentiellement être considéré comme un loueur professionnel si les revenus professionnels de son foyer fiscal sont inférieurs à ce montant (dans la mesure où la première condition relative aux 23 000 € est remplie).

Le statut de LMP permet de bénéficier d'avantages fiscaux particuliers. En effet, si ces biens sont considérés comme des **actifs professionnels**, ils sont **exonérés d'IFI** (article 975 du CGI). Pour cela, le contribuable doit donc en retirer plus de 23 000 € de recettes annuelles, qui doivent être supérieures aux revenus professionnels du foyer fiscal.

En principe, le traitement fiscal est le même, que le loueur soit un LMP ou un LMNP. En effet, le contribuable est soumis au régime micro-BIC ou réel selon son chiffre d'affaires (ou sur option).

Toutefois, en tant que LMP, le bailleur est redevable de la cotisation foncière des entreprises (CFE) et de la cotisation sur la valeur ajoutée des entreprises (CVAE). Des exonérations sont cependant possibles :

- **Pour la CFE :** lorsque la location est occasionnelle et concerne une partie de l'habitation personnelle, le bailleur n'est pas redevable de la CFE. L'exonération est générale, sauf en cas de délibération contraire des collectivités locales.

- **Pour la CVAE :** le LMP n'est redevable de la CVAE que lorsque son chiffre d'affaires est supérieur à 152 200 €. Certaines exonérations s'appliquent cependant dans les mêmes conditions que les exonérations pour la CFE.

Enfin, concernant la taxe sur la valeur ajoutée (TVA), les LMP ne sont pas considérés comme des assujettis.

Le statut de loueur para-hôtelier (LPH)

Le bailleur bénéficie du statut de LPH lorsque, en plus de son activité de location meublée, il met à disposition de ses locataires au minimum trois services énoncés dans l'article 261 D, b, 4° du CGI. Il s'agit du nettoyage régulier du logement, de la fourniture du linge, de la réception ou encore du petit déjeuner. De ce fait, la location meublée additionnée à au moins trois de ces services qualifie le bailleur en LPH.

L'activité para-hôtelière est considérée comme professionnelle lorsqu'un membre du foyer fiscal rend lui-même les prestations hôtelières. Le régime fiscal est sensiblement le même que celui des LMP. Les différences résident dans l'imputation des déficits et des amortissements, ainsi que dans l'assujettissement à la TVA :

- **Les déficits :** à la différence du statut de LMP, où les déficits sont imputables sur le revenu global pendant dix ans, en LPH, les déficits ne sont imputables que pendant six ans et sur les revenus de même nature.
- **Les amortissements :** si les amortissements participent à augmenter le déficit, ils doivent être utilisés dans les six ans suivant la constatation. Il existe donc une limite de temps.

  L'amortissement représente la perte de la valeur d'un bien due à son usure dans le temps. Les biens amortissables regroupent globalement les matériaux (informatiques, de bureau, de transport), les constructions, les aménagements dans des biens immobiliers ou encore toutes sortes de biens incorporels (tels que des licences ou brevets).

- **La TVA :** le statut de LPH est accordé lorsque le bailleur effectue des prestations de services de type « hôtellerie ». Ces dernières sont assujetties à la TVA au taux de 5,5 % ou 10 %, selon les prestations.

Les locations exonérées

La location ou la sous-location d'une partie de la résidence principale du contribuable est exonérée si les pièces louées ont la qualité de **résidence principale de l'occupant, ou de résidence secondaire d'un travailleur saisonnier** et dont les **prix de location sont raisonnables**, c'est-à-dire qu'ils ne dépassent pas 190 €/m^2 en Île-de-France ou 140 €/m^2 dans les autres régions (montants actualisés chaque année).

La location ou la sous-location de chambres d'hôte dans la résidence principale est également une activité exonérée si le montant annuel des recettes ne dépasse pas 760 €. La clientèle ne doit cependant pas y élire domicile. Cette exonération est réservée aux personnes qui **diminuent le nombre de pièces de leur résidence principale**. Elle ne concerne donc pas les locations de chambres de service aménagées ou séparées de l'habitation du bailleur avec un accès privé.

Ces deux exonérations peuvent se cumuler si le propriétaire loue à **des étudiants durant l'année scolaire** ou **à des touristes pendant l'été**.

3. LES RÉGIMES D'IMPOSITION

Comme nous avons pu le voir dans la location nue, deux régimes d'imposition existent également dans la location meublée : le régime micro-BIC et le régime réel.

Le régime micro-BIC

Fiscalement, le bailleur relève du régime micro-BIC si les recettes issues de la location meublée sont inférieures à 72 600 € pour les locaux d'habitation meublés. Ce régime permet de retrancher des recettes un **taux forfaitaire de charges**, lorsque ces recettes ne dépassent pas un certain montant. En d'autres termes, dans le régime micro-BIC, il n'est pas possible de déduire des charges réellement supportées : le contribuable bénéficie simplement d'un abattement de 50 %.

EXEMPLE

Si le bailleur perçoit 15 000 € de loyers par an, le revenu imposable issu de la location meublée est de 7 500 € (abattement de 50 %).

Pour rappel, dans la location nue, en régime micro-foncier, l'abattement est de 30 %. Ici, l'abattement est plus élevé, 50 %, ce qui s'explique certainement par le fait que le propriétaire doit également meubler le bien immobilier, ce qui n'est pas le cas dans la location nue.

Comme dans la location nue, il convient également ici de regarder quel est le régime le plus intéressant lorsque l'on a des recettes inférieures à 72 600 €. Si les charges réelles liées à l'investissement immobilier représentent plus de 50 % des loyers perçus, le régime réel est plus intéressant. À l'inverse, si les charges représentent moins de 50 %, le régime micro l'est davantage. Et, comme pour la location nue, il est possible pour le contribuable de se placer sous le régime réel s'il est plus avantageux de déduire ses frais réels. En un mot, si les dépenses réelles déductibles dépassent celles prises en compte forfaitairement avec le régime micro-BIC, il est plus intéressant d'opter pour le régime réel.

Dépenses réelles > Dépenses évaluées forfaitairement = Régime réel préférable

Le **plafond des loyers pour bénéficier du régime micro-BIC est fixé à 72 600 € pour l'année 2021** et est potentiellement redéfini chaque année. Les revenus tirés de la location à usage de **résidence principale** ou **temporaire** du locataire et des locations **saisonnières** sont visés. L'abattement pour **charges s'élève donc à 50 %**. En d'autres termes, seule la moitié des revenus relevant de cette catégorie est donc imposée.

L'AVIS DE L'EXPERT

Si vous et votre époux/se ou partenaire de pacs souscrivez une déclaration commune et que vous avez tous les deux des biens dont vous êtes propriétaires personnellement et que vous les louez en meublés, le plafond pour l'application du micro-BIC s'applique distinctement. En effet, pour l'administration fiscale, le régime choisi par les époux ou partenaires importe peu lorsque les comptabilités sont distinctes, avec des immatriculations distinctes.

Il existe un **plafond spécifique** pour l'application de ce régime pour les **locations saisonnières** qui relèvent des **locations meublées de tourisme**, **les chambres d'hôte et les gîtes ruraux labélisés « Gîtes de France »** ou autres qui sont considérés comme des meublés de tourisme.

En effet, le plafond du régime micro-BIC s'élève à **176 200 € pour les recettes réalisées en 2021** et **l'abattement applicable est de 71 %**. Autrement dit, seuls 29 % des recettes sont imposés, sans que l'abattement forfaitaire **ne puisse être inférieur à 305 €.**

Par ailleurs, si le contribuable loue **plusieurs biens relevant des deux catégories précitées**, le total des recettes ne doit pas dépasser le **plafond de 176 200 €,** et les **recettes tirées de la location de logements meublés** autres que ceux relevant de la location saisonnière de tourisme, chambres d'hôte et gîtes ruraux, **le plafond de 72 600 €.**

Si ces plafonds ne sont dépassés qu'une année, le régime micro-BIC n'est pas remis en question. Il faut que **les recettes dépassent pendant deux années consécutives ces plafonds** pour que le contribuable relève du régime réel l'année suivante.

Le régime réel d'imposition

Si les recettes sont supérieures au seuil du régime micro-BIC, le contribuable relève du régime réel. Si ses recettes sont inférieures au seuil du régime micro-BIC, le contribuable dispose cependant d'un choix et peut opter pour le régime réel, même s'il relève en principe du régime micro-BIC.

Le régime réel permet de déduire les dépenses supportées pour leur montant réel au titre de l'exercice de l'activité.

Comment opter pour le régime réel ?

L'option doit être exercée par **courrier** avant le 1er février pour s'appliquer aux revenus de l'année. Elle est valable un an et renouvelée tacitement (c'est-à-dire sans besoin de le demander) jusqu'à sa dénonciation par courrier avant le 1er février pour être appliquée cette même année.

Une tolérance existe pour les commencements d'activité : dans ce cas, il est possible d'opter pour le régime réel jusqu'au dépôt de la première déclaration de résultat.

Si les recettes **dépassent les plafonds** cités précédemment, alors le contribuable **relève automatiquement du régime réel d'imposition**. Opter pour ce régime implique des obligations comptables renforcées somme toute similaires à celles des entreprises.

En début d'activité, il faut que le loueur se fasse connaître auprès de l'administration fiscale en remplissant une **déclaration de début d'activité** (P0i). Un **numéro Siret** lui est attribué et le contribuable devient **redevable de la CFE**.

Quels sont les éléments entrant dans la déclaration ?

Toutes les **recettes courues**, qu'elles aient été **encaissées ou non**, doivent être déclarées, ainsi que les **provisions pour charges** versées par les locataires, les **recettes accessoires** et les **produits exceptionnels**.

En ce qui concerne les déductions des **charges**, cela dépend si les biens sont **inscrits à l'actif professionnel** ou conservés dans le **patrimoine privé du propriétaire**. Ces charges déductibles, comme c'est le cas dans la location nue, viennent s'imputer sur les loyers perçus et ainsi baisser l'éventuelle imposition de ces derniers.

L'AVIS DE L'EXPERT

Pour tous les contribuables qui décideraient de choisir ce régime réel d'imposition, il est recommandé de se rapprocher d'un expert-comptable qui vous accompagnera dans l'ensemble des démarches administratives et tiendra votre comptabilité. Les honoraires qu'il vous facturera constituent des charges déductibles, donc il n'y a pas lieu de tenir soi-même cette comptabilité. Même si un comptable vous accompagne dans la tenue de votre comptabilité, il est intéressant de bien comprendre quelles sont les charges déductibles de votre investissement, afin de pouvoir lui transmettre toutes les pièces justificatives et qu'il puisse en tenir compte.

Les charges déductibles

- **Les charges réelles :** il s'agit des charges relatives à la **gestion courante des biens**. Dans cette catégorie des charges déductibles, on inclut les primes d'assurance, les consommations des locataires lorsque les contrats sont au nom du propriétaire du logement, l'acquisition de petits matériels et de fournitures de bureau à hauteur de 500 € HT, ainsi que les réparations pour remise en état ou de conservation du logement loué ou des parties communes.
  Pour ce qui est des **dépenses d'amélioration et de construction**, elles ne sont pas déductibles, mais peuvent être **amorties**. C'est aussi le cas des frais d'acquisition et de financement, comme les frais

de notaire, les commissions aux intermédiaires, les intérêts et les frais d'emprunt, les cotisations sociales, les impôts et les taxes à la charge du propriétaire, comme la taxe foncière, la contribution économique territoriale (CET) et la taxe de séjour.
En revanche, si la location porte sur une partie de la résidence principale du propriétaire, la taxe d'habitation n'est pas déductible.

- **Les charges calculées :** il est possible d'amortir le coût du logement et de ses meubles sur leur durée d'utilisation normale. L'amortissement est annuel et doit être constant.

EXEMPLE
Pour un logement dit « ancien », la durée d'amortissement est de 50 ans, durant lesquels il est possible de déduire chaque année 2 % de sa valeur de construction.

Il est également possible d'utiliser un **mode d'amortissement du bien par composant**, comme le gros œuvre, la toiture, l'aménagement intérieur ou l'électricité.

L'amortissement déductible est **limité aux loyers perçus et diminués de ses charges**. L'amortissement ne peut donc pas générer un déficit. Par ailleurs, si l'activité est déjà déficitaire, l'amortissement ne peut pas aggraver le déficit.

L'amortissement qui n'a pas été déduit au titre d'une année n'est pas perdu, car il est possible de le reporter sur les revenus locatifs des années postérieures lorsque l'activité est bénéficiaire, et ce sans limitation de temps tant que le bien continue d'être loué.

En revanche, **la partie de l'investissement permettant l'application du crédit d'impôt Censi-Bouvard n'est pas amortissable**.

Les provisions
Il est possible de tenir compte des **provisions pour risque** ou pour **créances douteuses**, en cas de litige en cours avec un locataire ou de loyers impayés par exemple.

Quelles sont les modalités de déduction des charges ?

Biens dans le patrimoine privé

Seuls les **frais de gestion** et les **dépenses locatives** peuvent être déduits. Si le propriétaire s'est réservé la jouissance des locaux une partie de l'année, les charges de propriété ne sont pas déductibles. Il faut donc pouvoir justifier des charges déductibles du résultat.

Les **charges liées à la location** sont totalement déductibles. Quant à **celles liées à la gestion**, elles le sont au **prorata de la durée de location**.

Biens inscrits à l'actif du bilan

Toutes les charges supportées dans l'année sont déductibles. Il s'agit des **frais de gestion**, comme l'assurance, les honoraires ou la CET par exemple, ainsi que des **charges de propriété**, comme les intérêts d'emprunt, l'amortissement et la taxe foncière.

Par ailleurs, si le local est conservé pour la **jouissance personnelle du propriétaire** durant certaines périodes de l'année, il faut **intégrer dans les recettes la valeur de l'avantage en nature correspondant**.

Il arrive même que les charges soient supérieures au montant des loyers perçus. Dans ce cas, un déficit est constaté.

L'AVIS DE L'EXPERT

Les éléments qui viennent d'être développés peuvent paraître un peu théoriques. S'il fallait ne retenir qu'un seul élément, c'est le suivant : dès que vous réalisez une dépense en lien avec l'entretien, l'amélioration ou la construction de votre bien immobilier, conservez bien tous les justificatifs, afin que votre comptable puisse prendre en compte ces dépenses dans le calcul de votre imposition.

Les déficits

Lorsque le régime réel est appliqué, il est possible, lorsque les charges sont supérieures aux recettes, que l'activité génère un déficit.

Charges > Recettes = Déficit

Le traitement du déficit constaté n'est pas le même selon que le contribuable est considéré comme un LMNP ou comme un LMP.

Si le loueur est non professionnel

Le déficit issu des locations meublées est **imputable sur les autres bénéfices non professionnels** réalisés la **même année ou les dix années suivantes**, qui sont **tirés de la location meublée du foyer fiscal**. On ne tient pas compte du régime retenu pour ces revenus. Au-delà, la part de déficit non imputé est perdue.

> **L'AVIS DE L'EXPERT**
>
> Si vous releviez du régime réel, que vous avez pu constater des déficits reportables et que vous avez changé de régime pour passer au micro-BIC, la part des déficits non imputés lorsque vous étiez soumis au régime réel est imputable sur ces revenus.

Si le loueur est professionnel

Si le loueur est professionnel, il est possible de **déduire sans limitation de montant les déficits sur le revenu global imposable du foyer fiscal**. Autrement dit, le déficit constaté et lié à votre investissement immobilier peut s'imputer directement sur le résultat des autres catégories de revenus, par exemple sur les salaires imposables.

Si le revenu global (qui regroupe les autres catégories de revenus) est insuffisant pour éponger tout le déficit, on est dans le cas d'un **déficit global** imputable sur le revenu global des six prochaines années.

4. LES COTISATIONS SOCIALES

Depuis la loi de financement de la Sécurité sociale pour 2021 (LFSS 2021), les définitions fiscales et sociales du statut de LMP sont harmonisées. Avant ces nouvelles dispositions, le bailleur était dans l'obligation de s'inscrire au registre du commerce et des sociétés (RCS) pour passer en LMP. Désormais, l'inscription au RCS n'étant plus obligatoire, tous les LMP sont redevables des cotisations sociales.

Affiliés à la Sécurité sociale des indépendants (SSI), ils doivent normalement payer des cotisations à hauteur de 35 % à 43 % de leurs bénéfices. Toutefois, en cas de déficit, dans un objectif d'harmonie fiscale, un forfait minimum a été mis en place. En d'autres termes, même si le LMP est en déficit (c'est-à-dire que ses charges sont supérieures aux loyers perçus), il doit tout de même s'acquitter de ce forfait minimum qui, en 2021, est de 1 145 €.

5. LE TRAITEMENT DES PLUS-VALUES

La plus-value résulte de la vente du bien mis en location meublée. Elle se calcule comme suit :

Prix de vente – Prix d'achat = Plus-value

Le mode d'imposition de la plus-value dépend du statut du propriétaire.

Si le propriétaire est **loueur non professionnel**, c'est le régime des **plus-values immobilières des particuliers** qui s'applique (voir Thème 7). De nombreuses exonérations sont alors possibles, notamment l'exonération de la première cession d'une résidence secondaire (150 U, II 1° bis et 3° du CGI) lorsque le montant de la cession est réinvesti dans l'acquisition ou la construction de la résidence principale, sous 24 mois.

L'imposition de la plus-value peut être réduite, notamment par le mécanisme de l'abattement pour durée de détention. Lorsque le bien est détenu depuis plus de 22 ans, la plus-value est exonérée d'impôt sur le revenu. Afin de calculer l'abattement, on accorde 6 % d'abattement par an au-delà de la cinquième année et 4 % au titre de la vingt-deuxième année.

Afin de bénéficier d'une exonération totale, les prélèvements sociaux bénéficient également d'un abattement pour durée de détention. Lorsque le bien est détenu depuis plus de 30 ans, la plus-value est totalement exonérée (impôt sur le revenu + prélèvements sociaux).

Le taux d'imposition des plus-values des particuliers est de 19 % au titre de l'impôt sur le revenu et de 17,2 % pour les prélèvements sociaux, soit un total de 36,2 %.

Enfin, il convient de noter qu'il existe une surtaxe sur les plus-values lorsque celles-ci excèdent un certain montant (1609 nonies G du CGI). En effet, lorsque le montant de la plus-value excède 50 000 € après les abattements pour durée de détention, une surtaxe s'applique. Celle-ci ne concerne cependant pas certains terrains à bâtir (BOI-RFPI-TPVIE-10 n°120).

Si le propriétaire est **loueur professionnel**, c'est le régime des **plus-values professionnelles** qui s'applique. Une exonération d'impôt peut être possible, en fonction du montant des recettes. C'est le cas lorsque les recettes sur les deux années précédant la cession sont inférieures à 90 000 € et que le statut de loueur meublé est attribué depuis au moins cinq ans. Dans ce cas, l'exonération est totale. Lorsque les recettes sont comprises entre 90 000 € et 126 000 €, l'exonération est partielle.

Le calcul de la plus-value professionnelle reste identique à celui de la plus-value des particuliers (Prix de vente – Prix d'achat = Plus-value).

Le prix d'acquisition peut subir quelques corrections, et c'est notamment le cas avec les amortissements. Lorsque les biens ne sont pas amortissables, le prix d'acquisition reste le même. Cependant, lorsque les biens sont amortissables, il convient de retrancher les amortissements au prix d'acquisition pour obtenir la valeur nette comptable.

Pour calculer la plus-value professionnelle, il convient d'opérer une distinction entre les plus-values de court terme et de long terme. Elles sont différentes, notamment quant à la durée de détention : lorsque les biens ne sont pas amortissables et qu'ils sont détenus depuis moins de deux ans, on parle de plus-value à court terme ; à l'inverse, si le bien a été détenu plus de deux ans, on parle de plus-value à long terme.

Lorsque les biens sont amortissables, on utilise généralement la plus-value à court terme. Les moins-values de plus ou moins de deux ans sont cependant systématiquement à court terme.

Pour les plus-values, le régime du court terme s'applique aux biens détenus depuis moins de deux ans. Concernant les plus-values à long terme, on parle de régime « hybride ». On applique le régime du court terme pour la fraction du montant de la plus-value correspondant au montant des amortissements déduits, et la fraction restante est soumise à une plus-value à long terme.

Le régime d'imposition est différent si la plus-value relève du court ou long terme.

Concernant les **plus-values de court terme**, elles sont directement ajoutées aux résultats et constituent donc une fraction du résultat soumis à l'impôt sur le revenu. Lorsque le bailleur constate des moins-values, celles-ci se compensent avec les bénéfices d'exploitation. Dans le cas où les bénéfices d'exploitation ne sont pas suffisants, les moins-values peuvent être considérées comme un déficit d'exploitation reportable (BOI-BIC-PVMV-20-30-10 n°510). Précisons que les moins-values de court terme peuvent se compenser avec les plus-values de long terme.

Concernant les **plus-values à long terme**, elles sont imposées à 12,8 %, auxquels on ajoute les prélèvements sociaux de 17,2 %, soit un total de 30 %. En cas de moins-value, celle-ci peut être reportable sur les dix années suivantes, mais ne peut s'imputer que sur des plus-values de long terme de la même catégorie d'imposition. De ce fait, on ne peut pas imputer de moins-value de long terme sur des plus-values de court terme. Ici, la surtaxe sur les plus-values ne s'applique pas, puisqu'elle ne concerne que les plus-values relevant du régime des particuliers.

Pour de plus amples développements sur l'imposition des plus-values immobilières, voir le Thème 7.

CE QU'IL FAUT RETENIR

» Les recettes issues de la location meublée sont imposées :
  - dans la catégorie des **BIC**, même si la location est effectuée à titre occasionnel ;
  - à l'IS si les locations sont effectuées par le biais de **SCI**, sauf si cette activité est considérée comme **accessoire**.

» Pour les locations meublées saisonnières, le propriétaire est redevable de **cotisations sociales au-delà de 23 000 € de recettes annuelles**.

Les deux régimes d'imposition

» **Le régime micro-BIC :**
  - Le plafond des loyers est fixé à 72 600 €, avec l'application d'un abattement pour les charges de 50 %.
  - Le plafond spécifique pour certaines locations saisonnières s'élève à 176 200 €, avec l'application d'un abattement de 71 % sans que l'abattement forfaitaire ne puisse être inférieur à 305 €.
  - Le régime micro-BIC est remis en question lorsque les recettes dépassent pendant deux années consécutives ces plafonds.
  - Le contribuable peut également opter pour le régime réel en toutes circonstances.

» **Le régime réel :** il permet de déduire les dépenses supportées pour leur montant réel au titre de l'exercice de l'activité.

Dépenses réelles > Dépenses évaluées forfaitairement = Régime réel préférable

» Listes des recettes et des charges déductibles dans ce régime :
  - **Les recettes :** les recettes courues, encaissées ou non, les provisions pour charges, les recettes accessoires et les produits exceptionnels.
  - **Les charges :**
    > les charges réelles relatives à la gestion courante des biens ;
    > les charges calculées : amortissement du coût du logement et de ses meubles sur leur durée d'utilisation normale ou utilisation du

mode d'amortissement du bien par composants ; l'amortissement ne peut pas générer ou aggraver un déficit ; il est reportable sur les revenus locatifs des années postérieures lorsque l'activité sera bénéficiaire, et ce sans limitation de temps tant que le bien continue d'être loué ;

> les provisions.

Les modalités de déduction des charges diffèrent selon que les biens sont dans le patrimoine privé (frais de gestion, dépenses locatives) ou inscrits à l'actif du bilan (frais de gestion, assurance, honoraires, CET, intérêts d'emprunt, amortissement, taxe foncière, etc.).

» Les déficits :
- **Pour le loueur non professionnel :** imputables sur les autres bénéfices non professionnels réalisés la même année ou les dix années suivantes, qui sont tirés de la location meublée du foyer fiscal ; il ne sera pas tenu compte du régime retenu pour ces revenus ; au-delà, la part de déficit non imputé sera perdue.
- **Pour le loueur professionnel :** déduction sans limitation de montant des déficits sur le revenu global imposable du foyer fiscal.
- Si le revenu global est insuffisant, il se créera un déficit global imputable sur le revenu global des six prochaines années.

ENTRAÎNEZ-VOUS !

1. Quel meuble ne fait pas partie des biens exigés pour obtenir la qualification de meublé ?

- ❑ La couette.
- ❑ Les rideaux.
- ❑ La machine à laver.
- ❑ Les produits ménagers.

2. Quel est le régime applicable lorsque les revenus issus des locations meublées sont majoritaires par rapport aux autres revenus ?

- ❑ Le LPH.
- ❑ Le LMP.
- ❑ Le LMNP.

3. L'activité LMP ou LMNP est-elle soumise à la TVA ?

- ❑ Oui.
- ❑ Non.

4. Quel régime permet de prendre en compte la majeure partie des dépenses ?

- ❑ Le régime micro.
- ❑ Le régime réel.

5. Quel est le montant de l'abattement forfaitaire quand il n'y a pas de déduction des charges effectivement payées ?

- ❑ 71 %.
- ❑ 50 %.
- ❑ 50 % et 71 %.

CAS PRATIQUE 1 :

L'année dernière, les époux X ont perçu 75 000 € au titre de leur activité salariée. Monsieur X a également perçu des loyers issus de la location meublée. Ces derniers s'élèvent à 39 000 €.
Déterminez de quel régime ce couple va relever de plein droit (le régime des loueurs meublés professionnels ou le régime des loueurs meublés non professionnels) et justifiez votre réponse.

CAS PRATIQUE 2 :

Monsieur X a des doutes concernant les charges qu'il peut déduire dans le régime réel. **Déterminez s'il s'agit d'amortissements, de charges déductibles ou de charges non déductibles :**

- les intérêts d'emprunt ;
- la taxe d'habitation ;
- l'achat de nouveaux meubles ;
- les travaux d'aménagement ;
- la prime d'assurance ;
- les frais de gestion.

6

COMMENT **LA SOUS-LOCATION** EST-ELLE TRAITÉE FISCALEMENT ?

OBJECTIFS À ATTEINDRE

1. Identifier les cas dans lesquels la sous-location est autorisée.
2. Maîtriser le traitement fiscal de la sous-location, c'est-à-dire comprendre comment vont être imposés les revenus locatifs issus d'une sous-location.

On définit la sous-location comme le fait, pour un locataire, titulaire d'un bail, de louer à son tour le logement qu'il occupe en contrepartie d'un loyer. On parle de **sous-location totale** lorsque le locataire met à la disposition du sous-locataire l'ensemble de son logement, et de **sous-location partielle** lorsque le locataire ne met à disposition que certaines pièces du logement.

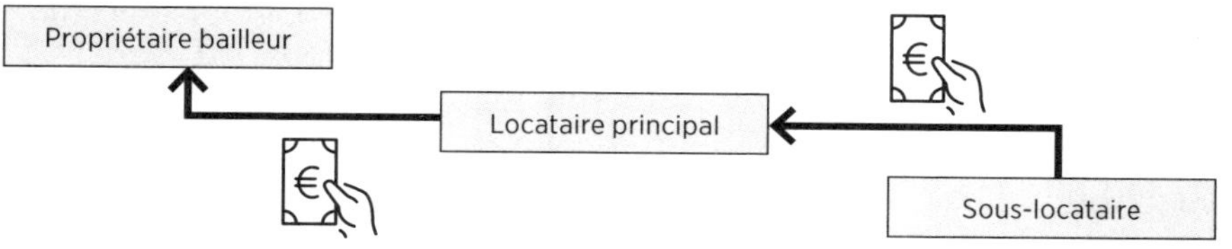

Représentation des relations dans le cadre d'une sous-location

Grâce à l'essor des différentes plateformes facilitant les services de sous-location, les locataires y ont de plus en plus souvent recours. La sous-location permet ainsi au locataire principal de garder son logement pendant ses périodes d'absence, sans que cette situation entraîne un coût pour lui. Cela peut être le cas de l'étudiant voulant sous-louer son logement pendant les vacances scolaires pour le retrouver à la rentrée. La sous-location permet donc au locataire de **limiter les frais** pendant son absence (loyers perdus ou frais d'agence pour la recherche d'un nouvel appartement).

Une question se pose généralement : la sous-location est-elle légale ? Dans la plupart des cas, la réponse est positive. Il faut cependant qu'elle respecte un certain nombre de conditions, qui peuvent être différentes selon la nature du logement, la situation du locataire et celle du sous-locataire.

La sous-location est ainsi encadrée et réglementée, notamment par la loi du 6 juillet 1989 et le Code de la construction et de l'habitation. Les locataires y ayant de plus en plus souvent recours, la sous-location a aussi fait l'objet de certaines modifications par la loi Elan du 23 novembre 2018. Ainsi, lorsqu'un locataire principal réalise une sous-location, il est strictement nécessaire que les revenus perçus de cette location fassent l'objet d'une déclaration fiscale.

Nous étudierons donc d'abord la légalité de la sous-location, ainsi que les sanctions liées à une sous-location non autorisée. Ensuite, nous observerons les différentes situations, selon la nature du logement et les droits accordés aux sous-locataires. Enfin, nous traiterons de la fiscalité de la sous-location.

1. LA SOUS-LOCATION EST-ELLE AUTORISÉE ?

L'article 8 de la loi du 6 juillet 1989 encadre le dispositif : « *Le locataire ne peut ni céder le contrat de location ni sous-louer le logement sauf avec l'accord écrit du bailleur y compris sur le prix du loyer. Le prix du loyer au mètre carré de surface habitable des locaux sous-loués ne peut excéder celui payé par le locataire principal. Le locataire transmet au sous-locataire l'autorisation écrite du bailleur et la copie du bail en cours.* »

De cet article, on peut retenir que la sous-location est entièrement légale, à condition que le locataire soit totalement transparent avec son bailleur. En effet, le locataire souhaitant pratiquer une sous-location doit obligatoirement en demander l'autorisation à son bailleur, qui peut naturellement refuser sans fournir de justifications.

Dans le cas d'un accord avec le bailleur, les deux parties doivent s'accorder sur le prix du loyer pratiqué pour la sous-location. La loi énonce bien que ce prix ne doit pas excéder le prix du loyer principal.

EXEMPLE

Si le locataire principal verse 600 € de loyer au bailleur, il ne peut demander au sous-locataire de lui verser 700 €. Le loyer maximal pratiqué pour la sous-location doit également être de 600 €.

Afin que la sous-location reste légale, la **jurisprudence constante** impose au locataire principal de respecter un autre critère. Celui-ci ne peut en effet sous-louer son logement que s'il occupe personnellement et effectivement le bien, et ce à titre de résidence principale (Cass. civ. 3e, 14 janvier 2016, n° 14-23.621). En d'autres termes, une personne louant par exemple un logement Airbnb pour quelques jours ne peut pas sous-louer ce logement, dans la mesure où il ne constitue pas sa résidence principale à l'année.

2. SOUS-LOCATION ILLÉGALE OU IRRÉGULIÈRE : QUELLES SONT LES SANCTIONS ?

Lorsque le locataire donne son logement en sous-location sans demander l'autorisation au propriétaire ou malgré son refus, il s'expose à des sanctions. Le propriétaire peut ainsi exiger que le bail du sous-locataire soit

résilié et que le locataire soit lui-même **expulsé**. Ces mesures peuvent être accompagnées d'une **procédure judiciaire** et du **versement de dommages et intérêts** au bailleur.

Quant au locataire, en souscrivant la sous-location, il met en péril son droit au renouvellement du bail. En effet, n'ayant pas respecté les clauses du bail et la demande d'autorisation auprès du propriétaire, il pourra **se voir refuser une nouvelle location** lorsque son bail arrivera à échéance.

Il revient au propriétaire de faire constater la sous-location par un huissier de justice, qui adressera une sommation de respecter le bail avant d'engager ces mesures.

3. LA NATURE DU LOGEMENT DONNÉ EN SOUS-LOCATION

Règles générales

Généralement, le propriétaire autorise la sous-location. Cependant, dans certains cas, la sous-location est beaucoup plus encadrée ou parfois même interdite.

Dans le cadre d'un **logement loué nu**, seul l'accord du propriétaire est nécessaire. Dans le cadre d'un **logement loué meublé**, il faut distinguer deux situations :

- Si le bail a été signé avant le 27 mars 2014, il est possible de réaliser une sous-location si le contrat de bail ne dispose pas de clauses affirmant le contraire. Dans le cas où le bail disposerait d'une clause concernant la sous-location, le locataire doit demander l'accord du propriétaire. Toutefois, la fixation du prix du loyer demeure libre.
- Si le bail a été signé après le 27 mars 2014, il convient de demander l'accord du propriétaire. Ce dernier doit également donner son accord sur le prix du loyer demandé par le locataire.

Le cas du logement conventionné Anah

Lorsqu'un locataire veut réaliser une sous-location dans son **logement « conventionné Anah »**, les conditions sont différentes. L'autorisation du propriétaire n'est pas nécessaire, il suffit de l'en informer. Cependant, le locataire ne peut sous-louer qu'à un **adulte handicapé signant un contrat d'accueil familial**.

Un logement « conventionné » est un logement locatif dont le propriétaire a conclu une convention avec l'État. Cette convention oblige le propriétaire à louer son bien sous certaines conditions (plafonnement du loyer, possibilité limitée de choisir son locataire, plafond de ressources, etc.).
Les logements conventionnés Anah font donc l'objet d'une convention entre le propriétaire et l'Agence nationale de l'habitat. En échange des conditions qui lui sont imposées, le propriétaire peut bénéficier d'un avantage fiscal.

Le cas du logement social

Pour la sous-location d'un **logement social**, la réglementation dépend du type de location. Par principe, la sous-location est interdite (article L442-3-5 du Code de la construction et de l'habitation). C'est le cas lorsque le locataire veut sous-louer entièrement son logement. Il s'expose alors à une amende de 9 000 € si, malgré la réglementation, il décide de réaliser une sous-location (article L442-8 du CCH).

Si le locataire ne veut sous-louer qu'une partie de son logement, le dispositif est encadré (article L442-8-1 du CCH). Le locataire ne peut sous-louer son logement qu'à une **personne de plus de 60 ans ou handicapée ayant signé un contrat d'accueil familial**. Il est néanmoins nécessaire pour le locataire d'informer l'organisme bailleur de la sous-location. Le montant du loyer pratiqué par le locataire doit être proportionnel aux pièces mises à la disposition du sous-locataire. Précisons cependant que lorsqu'un sous-locataire souscrit un bail dans un logement social, ce bail est d'une durée illimitée.

Le contrat de cohabitation intergénérationnelle solidaire

Introduit par la loi Elan de 2018, le contrat de cohabitation intergénérationnelle solidaire permet à une personne de plus de 60 ans de sous-louer une partie de son logement à une autre personne âgée de moins de 30 ans (article L631-17 du CCH). Le jeune sous-locataire doit verser une **contrepartie financière** et fournir des **services aidant le quotidien de son bailleur**.

Ici, comme dans les situations précédentes, le locataire doit informer son propriétaire de son intention de sous-louer son logement. Néanmoins, ce dernier ne peut pas s'opposer à la sous-location dans le cadre d'un contrat de cohabitation intergénérationnelle solidaire.

4. QUELS SONT LES DROITS DU SOUS-LOCATAIRE ?

Pour prouver sa sous-location, le sous-locataire reçoit l'**autorisation écrite du bailleur** et la **copie du bail en cours**. Ces quelques éléments lui permettent ainsi d'accomplir certaines démarches administratives, notamment la demande d'aide au logement.

Les **risques** pour le sous-locataire ne sont cependant pas négligeables. Comme le contrat formé au titre de la sous-location est surtout un contrat de fait, le sous-locataire ne peut pas toujours prouver qu'il a réglé ses loyers. De plus, lorsque le locataire principal arrive au terme de son bail ou qu'il décide de le résilier, le sous-locataire doit également partir. Toutefois, toutes les indemnités liées à ce départ sont à la charge du locataire principal. L'**avantage** pour le sous-locataire est tout de même de pouvoir bénéficier d'un logement qu'il peut quitter à tout moment, sans préavis.

Jusqu'en 2020, le sous-locataire ne pouvait pas se voir octroyer d'aides au logement. Cependant, depuis la loi Elan du 23 novembre 2018, et notamment avec le décret du 8 janvier 2020 n° 2020-17, certains sous-locataires peuvent demander des **aides personnelles au logement (APL)**. Cela ne concerne toutefois que les sous-locations partielles réalisées par un locataire principal âgé de plus de 60 ans. Ici, le locataire ne met à la disposition du sous-locataire qu'une partie de son logement, en contrepartie du paiement d'une partie du loyer.

Dans ce cas de figure, le locataire et le sous-locataire peuvent tous deux percevoir des APL. Il faut toutefois que le sous-locataire fasse partie d'une des catégories de personnes pouvant demander l'aide au logement (CCH, art. L822-4). C'est le cas pour :

- les **personnes âgées ou handicapées ayant signé un contrat d'accueil familial** (article L442-1 du Code de l'action sociale et des familles) ;
- les **jeunes de moins de 30 ans**.

Il faut cependant préciser que le locataire et le sous-locataire ne doivent pas avoir de lien de parenté. Le sous-locataire déclare alors à la CAF le loyer qu'il verse mensuellement. Quant au locataire principal, il déclare la différence entre le loyer payé au bailleur et celui qu'il reçoit par le sous-locataire.

EXEMPLE

Si le sous-locataire paye 200 € la chambre qu'il loue au locataire, et que le locataire paye son loyer 600 € au bailleur :

- le sous-locataire perçoit des aides sur la base de 200 € ;
- le locataire perçoit des aides sur la base de 400 € (600 - 200).

Néanmoins, dans le cadre d'un contrat d'accueil familial, le locataire déclare le montant habituel de son loyer, sans prendre en compte les loyers qu'il perçoit de la sous-location.

LA DIFFÉRENCE ENTRE COLOCATION ET SOUS-LOCATION PARTIELLE

Une colocation est directement demandée au bailleur. Autrement dit, le bailleur conclut un **unique bail de location, mais avec plusieurs locataires**. La sous-location partielle est quant à elle un **bail conclu uniquement avec le locataire** et non avec le propriétaire/bailleur.

5. COMMENT LA SOUS-LOCATION EST-ELLE TRAITÉE D'UN POINT DE VUE FISCAL ?

Le traitement fiscal de la sous-location dépend de la qualité du logement.

En cas de **sous-location nue**, les revenus perçus par le locataire principal doivent être déclarés dans la catégorie des bénéfices non commerciaux (BNC), alors même que le locataire principal ne réalise aucun « bénéfice » effectif (puisqu'il ne peut pas sous-louer à un prix plus élevé que le montant de son propre loyer). Il doit tout de même déclarer les revenus perçus et issus de la sous-location, et sera donc imposé dessus.

Lorsque les recettes sont **inférieures à 72 600 €**, le locataire principal relève du régime micro-BNC. De ce fait, il bénéficie d'un abattement de 34 % au titre des charges afférentes à l'immeuble (plafond minimum de 305 €). Autrement dit, le locataire principal est donc imposé seulement sur 66 % de ses recettes locatives. Lorsque les recettes sont **supérieures à 72 600 €**, le locataire principal relève du régime de la déclaration contrôlée et peut donc déclarer et déduire toutes les charges qu'il a effectivement supportées. Le locataire principal peut choisir ce régime, sur option. Les charges supportées par le locataire principal sont tout de même moindres.

En cas de **sous-location meublée**, les revenus perçus sont considérés comme des revenus commerciaux. De ce fait, ils doivent être déclarés dans la catégorie des bénéfices industriels et commerciaux (BIC). Concrètement, ici, la sous-location suit exactement le même régime que les locations meublées (voir Thème 5).

En matière de prestations de services, le locataire principal est soumis au régime micro-BIC lorsqu'il perçoit des **loyers inférieurs à 72 600 €**. Le montant des loyers est diminué d'un abattement de 50 % (plafond minimum de 305 €). Lorsque les recettes sont **supérieures à 72 600 €**, le locataire principal relève du régime réel. Dans ce cas-là, il ne bénéficie pas d'abattements, mais il peut déduire les charges qu'il a supportées. Comme précédemment, les contribuables étant soumis de plein droit au régime micro-BIC peuvent opter pour le régime réel.

Le traitement fiscal de la sous-location est indépendant de celui de la location principale. Concrètement, la location principale peut être nue et imposée en revenus fonciers, alors que la sous-location peut être meublée et imposée dans les BIC (une réponse ministérielle publiée le 9 mars 2017 au titre de la question écrite n° 23432 le confirme). Autrement dit, le locataire principal ne déclare jamais les revenus qui lui sont versés par le sous-locataire dans la catégorie des revenus fonciers. Il dépend soit de la catégorie des BNC, soit de celle des BIC, selon la sous-location souscrite.

L'AVIS DE L'EXPERT

Depuis la loi relative à la lutte contre la fraude du 23 octobre 2018 (n° 2018-898), les plateformes collaboratives, qui permettent par exemple de sous-louer un logement, doivent transmettre un certain nombre d'informations au fisc. Ces informations concernent également l'ensemble des revenus qui ont transité sur leur plateforme.

CE QU'IL FAUT RETENIR

<table>
<tr><th></th><th>RÉGLEMENTATION</th><th>AIDE AU LOGEMENT</th><th>IMPOSITION</th></tr>
<tr><td>Logement privé</td><td>Accord écrit du bailleur obligatoire

SAUF pour les logements meublés avec un bail souscrit avant le 27 mars 2014 si aucune clause n'interdit ou ne réglemente la sous-location : dans ce cas, possible sans accord du bailleur</td><td rowspan="3">NON en principe

OUI si :

- le locataire principal est âgé de plus de 60 ans

- le sous-locataire est une personne âgée de moins de 30 ans ou une personne âgée ou handicapée signant un contrat d'accueil familial</td><td rowspan="4">Sous-location meublée : imposition dans les BIC (micro ou réel)

Sous-location nue : imposition dans les BNC (micro ou déclaration contrôlée)</td></tr>
<tr><td>Logement social</td><td>Sous-location totale interdite

Sous-location partielle autorisée si le sous-locataire a plus de 60 ans ou est handicapé et sous contrat d'accueil familial

Information du bailleur</td></tr>
<tr><td>Logement conventionné Anah</td><td>Sous-location autorisée si le sous-locataire est un adulte handicapé sous contrat d'accueil familial

Autorisation du bailleur</td></tr>
<tr><td>Sous-contrat de cohabitation intergénérationnelle de solidarité</td><td>Sous-location partielle du logement autorisée

Information du bailleur sans qu'il puisse refuser</td><td>OUI</td></tr>
</table>

ENTRAÎNEZ-VOUS !

1. À quelles conditions la légalité de la sous-location est-elle subordonnée ? (plusieurs réponses possibles)

- ❑ L'autorisation ou information du bailleur.
- ❑ L'autorisation de la commune.
- ❑ Le respect d'un loyer inférieur au loyer de la location principale.
- ❑ La sous-location n'est possible que pour une partie du logement.

2. Quelle sanction n'est pas une sanction afférente à une sous-location irrégulière ?

- ❑ La perte du droit au renouvellement du bail.
- ❑ L'expulsion du locataire principal.
- ❑ Le paiement de dommages et intérêts.

3. Dans quel cas l'accord du bailleur n'est-il pas obligatoire ?

- ❑ Dans la sous-location nue.
- ❑ Dans la sous-location meublée.
- ❑ Dans la sous-location d'un logement Anah.

4. Est-il possible pour le sous-locataire de bénéficier d'une aide au logement ?

- ❑ Oui.
- ❑ Non.

5. Cette sous-location est-elle légale ?

Monsieur X est locataire d'un appartement dont le loyer mensuel est de 750 €. Il a demandé à madame Y, la propriétaire, l'autorisation de sous-louer son appartement durant ses deux mois de vacances. Cette dernière a accepté. Monsieur X a perçu pour cette sous-location 1 650 €.

- ❑ Oui.
- ❑ Non.

7

COMMENT SONT IMPOSÉES **LES PLUS-VALUES IMMOBILIÈRES** RÉALISÉES EN FRANCE ?

OBJECTIFS À ATTEINDRE

1. Apprendre à déterminer précisément la plus-value nette réalisée sur une vente immobilière.
2. Savoir comment se calcule l'imposition sur cette plus-value nette, notamment en fonction de la durée de détention du bien immobilier.
3. Connaître les cas d'exonération applicables à certaines plus-values immobilières réalisées.
4. Maîtriser la taxation supplémentaire qui peut parfois s'appliquer sur vos opérations.

Lorsqu'un bien immobilier, des droits immobiliers ou des parts de certaines sociétés immobilières sont vendus à un prix supérieur à celui auquel ils ont été acquis (ou reçus), une **plus-value potentiellement imposable** est constatée. Les textes du Code général des impôts, qui traitent les cas de plus-values immobilières, sont les articles 155 U et suivants.

La loi prévoit cependant quelques cas d'exonération. Nous les évoquerons car ils peuvent permettre d'échapper à une fiscalité assez lourde.

En réalité, deux régimes d'imposition sont possibles :

- Soit la **vente est occasionnelle** et s'inscrit dans la gestion du patrimoine privé : dans ce cas, le profit est soumis au **régime des plus-values des particuliers**. Les personnes physiques ou certaines sociétés à prépondérance immobilière peuvent être concernées.
- Soit la **vente est professionnelle**, c'est-à-dire que le bien ou les droits cédés sont inscrits à l'actif de l'entreprise et font partie du patrimoine professionnel : dans ce cas, le profit est soumis au **régime des plus-values des professionnels**.

PARTIE 1.
LE RÉGIME DES PLUS-VALUES DES PARTICULIERS

Ce régime concerne les personnes qui réalisent des plus-values dans le cadre de la **gestion de leur patrimoine privé** ou des plus-values tirées d'un **immeuble inscrit à l'actif d'une entreprise individuelle ou d'une société de personnes** si elles ne sont **pas utilisées pour les besoins de l'exploitation**.

Cette partie concerne donc tous les contribuables qui vendent un bien immobilier et réalisent une plus-value au moment de cette vente, à condition qu'il ne s'agisse pas d'une vente intervenant dans un cadre professionnel. Au sein d'une société immobilière, les ventes d'immeuble par une société qui relève de l'impôt sur le revenu, la cession des titres d'un associé, l'apport d'un immeuble à une société, etc. relèvent également des plus-values immobilières des particuliers.

Lorsque le contribuable vend **des titres**, ces derniers doivent être ceux de **sociétés à prépondérance immobilière ou de sociétés transparentes dont**

l'objet exclusif est l'acquisition ou la construction d'immeubles aux fins d'attribution à ses associés, pour que la plus-value relève du régime des plus-values immobilières des particuliers. C'est également le cas pour les opérations portant sur des **parts** de **fonds de placements immobiliers**.

Une société à prépondérance immobilière est une société dont l'actif immobilier représente plus de 50 % de son actif sans qu'il soit affecté à sa propre exploitation.

Les profits des marchands de biens et des lotisseurs ayant cette qualité ou les profits tirés d'une activité professionnelle imposable au titre des bénéfices industriels et commerciaux (BIC), bénéfices agricoles (BA) ou bénéfices non commerciaux (BNC) sont exclus du régime d'imposition des plus-values des particuliers.

Notons enfin que la déclaration et le paiement de l'impôt sur la plus-value constatée ont lieu par l'intermédiaire du notaire lors de la vente. La plus-value est imposée à un taux fixe et n'entre donc pas dans le champ du barème progressif.

L'AVIS DE L'EXPERT

Il faudra toutefois renseigner la plus-value dans votre déclaration de revenus, car elle entre dans le calcul du revenu fiscal de référence.

1. LES OPÉRATIONS HORS DU CHAMP OU DONT LA PLUS-VALUE EST EXONÉRÉE

Les donations et successions

Les transmissions à titre gratuit, comme les donations ou les successions, sont hors du champ de l'imposition. Autrement dit, si vous recevez un bien par donation (par exemple, par un membre de votre famille) ou par succession (c'est-à-dire au décès d'un membre de votre famille), il n'existe aucune imposition sur la plus-value, même si la valeur du bien a augmenté entre le moment où cette personne l'a acheté et le moment où vous le récupérez. La donation ou la succession peuvent tout de même donner lieu au paiement de droits de donation ou de succession, mais selon un barème qui n'a rien à voir avec l'imposition de la plus-value immobilière.

En revanche, le contribuable qui a reçu un bien ou des droits immobiliers par donation ou succession et qui les revend à un prix plus élevé que lorsqu'il les a reçus est imposable sur la plus-value. En effet, la façon dont le bien est entré dans le patrimoine n'a pas d'incidence sur l'imposition de la plus-value au moment de la vente du bien. Qu'il ait été acheté, construit ou reçu en donation, il entre dans le champ de cette imposition.

EXEMPLE

Monsieur X reçoit par donation un bien qui vaut 100 000 € en 2020. Il n'y a pas d'imposition sur la plus-value au moment où il reçoit le bien, même si celui qui le lui donne l'avait acheté pour 50 000 € quelques mois plus tôt. Monsieur X revend le bien 140 000 € en 2021. Il sera dans ce cas bien imposé sur une plus-value immobilière de 40 000 €.

Les ventes réalisées par l'intermédiaire d'une société

Il convient de bien distinguer si les biens immobiliers vendus font partie du patrimoine professionnel de la société ou non.

L'AVIS DE L'EXPERT

Une société civile immobilière (SCI) dont l'activité commerciale est la location meublée est soumise à l'impôt sur les sociétés (IS), et non à l'impôt sur le revenu (IR). L'associé de cette société qui voudra vendre ses parts relèvera donc des plus-values professionnelles (CAA Marseille du 11 juill. 2019, n° 7MA03135).

Par ailleurs, si le bien immobilier est passé du patrimoine privé au patrimoine professionnel, ou inversement, il faut distinguer deux plus-values : l'une relevant du régime des plus-values des particuliers, l'autre du régime des plus-values des professionnels.

L'exonération lors de la vente de la résidence principale

Peu importe la durée de détention de la résidence principale ou le montant de la plus-value : ce qui est important, c'est qu'elle ait la qualité de résidence principale au moment de la vente.

Les critères de la résidence principale

Pour être qualifiée de « principale », la résidence doit être occupée de manière **habituelle** et **effective** durant la **majeure partie de l'année**.

Si, au cours d'une année, la résidence est établie six mois dans un logement et six mois dans l'autre, c'est au lieu des abattements de la taxe d'habitation que l'exonération peut s'appliquer.

Si un logement dont la propriété est démembrée est vendu, la plus-value est exonérée pour la part correspondant aux droits de l'usufruitier ou du nu-propriétaire qui y avait sa résidence principale.

L'AVIS DE L'EXPERT

Si le bien immobilier vendu était votre résidence principale, mais que vous avez déménagé avant sa vente, qui est intervenue dans un délai raisonnable (estimé à une année maximum à partir du déménagement), alors le bien est malgré tout considéré comme votre résidence principale et peut bénéficier de l'exonération.
Si la vente du bien intervient après une séparation ou un divorce, l'exonération est toujours possible si au moins un des deux membres du couple y résidait à titre de résidence principale jusqu'à la mise en vente par l'un des conjoints, partenaires de pacs ou concubins.
Toutefois, la rupture doit motiver la cession, qui doit intervenir dans le délai d'une année à compter de la mise en vente. Il n'existe pas de délai à respecter entre la séparation du couple et la mise en vente de la résidence.

Une tolérance est possible si l'inoccupation est prolongée en raison d'un grave sinistre.

Si le logement qui avait vocation à devenir la résidence principale était en construction au moment de la vente, et que la cession a été motivée par une séparation, une mutation pour des besoins professionnels, une invalidité ou le décès d'un des conjoints, il peut être exonéré si la preuve est apportée que le logement en construction devait avoir la qualité de résidence principale une fois achevé. En outre, il est également nécessaire qu'un des membres du couple ne soit pas propriétaire du logement dans lequel ils résidaient pendant la construction.

Par ailleurs, l'exonération s'étend aux **dépendances immédiates et nécessaires de la résidence principale**. Parmi ces dépendances, on compte par exemple les parkings situés à moins d'un kilomètre ou les aires de stationnement. Elles peuvent en bénéficier si elles sont **vendues en même temps** que la résidence principale. Si elles sont cédées à un acquéreur différent de celui de la résidence principale sous un an, elles bénéficient également de l'exonération.

Le cas de la propriété par l'intermédiaire d'une SCI

Si un **associé d'une SCI soumise à l'IR** occupe à titre gratuit un logement appartenant à la SCI et qui a la qualité de **résidence principale**, alors la plus-value est exonérée au moment de sa vente. Elle est également exonérée si l'associé **vend ses parts à hauteur de la valeur du logement** qu'il occupe par rapport à la valeur globale.

L'exonération sur les ventes de faible valeur

Si la valeur du bien vendu est **inférieure à 15 000 €**, alors la plus-value réalisée est exonérée d'impôt. Lorsque le bien est en **indivision**, ce plafond s'applique sur la **quote-part que chaque indivisaire possède**. Toutefois, si le bien est **vendu en lots**, ce seuil est apprécié sur la **globalité de la vente** et non bien par bien.

L'exonération sur la première cession d'un bien autre que la résidence principale

Lorsqu'une plus-value est réalisée sur la cession d'un bien immobilier d'un propriétaire qui n'est pas propriétaire de sa résidence principale et qui a vocation à utiliser le montant de la cession pour l'achat de sa résidence principale, alors ladite plus-value est exonérée. Le vendeur ne doit pas être propriétaire directement ou indirectement (par l'intermédiaire d'une société immobilière) de sa résidence principale durant les quatre années précédant la vente. L'exonération doit alors être demandée par le vendeur et être mentionnée sur l'acte notarié (CAA Douai, 23 avril 2019, n° 17DA01449).

L'AVIS DE L'EXPERT

Si vous possédez plusieurs logements que vous souhaitez vendre, l'exonération ne s'applique pas de façon automatique à la première cession. Vous pouvez donc choisir, en fonction de la vente susceptible de générer la plus-value la plus importante, laquelle vous voulez soumettre à l'exonération.

L'exonération est définitive si **le prix de la vente est réemployé en totalité dans l'achat ou la construction de la résidence principale sous deux ans**. Ce délai peut être majoré si des travaux importants dans un logement ancien sont effectués.

Si **seule une partie du montant de la cession** est utilisée pour l'achat de la résidence principale, alors **seule une partie de la plus-value est exonérée**. Dans ce cas, la fraction imposable de cette plus-value doit être déclarée.

L'AVIS DE L'EXPERT

Lorsque le délai de remploi du prix de vente est écoulé et que la somme utilisée est inférieure à celle qui a été indiquée dans l'acte de vente, une déclaration rectificative (n° 2048-IMM) doit être déposée et un supplément doit être payé. Si une fraction supérieure à ce qui a été indiqué dans l'acte de vente a été réinvestie, il est possible de demander à l'administration fiscale la restitution de l'impôt payé en trop.

L'exonération pour les retraités et invalides

Lorsqu'ils quittent leur logement pour vivre dans une **maison de retraite ou en logement-foyer**, les **personnes âgées et les invalides** disposant de **ressources faibles** peuvent être exonérés d'impôt sur la plus-value sur la cession de leur résidence principale, et ce même si le bien n'est pas leur résidence principale au moment de la vente ou qu'il n'a pas été mis en vente avant leur départ en maison de retraite. Le vendeur ne doit cependant **pas être soumis à l'IFI l'avant-dernière année** qui précède celle de la vente.

Cette exonération concerne les retraités bénéficiaires d'une pension de réversion, d'une carte invalidité ou de la mention « invalidité » sur la carte mobilité, dont le revenu fiscal de référence en 2019 pour une vente intervenant en 2021 ne dépasse pas un plafond pour une part de quotient familial.

La vente doit intervenir **moins de deux années après leur départ** de leur résidence principale pour l'établissement spécialisé (Ehpa, Ehpad ou foyer de vie par exemple). En outre, le logement ne doit **pas avoir fait l'objet d'une mise à disposition à titre gratuit ou d'une location, même de courte durée**.

En revanche, l'exonération n'est pas remise en cause si le logement est occupé par un membre de son foyer fiscal, comme son concubin, qui vivait dans le logement au moment du départ.

L'exonération de l'ancienne résidence principale d'un expatrié

La vente de l'ancienne résidence principale d'un expatrié est exonérée d'impôt sur la plus-value si elle intervient **au plus tard le 31 décembre de l'année suivant celle de son départ** et que, durant cette période, le logement n'a **pas été occupé**.

L'exonération des logements sociaux

Jusqu'au 31 décembre 2022, les **ventes d'immeubles au profit d'organismes ou de constructeurs de logements sociaux** sont exonérées d'impôt sur la plus-value. Ce cas d'exonération sera peut-être prolongé par le Parlement français d'ici à la fin de l'année 2022.

Autres exonérations

D'autres exonérations sont également prévues et dépendent de la **qualité du vendeur** et de la **nature du bien** (BOI-RFPI-PVI-10-40). Parmi elles, on peut citer la plus-value résultant de **l'expropriation pour cause d'utilité publique**, de la **vente d'un immeuble exposé à un risque naturel majeur** ou encore de la cession du **droit de surélévation d'un immeuble**, à condition que l'acquéreur l'utilise sous quatre ans pour y créer des locaux d'habitation, et ce jusqu'au 31 décembre 2022, dans le cadre d'un **remembrement urbain** ou **d'aménagements fonciers**.

Nous faisons le choix de ne pas rentrer dans le détail de chacun de ces cas très particuliers, et qui ne concernent pas une part importante des opérations immobilières réalisées.

2. LE CALCUL DE LA PLUS-VALUE IMPOSABLE

Hormis les cas évoqués précédemment, la plus-value résultant de la vente d'un bien immobilier est en principe soumise à une imposition. Il convient donc désormais d'identifier comment se calcule la plus-value imposable.

Les **prix de vente et d'achat** (également appelés prix de cession et d'acquisition) doivent subir quelques **correctifs**. Le calcul suivant doit ensuite être effectué :

PV immobilière = Prix de vente – Prix d'achat

Enfin, des **abattements pour durée de détention** sont ensuite appliqués, avant de calculer l'impôt.

Étape 1 : la correction du prix de vente

Le prix de vente à retenir est celui mentionné sur l'acte notarié. Il faut ensuite **ajouter à ce prix de vente** les sommes qui ont été versées au profit du vendeur. Il s'agit par exemple de l'indemnité d'éviction (somme d'argent versée par le bailleur à son locataire pour compenser le non-renouvellement du bail) qui a été payée par l'acheteur au locataire du bien immobilier. En revanche, l'indemnité d'assurance qui a été perçue en raison d'un sinistre ne doit pas être ajoutée.

D'autres sommes sont **déductibles du prix de vente**. La valeur des biens meubles (comme une cuisine équipée) peut être déductible si, au moment de la vente, leur présence et leur valeur peuvent être prouvées, par facture ou inventaire par exemple.

Les **frais de vente** peuvent également être déduits. Il peut s'agit des commissions versées aux intermédiaires comme l'agence immobilière, ou encore des frais de certifications et de diagnostics obligatoires, de l'indemnité d'éviction versée au locataire, des honoraires de l'architecte en charge des études indispensables à la vente, de la TVA versée au Trésor si la vente y était soumise, etc.

Si le prix de vente est très inférieur au prix du marché, que l'opération a donné lieu à une action en rescision pour lésion de la vente et que l'acquéreur décide de garder le bien et de verser le complément de prix, le vendeur est imposé sur ce complément.

L'action en rescision pour lésion est un recours juridique à la disposition des parties à un contrat, qui a pour but de revenir sur les termes du contrat. En effet, l'opération peut être remise en cause si le prix de vente a été inférieur aux 7/12ᵉ de son prix réel.

Si le bien immeuble est en indivision, c'est la fraction des droits dans l'indivision de chaque indivisaire qui permet de déterminer le prix de vente qui leur revient. Peu importe que les indivisaires arrangent entre eux par la suite la répartition du prix.

> **EXEMPLE**
> Si le bien est détenu à 50/50 par deux personnes, le prix de vente est réparti pour moitié entre elles.

Étape 2 : la correction du prix d'achat

Il convient de prendre comme base le **prix figurant dans l'acte notarié** au moment de l'achat du bien. Ce prix doit cependant être **majoré de certains frais**.

Si le bien a été **acheté en francs** puis que la somme a été convertie en euros, celle-ci n'est **pas majorée de l'inflation**. S'il a été reçu par **mutation à titre gratuit (c'est-à-dire notamment par donation)**, c'est l'estimation de la valeur utilisée pour calculer les **droits de mutation** qu'il faut retenir. Si l'administration est venue par la suite **corriger ce prix**, c'est ce dernier qui doit être **pris en compte**. Ce montant peut être majoré des **frais d'acte** et de **déclaration**, comme les honoraires de notaire, les frais de timbre, de publicité foncière, ainsi que des droits de donation ou de succession s'ils ont été pris en charge par le bénéficiaire de la donation.

Si le bien est entré dans le patrimoine par succession, il faut estimer la **part de droits de succession qui correspond au bien vendu**.

Les frais divers

Il est possible d'ajouter au prix d'achat :

- les droits d'enregistrement ;
- la TVA ;
- les honoraires notariés ;
- l'éventuelle commission des intermédiaires ;

S'il n'y a pas eu de frais ou que les justificatifs ont été égarés, il est possible d'appliquer un **forfait de 7,5 %** du prix d'achat, qui vient donc s'ajouter au montant de base. Dans ce cas, si la vente a été soumise à la TVA, le forfait est calculé sur le prix d'achat TVA comprise (si le redevable de la TVA était le vendeur ou si elle a été à la charge de l'acquéreur). En revanche, il est calculé sur le prix hors taxe si le redevable de la TVA était l'acheteur ou si celle-ci a été à la charge du vendeur.

Les dépenses pour travaux

Le prix d'achat peut également être majoré par **certains travaux effectués sur le bien**. Il faut cependant qu'ils aient été exécutés par une entreprise ; les travaux effectués par le propriétaire ne peuvent pas être pris en compte, y compris si le matériel a été acheté par lui et posé par une entreprise.

Plusieurs cas peuvent être étudiés :

- **Si l'immeuble bâti est cédé plus de cinq ans après son achat :** il est possible de majorer le prix d'achat forfaitairement de 15 % au titre de dépenses de travaux, sans même avoir de justificatifs ou y avoir effectivement effectué des travaux. S'il est vendu moins de cinq ans après son acquisition, le forfait de 15 % ne peut pas s'appliquer, et seules les dépenses réelles peuvent donc être comptabilisées.

L'AVIS DE L'EXPERT

Si vous avez effectivement réalisé des travaux pour lesquels vous possédez toujours les justificatifs et dont le montant est supérieur à celui qui résulterait du forfait, alors il peut être plus intéressant de comptabiliser vos frais réels liés aux travaux de construction, reconstruction, agrandissement et amélioration de votre bien.

- **Le logement cédé est en copropriété :** il est possible de tenir compte des travaux effectués dans les parties communes de l'immeuble dans lequel il se situe.
- **Les travaux d'entretien et de réparation de nature de dépense locative :** s'ils sont indissociables des constructions, des agrandissements et des améliorations, alors ces travaux peuvent être pris en compte dans la majoration du prix de vente. Dans le cas contraire, ou si ces dépenses ont déjà été prises en compte dans le calcul de l'impôt sur le revenu, au titre des dépenses déductibles des revenus fonciers ou de crédit d'impôt par exemple, elles ne sont pas « utilisables ».

En résumé, la plus-value imposable est déterminée comme suit :

PRIX DE VENTE
Montant de l'acte notarié
–
Frais et commissions

-

PRIX D'ACHAT
Montant de l'acte notarié
+
Frais divers (justifiés ou forfait de 7,5 %)
+
Travaux (justifiés ou forfait de 15 % si cession après 5 ans de détention)

=

PLUS-VALUE IMPOSABLE

Une fois la plus-value imposable identifiée, l'étape suivante consiste à pratiquer un abattement pour durée de détention.

Étape 3 : l'abattement pour durée de détention

Aucun abattement n'est possible si le propriétaire détient le bien depuis moins de cinq ans avant la revente. En outre, plus le bien est détenu longtemps, plus l'abattement applicable sur la plus-value est important. L'abattement est cependant différent s'il s'agit de l'impôt sur le revenu ou des prélèvements sociaux.

Pour l'impôt sur le revenu, l'exonération est totale au bout de 22 ans de détention. Pour les prélèvements sociaux, il faut attendre 30 ans.

TEMPS DE DÉTENTION EN ANNÉE PLEINE	ABATTEMENT POUR L'IMPÔT SUR LE REVENU	ABATTEMENT POUR LES PRÉLÈVEMENTS SOCIAUX
5 ans ou moins	0 %	0 %
6 ans	6 %	1,65 %
7 ans	12 %	3,30 %
8 ans	18 %	4,95 %
9 ans	24 %	6,60 %
10 ans	30 %	8,25 %
11 ans	36 %	9,90 %
12 ans	42 %	11,55 %
13 ans	48 %	13,20 %
14 ans	54 %	14,85 %
15 ans	60 %	16,50 %
16 ans	66 %	18,15 %
17 ans	72 %	19,80 %

TEMPS DE DÉTENTION EN ANNÉE PLEINE	ABATTEMENT POUR L'IMPÔT SUR LE REVENU	ABATTEMENT POUR LES PRÉLÈVEMENTS SOCIAUX
18 ans	78 %	21,45 %
19 ans	84 %	23,10 %
20 ans	90 %	24,75 %
21 ans	96 %	26,40 %
22 ans	100 %	28 %
23 ans	100 %	37 %
24 ans	100 %	46 %
25 ans	100 %	55 %
26 ans	100 %	64 %
27 ans	100 %	73 %
28 ans	100 %	82 %
29 ans	100 %	91 %
30 ans et plus	100 %	100 %

Abattements pour durée de détention

Cette durée est décomptée par périodes de 12 mois entre la date d'acquisition et celle de la cession. Si l'année est incomplète, elle n'est pas prise en compte.

EXEMPLE

Si vous détenez un bien immobilier depuis 15 ans et 8 mois, l'abattement pour durée de détention correspond à 15 ans.

La date à retenir est différente selon le mode d'acquisition du bien immobilier :

TYPE D'ACQUISITION	DATE D'ACQUISITION À RETENIR
Vente	Signature chez le notaire
Donation	Signature chez le notaire
Vente avec condition suspensive	Réalisation de la condition suspensive
Vente en état futur d'achèvement (VEFA)	Conclusion du contrat
Succession	Décès du propriétaire
Donation au dernier vivant	Décès du conjoint
Par fraction successive	Chaque acquisition
Nue-propriété puis usufruit (ou inversement)	La première des deux acquisitions
Construction sur un terrain dont un terrain était déjà dans le patrimoine	Deux dates : celle d'acquisition du terrain et celle du début des travaux (deux plus-values sont alors calculées)

EXEMPLE

Notre vendeur réalise une plus-value corrigée de 30 000 € sur une maison détenue depuis 15 ans et 8 mois.

Au titre de l'impôt sur le revenu, il bénéficie d'un abattement de 60 %. L'impôt sur le revenu est donc calculé sur sa plus-value nette, de 40 % de 30 000 €, c'est-à-dire sur 12 000 €.

Au titre des prélèvements sociaux, il bénéficie d'un abattement de 16,5 %. L'impôt est donc calculé sur sa plus-value nette, de 83,5 % de 30 000 €, c'est-à-dire 25 050 €.

C'est sur ces deux montants que doivent être appliqués les taux d'imposition forfaitaires respectifs (voir Section 3).

Le cas particulier des titres de sociétés de personnes

Si le bien immobilier est détenu par une société de personnes, la plus-value est calculée en effectuant la **différence entre le prix de vente et le prix d'achat des titres augmenté de certains frais**. Les prix à prendre en compte sont ceux stipulés dans les actes.

Le **prix de cession** est majoré de charges en capital et des indemnités prévues au profit du vendeur, et le montant de certains frais qui ont été supportés par le vendeur pour la cession est déduit.

L'**abattement pour durée de détention** s'applique également. Il est décompté à partir de la date d'acquisition. S'il est impossible de déterminer cette date, on considère que les titres sont détenus depuis moins de cinq ans.

EXEMPLES

Si des titres ont été acquis à la constitution de la société, la date d'acquisition correspond à la date de souscription au capital, même si les titres ont été libérés plus tard.

Si des titres ont été attribués gratuitement à la suite d'une augmentation de capital, la durée de détention se décompte à partir de la date d'acquisition des droits initiaux, pas à celle de l'attribution à titre gratuit.

3. L'IMPOSITION FORFAITAIRE DE LA PLUS-VALUE

La plus-value ainsi calculée se fait appliquer des taux forfaitaires. L'impôt sur le revenu s'élève ainsi à 19 % et les prélèvements sociaux à 17,2 % : cela correspond à une imposition globale de 36,2 %, prélevée par le notaire.

EXEMPLE

Reprenons l'exemple de notre vendeur qui réalise une plus-value corrigée de 30 000 €. Notre fraction imposable de 12 000 € au titre de l'impôt sur le revenu est imposée à 19 %, soit un impôt de 2 280 €. Celle imposable au titre des prélèvements sociaux s'élevant à 25 050 € est imposable à 17,2 %, soit un montant de prélèvements sociaux de 4 308,60 €.
L'imposition totale de la plus-value s'élève donc à 6 588,60 €.

4. LA SURTAXE DES PLUS-VALUES IMPORTANTES

Si la plus-value imposable est supérieure à 50 000 €, une taxation supplémentaire est appliquée. Les plus-values exonérées ou celles réalisées au titre de cessions de terrains à bâtir ne sont pas concernées par cette taxe, quand bien même elles seraient supérieures à 50 000 €.

C'est sur la quote-part de chacun des détenteurs de parts que ce montant est apprécié en cas de biens en indivision, concubins, partenaires de pacs, ou si le bien était dans le patrimoine de la communauté des époux.

EXEMPLE

Si des époux vendent un bien dont la plus-value générée est de 80 000 €, la surtaxe n'est pas due, car elle représente 40 000 € de plus-value pour chacun des époux.

Le montant de cette surtaxe est fixé selon un barème progressif.

MONTANT DE LA PLUS-VALUE IMPOSABLE	MONTANT DE LA TAXE
De 50 001 à 60 000	2 % PV1 - (60 000 - PV) × 1/20
De 60 001 à 100 000	2 % PV
De 100 001 à 110 000	3 % PV - (110 000 - PV) × 1/10
De 110 001 à 150 000	3 % PV
De 150 001 à 160 000	4 % PV - (160 000 - PV) × 15/100
De 160 001 à 200 000	4 % PV
De 200 001 à 210 000	5 % PV - (210 000 - PV) × 20/100

MONTANT DE LA PLUS-VALUE IMPOSABLE	MONTANT DE LA TAXE
De 210 001 à 250 000	5 % PV
De 250 001 à 260 000	6 % PV - (260 000 - PV) × 25/100
Supérieur à 260 000	6 % PV

PV : Plus-value.

Barème progressif de la surtaxe

Si cette surtaxe est due, elle est payée par prélèvement sur le prix de vente lors de la signature de l'acte chez le notaire.

5. LE CAS DES MOINS-VALUES

Si vous réalisez plusieurs ventes au cours de l'année d'imposition et que certaines d'entre elles génèrent des plus-values et d'autres des moins-values, il n'est **pas possible de les imputer les unes sur les autres**.

Toutefois, l'administration fiscale admet une telle compensation entre plus-values et moins-values en cas de **cession en bloc d'un immeuble ayant été acquis par fractions successives**, à condition que la vente ait été constatée par le même acte et entre les mêmes personnes.

Il faut calculer les plus-values et moins-values pour chaque fraction acquise ; les moins-values diminuées de l'abattement pour durée de détention peuvent être imputées sur les plus-values diminuées du même abattement. Si l'on obtient un résultat négatif, alors la moins-value est **définitive**.

6. LES FORMALITÉS

C'est le **notaire** qui calcule la plus-value et l'imposition, et qui effectue les démarches auprès de l'administration fiscale. C'est également lui qui prélève l'imposition sur le prix de vente.

La déclaration doit se faire sur le formulaire n° 2048-IMM (ou n° 2048-TAB pour un terrain à bâtir). Cette déclaration doit être déposée dans le mois suivant la signature de l'acte de vente au service de la publicité foncière. C'est le paiement de l'impôt qui rend la vente opposable aux tiers, car il conditionne la formalité d'enregistrement ou de publicité foncière.

À défaut de déclaration ou de paiement de l'impôt, aucun enregistrement n'est possible. Toutefois, la déclaration n'est pas nécessaire si l'opération est exonérée de l'impôt ou si elle a généré une moins-value.

Il faut cependant déclarer la plus-value lors de la déclaration de revenus. Il faut ainsi reporter sur la déclaration 2042 C le montant net de la plus-value imposable. Elle est intégrée dans le revenu fiscal de référence pour la contribution exceptionnelle sur les hauts revenus le cas échéant.

Les plus-values exonérées n'ont pas besoin d'être déclarées, sauf s'il s'agit de l'exonération au titre de la première cession. L'administration fiscale peut ainsi suivre la condition de son remploi pour l'achat de la résidence principale.

PARTIE 2. LE RÉGIME DES PLUS-VALUES DES PROFESSIONNELS

Le régime des plus-values des professionnels est applicable lorsque des sociétés soumises à l'IS ou à l'IR cèdent des éléments de leurs actifs immobilisés. Ce régime s'applique également aux contribuables ayant le statut de loueur meublé professionnel (LMP), c'est-à-dire à ceux qui perçoivent des revenus locatifs meublés supérieurs à 23 000 € par an et supérieurs aux revenus professionnels de leur foyer fiscal (voir Thème 5).

Pour rappel, un actif immobilisé est un actif qui reste dans l'entreprise de manière durable. En d'autres termes, ces biens ne sont pas détruits lors du premier usage. L'actif immobilisé peut être incorporel (des brevets, un fonds de commerce, etc.), corporel (des équipements, etc.) ou financier (des participations dans une société, etc.).

Les plus-values professionnelles sont applicables lorsque la société vend, échange ou donne un bien, mais également lorsque ce bien tombe par exemple dans le patrimoine privé d'un associé.

En matière de plus-value des professionnels, il convient de distinguer deux notions fondamentales : les plus-values de court terme et les plus-values de long terme.

1. LA DIFFÉRENCE ENTRE PLUS-VALUE DE COURT TERME (PVCT) ET PLUS-VALUE DE LONG TERME (PVLT)

La différence majeure réside dans la durée de détention du bien. Il est toutefois nécessaire de faire une différence entre les biens amortissables et les biens non amortissables.

Pour rappel, l'amortissement représente la perte de la valeur d'un bien due à son usure dans le temps. Les **biens amortissables** sont globalement les matériaux (informatiques, de bureau, de transport), les constructions, les aménagements dans des biens immobiliers ou encore toutes sortes de biens incorporels (tels que des licences ou brevets). Quant aux **biens non amortissables**, il s'agit, en matière immobilière, des terrains ou encore des droits au bail.

EXEMPLE

Prenons un amortissement :

- Le prix d'achat de l'actif immobilisé = 100.
- Amortissement : 5 % par an.
- On décide de le revendre quatre ans plus tard pour un montant de 200.
- Amortissement réalisé = 20 %, soit 20.
- Plus-value réalisée avec l'amortissement = 200 – (100 – 20) = 120 €.

La notion de plus-value et de moins-value de court terme

Concernant les **biens non amortissables**, les biens détenus depuis moins de deux ans relèvent de la PVCT.

Concernant les **biens amortissables**, il s'agit des biens détenus également depuis moins de deux ans. Toutefois, lorsque les biens ont plus de deux ans, l'application est « hybride » : une partie de la plus-value relève du court terme et la fraction restante relève du long terme. La fraction imposée en court terme s'applique jusqu'au montant des amortissements réalisés.

EXEMPLE

Prenons un exemple chiffré, afin de comprendre le régime hybride.

Monsieur X a acheté en 2019 une machine à écrire au prix de 100 €. Il pratique un amortissement de 10 % par an. Quatre ans après son achat, il décide de la revendre au prix de 110 €.

Le régime des plus-values, ici, est un régime hybride puisque, d'une part, on parle d'un bien amortissable et, d'autre part, ce bien a été détenu plus de deux ans.

Pour appliquer le régime hybride, il convient de prendre en compte les amortissements : 10 % × 4 ans : 40 % du bien a été amorti soit, sur une base de 100 €, 40 € d'amortissements.

De ce fait : 110 (prix de vente) – (100 prix achat – 40 amortissement) = 50.

On attribue la PVCT jusqu'au montant de l'amortissement, soit 40 €. Les 10 € restants sont sous le régime de la PVLT.

Concernant les moins-values de court terme, sont applicables :

- les moins-values réalisées sur des biens non amortissables détenus depuis moins de deux ans ;
- les moins-values réalisées sur des biens amortissables, quelle que soit la durée de détention.

La notion de plus-value et de moins-value de long terme

Concernant les **biens non amortissables**, la PVLT s'applique aux biens détenus depuis plus de deux ans.

Concernant les **biens amortissables**, comme expliqué précédemment, la PVLT s'applique à la fraction restante, non amortie, des biens détenus depuis plus de deux ans.

Concernant les moins-values, elles ne sont de long terme que si elles sont rattachées à un élément non amortissable détenu depuis plus de deux ans.

L'AVIS DE L'EXPERT

En matière immobilière, les biens immobiliers bâtis sont amortissables, alors que les terrains sont des biens non amortissables.

2. LES EXONÉRATIONS DE PLUS-VALUES PROFESSIONNELLES

L'exonération pour les petites entreprises

Une petite entreprise respectant les conditions posées à l'article 151 septies II du CGI est exonérée de plus-values professionnelles. Pour cela, l'entreprise doit être en activité depuis au moins cinq ans dans le secteur commercial, industriel, libéral, artisanal ou agricole. Rappelons que lorsque les activités doivent être exercées à titre professionnel, cela implique que l'exploitant doit participer personnellement, de manière directe et continue, à l'activité.

L'entreprise doit également respecter un certain seuil de chiffre d'affaires (CA). Ce seuil diffère si l'activité est agricole/commerciale ou si elle relève des BNC :

- pour l'activité agricole/commerciale :
  - exonération totale pour un CA inférieur à 250 000 €,
  - exonération partielle pour un CA compris entre 250 000 € et 350 000 € ;
- pour les activités relevant des BNC :
  - exonération totale pour un CA inférieur à 90 000 €,
  - exonération partielle pour un CA compris entre 90 000 € et 126 000 €.

L'AVIS DE L'EXPERT

Pour que ces exonérations soient réellement applicables, il faut absolument que les biens soient réellement affectés à une activité professionnelle : une simple inscription au bilan ne suffit pas !

Lorsque l'exonération est partielle, il convient de réaliser les calculs suivants pour connaître le montant correspondant à la plus-value exonérée :

- pour les activités agricoles et commerciales :

$$\frac{\text{Montant de la PV} \times (350\,000 - \text{Montant des recettes})}{100\,000}$$

- pour les activités relevant des BNC :

$$\frac{\text{Montant de la PV} \times (126\,000 - \text{Montant des recettes})}{36\,000}$$

L'exonération en cas de départ à la retraite

Cette exonération (art. 151 septies A du CGI) est applicable aux dirigeants d'une entreprise individuelle ou d'une société de personnes soumise à l'impôt sur le revenu. L'activité de l'entreprise doit être commerciale, industrielle, artisanale, libérale ou agricole.

Afin de bénéficier de cette exonération, l'entrepreneur doit avoir exercé son activité pendant au moins cinq ans. L'entreprise doit également répondre à certains critères : elle ne doit pas employer plus de 250 salariés et ne doit pas réaliser un chiffre d'affaires annuel supérieur à 50 millions d'euros (ou un bilan supérieur à 43 millions d'euros). La cession doit en outre absolument être à titre onéreux. Toutefois, en cas de cession à une autre société, le dirigeant ne doit pas la détenir (directement ou indirectement) à plus de 50 %. Pour compléter ces critères, afin de bénéficier de l'exonération, le dirigeant doit faire valoir ses droits à la retraite dans les deux ans (avant ou après la cession).

L'exonération est applicable en totalité sur les plus-values de court et long terme. Toutefois, il convient de préciser que ce régime ne s'applique pas aux plus-values sur les biens, droits ou parts de sociétés constituées d'immobiliers (sauf exception, dans les sociétés à prépondérance immobilière).

L'exonération n'est pas applicable aux prélèvements sociaux, qui doivent, eux, être réglés.

L'exonération en fonction du prix de vente

Ici, les bénéficiaires de l'exonération sont plus nombreux. Plusieurs entités peuvent se voir octroyer cette exonération :

- les entreprises individuelles ;
- les sociétés soumises à l'IR (pour ses associés et dirigeants) ;
- les sociétés soumises à l'IS.

Le bénéficiaire de l'exonération doit avoir exercé une activité dans l'entreprise pendant au moins cinq ans. La nature de l'activité est similaire que pour les autres exonérations : elle doit être de nature commerciale, industrielle, artisanale, libérale ou agricole, et respecter les seuils de salariés et le chiffre d'affaires énoncés précédemment. Toutefois, dans ce cas, la cession peut se faire à titre onéreux, mais aussi à titre gratuit, tant que l'assiette de la cession est inférieure à 500 000 €.

L'exonération peut être partielle ou totale :

- Elle est totale lorsque la valeur des éléments cédés est inférieure à 300 000 €.
- Elle est partielle si la valeur est comprise entre 300 000 € et 500 000 €.

L'AVIS DE L'EXPERT

Les exonérations citées sont les plus répandues. Cependant, il en existe d'autres que nous ne détaillerons pas dans ce livre. On peut notamment citer l'exonération en cas d'apport d'une entreprise en société (art. 151 octies du CGI) ou encore la transmission à titre gratuit d'une entreprise individuelle (art. 41 du CGI).

3. L'IMPOSITION DE LA PLUS-VALUE PROFESSIONNELLE

Rappel sur la plus-value

Comme énoncé précédemment, la plus-value correspond à la différence entre le prix d'achat et le prix de vente :

- Le **prix d'achat** pour un bien non amorti correspond à sa valeur d'origine, alors que, pour un bien amorti, il s'agit de la valeur d'origine diminuée des amortissements (ce qui permet d'obtenir la valeur nette comptable).
- Le **prix de vente** est globalement le prix stipulé dans l'acte.

L'AVIS DE L'EXPERT

Ce prix de vente peut être écarté si l'administration fiscale établit que le bien cédé a une valeur vénale supérieure à ce qui est indiqué.

Certains frais peuvent venir en réduction de la plus-value. Les frais afférents à l'opération peuvent ainsi venir réduire la plus-value, par exemple les frais d'agence ou les commissions.

Il convient cependant d'être prudent car certains frais peuvent être déduits du résultat de l'entreprise (et non de la plus-value). Il s'agit des frais dits « préparatoires » à la cession : globalement en matière immobilière, il s'agit des études.

L'imposition

Par principe, la plus-value professionnelle est imposée au moment de la réalisation de l'opération.

Toutefois, ce principe souffre d'aménagements, au nombre de trois :

- **L'étalement d'imposition :** la plus-value est calculée au moment de l'opération, mais le paiement est étalé dans le temps. Cela concerne les plus-values de court terme et les plus-values afférentes à des événements particuliers, tels que l'expropriation ou encore un sinistre.
- **Le sursis d'imposition :** il n'y a ni constatation ni imposition de la plus-value. Elle n'est prise en compte que lorsqu'un événement met fin au sursis.
- **Le report d'imposition :** la plus-value est évaluée et déclarée, mais son imposition intervient lorsqu'un événement met fin au report.

Voici ce qu'il faut retenir concernant les **plus-values et moins-values de court terme** :

- Les plus-values et les moins-values se compensent.
- S'il ressort de cette compensation une plus-value, elle constitue une fraction du résultat soumis à l'imposition, autant à l'IR qu'à l'IS.
- S'il ressort de cette compensation une moins-value, elle peut se compenser avec les bénéfices d'exploitation. Si ces derniers sont insuffisants, elle est considérée comme un déficit d'exploitation reportable dans les conditions de droit commun.

Voici ce qu'il faut retenir concernant les **plus-values et moins-values de long terme** :

- Avant l'imposition, lorsque l'on cède des biens immobiliers, il existe un abattement pour durée de détention.
- Ce bien doit être affecté à l'entreprise. Si ce sont des droits ou parts sociales principalement constitués d'immobiliers, ces derniers doivent être affectés à l'exploitation.
- Le montant de l'abattement est de 10 % par an à partir de la cinquième année de détention. De ce fait, on parle d'une exonération totale au bout de 15 ans de détention.
- Comme dans le court terme, les plus-values et moins-values se compensent.
- S'il ressort de cette compensation une plus-value, celle-ci est imposée au taux de 12,8 %, ainsi qu'au taux de 17,2 % au titre des prélèvements sociaux pour les sociétés à l'IR, et intégrée dans le résultat des sociétés à l'IS (soumis donc au taux normal ou réduit de l'IS).
- S'il ressort de cette compensation une moins-value, elle est reportable sur dix ans et peut s'imputer sur des plus-values de long terme et de même catégorie.

CE QU'IL FAUT RETENIR

La plus-value est imposable lorsqu'un bien immobilier, des droits immobiliers ou des parts de certaines sociétés immobilières sont vendus à un prix supérieur à celui auquel ils avaient été acquis (ou reçus).

1. Le régime des plus-values des particuliers

» **Opérations dans le champ**

- Vente occasionnelle qui s'inscrit dans la gestion du patrimoine privé des personnes physiques.
- Vente d'un immeuble inscrit à l'actif d'une entreprise individuelle ou d'une société de personnes si elles ne sont pas utilisées pour les besoins de l'exploitation.
- Cession des titres d'un associé d'une société qui relève de l'impôt sur le revenu.
- Apport d'un immeuble à une société qui relève de l'impôt sur le revenu.
- Opération portant sur des titres de sociétés à prépondérance immobilière.
- Opération portant sur des titres de sociétés transparentes, dont l'objet exclusif est l'acquisition ou la construction d'immeubles aux fins d'attribution à ses associés.
- Opération portant sur des parts de fonds de placements immobiliers.

» **Opérations hors champ ou exonérées**

- Donation et succession.
- Vente du patrimoine professionnel d'une société.
- Vente de la résidence principale.
- Vente de faible valeur (inférieure à 15 000 €).
- Première cession d'un bien autre que la résidence principale.
- Résidence principale des retraités et invalides pour vivre dans une maison de retraite ou en logement-foyer.
- Vente de l'ancienne résidence principale d'un expatrié.
- Vente des logements sociaux.

» **Calcul de la plus-value imposable**

Plus-value = Prix de vente - Prix d'achat

- Étape 1 : correction du prix de vente par ajout et déduction de certaines dépenses au prix mentionné dans l'acte notarié.
- Étape 2 : correction du prix d'achat payé et inscrit dans l'acte notarié au moment de l'achat du bien et majoré de certains frais (ou d'un forfait de 7,5 % pour frais divers, et d'un forfait de 15 % au titre de dépenses de travaux).
- Étape 3 : abattement pour durée de détention ; pour l'impôt sur le revenu, l'exonération est totale au bout de 22 ans de détention ; pour les prélèvements sociaux, il faut attendre 30 ans.

» **Imposition forfaitaire**
- Impôt sur le revenu : 19 %.
- Prélèvements sociaux : 17,2 %.
- Imposition globale de 36,2 %, prélevée par le notaire.

» **Imposition supplémentaire sur les plus-values importantes**

Le montant de cette surtaxe est fixé selon un barème progressif (voir Tableau p. 128-129).

2. Le régime des plus-values des professionnels

Il concerne les cessions d'actifs immobilisés exploités au titre d'une activité professionnelle, qu'ils soient amortissables ou non.

	PLUS-VALUE		MOINS-VALUE	
	Moins de 2 ans	Plus de 2 ans	Moins de 2 ans	Plus de 2 ans
Bien amortissable	CT*	CT dans la limite des amortissements, puis LT**	CT	CT
Bien non amortissable	CT	LT	CT	LT

* CT : court terme
** LT : long terme

Il existe de nombreuses exonérations totales ou partielles. Les principales sont :
- pour les petites entreprises ;
- en cas de départ à la retraite ;
- en fonction du prix de vente.

ENTRAÎNEZ-VOUS !

CAS PRATIQUE 1 : LES PLUS-VALUES DES PARTICULIERS

Monsieur X détient deux immeubles qui ne sont pas sa résidence principale. Cette année, il décide de vendre ses deux biens.

Le premier est détenu depuis six ans et va générer une plus-value de 100 000 €.

Le second est détenu depuis huit ans et va générer une plus-value de 40 000 €.

Que pouvez-vous lui conseiller ? Quel sera le montant des impositions ?

CAS PRATIQUE 2 : LES PLUS-VALUES DES PROFESSIONNELS

Une société à l'IR a acheté un terrain 50 000 € il y a cinq ans. Elle compte le revendre cette année pour 100 000 €. Dans le même temps, elle décide de céder un immeuble acheté il y a huit ans au prix de 150 000 €. Ce dernier bien a fait l'objet d'un amortissement de 5 % par an. La société va pouvoir le vendre 250 000 €.

Quel régime de plus-value des professionnels sera appliqué ?
Quel sera le montant des impositions ?

8

QUELLES SONT LES **NICHES FISCALES** QUI EXISTENT EN FRANCE EN MATIÈRE IMMOBILIÈRE ?

OBJECTIFS À ATTEINDRE

1. Comprendre ce qu'est une niche fiscale.
2. Maîtriser la différence entre les crédits d'impôt et les réductions d'impôt.
3. Connaître les principaux crédits d'impôt et les principales réductions d'impôt, ainsi que leurs modalités d'application, afin de savoir lesquelles sont susceptibles de vous concerner.
4. Maîtriser les dispositifs incitatifs en matière immobilière, ainsi que certains anciens dispositifs qui ne sont plus en vigueur mais produisent potentiellement encore des effets.

Celles que l'on appelle couramment les « niches fiscales » sont en réalité **des réductions et des crédits d'impôt**, c'est-à-dire des mécanismes qui octroient aux contribuables un avantage fiscal. En d'autres termes, ces outils permettent de réduire et même parfois d'annuler le montant de l'impôt à payer. Ils sont accordés soit en contrepartie d'un investissement ou d'une prestation payée, soit selon la situation personnelle du contribuable.

Il est nécessaire d'opérer une distinction entre les réductions et les crédits d'impôt. En effet, si leur finalité est semblable (à savoir diminuer le montant de l'impôt), leur fonctionnement est différent dans les cas où l'avantage fiscal (la réduction ou le crédit d'impôt) serait supérieur au montant de l'impôt dû. Ainsi, en présence d'une réduction d'impôt supérieure au montant de l'impôt dû, l'excédent ne peut pas donner lieu à un remboursement de la part de l'administration fiscale.

EXEMPLE

Dans le cas d'une réduction d'impôt de 1 000 €, si le montant de l'impôt dû est de 800 €, les 200 € d'avantage fiscal restants et « non utilisés » sont perdus et ne peuvent, en principe, pas faire l'objet d'un report l'année suivante.

À l'inverse, en présence d'un crédit d'impôt supérieur au montant de l'impôt dû, l'excédent donne lieu à un remboursement de la part de l'administration fiscale.

EXEMPLE

Dans une situation similaire à celle précédemment évoquée, mais en présence d'un crédit d'impôt, les 200 € d'avantage fiscal non utilisés sont remboursés par le fisc au contribuable.

Un crédit d'impôt est donc toujours restitué pour la partie excédent le montant de l'impôt dû, alors qu'une réduction d'impôt est généralement perdue. Les réductions d'impôt s'imputant avant les crédits d'impôt lorsque le contribuable bénéficie des deux types d'avantages fiscaux, il s'agit par conséquent d'un avantage pour le contribuable.

L'AVIS DE L'EXPERT

Avant d'engager des dépenses ouvrant doit à une réduction d'impôt, il est nécessaire de calculer si vos revenus permettent de bénéficier de la réduction d'impôt dans son ensemble.
Si la réduction d'impôt est supérieure à l'impôt effectivement dû, et si les revenus du foyer sont moindres ou que le nombre de parts rend le foyer non imposable, il n'y a aucun intérêt à effectuer ces dépenses.

En France, il existe plus de 200 niches fiscales. Parmi les plus connues, on peut citer les dons, les crédits d'impôt pour l'emploi d'un salarié à domicile ou encore les frais de scolarité des enfants.

Dans le domaine de l'immobilier, on recense environ 90 niches fiscales. Les dépenses liées à l'immobilier étant non négligeables pour les contribuables, ces niches ont pour objectif d'encourager l'investissement. Dans ce thème, nous allons ainsi découvrir les niches fiscales les plus utilisées dans le domaine de l'immobilier, à savoir :

- MaPrimeRénov' ;
- le crédit d'impôt pour l'emploi d'un salarié à domicile ;
- le crédit d'impôt en faveur de l'aide aux personnes ;
- les différents dispositifs immobiliers (Pinel, Denormandie ancien, Censi-Bouvard, Malraux) ;
- quelques anciens avantages fiscaux dont certains contribuables bénéficient encore (Scellier, Borloo ancien, Borloo neuf, crédit d'impôt pour les intérêts des emprunts).

Depuis la loi de finances pour 2013, le montant global des avantages fiscaux est cependant plafonné. Auparavant, de nombreux contribuables percevant de hauts revenus arrivaient à éluder l'impôt grâce à ces niches fiscales. Afin d'éviter cette problématique, la loi de finances pour 2013 a introduit l'article 200-0 A du CGI. Désormais, il existe un plafond pour les avantages fiscaux de 10 000 € par an et par foyer fiscal en France métropolitaine et de 18 000 € en outre-mer. Les avantages fiscaux soumis à ce plafonnement sont ceux accordés à la suite d'un investissement ou d'une prestation payée par le contribuable. Cependant, les avantages fiscaux octroyés par la situation personnelle du contribuable ou dans la poursuite d'un intérêt général sans contrepartie sont exclus de ce plafonnement.

Concrètement, les éléments suivants n'entrent pas dans le champ d'application du plafonnement global :

- les frais d'établissement pour personnes dépendantes ;
- les aides aux personnes âgées ou handicapées ;
- les frais de scolarité des enfants ;
- les dons aux organismes d'intérêts généraux.

Ainsi, la plupart des avantages liés à l'investissement immobilier entrent dans le calcul du plafonnement global des avantages fiscaux (c'est-à-dire dans la limite des 10 000 € d'avantages fiscaux par an et par foyer).

1. MAPRIMERÉNOV'

MaPrimeRénov' est un dispositif créé par le gouvernement le 1er janvier 2020. Il vient remplacer le crédit d'impôt pour la transition énergétique (Cite) et les aides de l'Agence nationale de l'habitat (Anah), « Habiter Mieux Agilité ». Il permet d'accorder un avantage fiscal au contribuable, sous forme de réduction d'impôt, lorsqu'il réalise des travaux dans sa résidence principale. Les travaux réalisés doivent avoir pour objectif d'améliorer la performance énergétique du logement.

Cette prime évolue puisque, dans le cadre du plan « France Relance », elle a été renforcée le 1er octobre 2020. La prime, auparavant réservée aux foyers les plus modestes, est désormais accessible à tous les contribuables qui en font la demande.

En 2020, 190 000 primes ont été demandées. Pour 2021, le gouvernement souhaite atteindre les 800 000 demandes.

Le dispositif

MaPrimeRénov' poursuit trois objectifs, qui s'inscrivent à la fois dans une logique écologique et dans une logique d'investissement :

1. Les travaux effectués doivent avoir pour but de réduire les factures d'énergie des contribuables, lesquelles représentent souvent une part considérable de leurs charges courantes.
2. En réduisant ces factures d'énergie, le contribuable réduit également l'impact environnemental de son habitation, en limitant l'émission de gaz à effet de serre.

3. Les travaux effectués permettent d'accroître la valeur du bien, puisqu'ils ont également pour but d'augmenter le confort du propriétaire. De ce fait, en investissant dans des travaux, le contribuable peut envisager une plus-value lors de la revente de son logement.

Les objectifs du dispositif ne peuvent que séduire. Cependant, les travaux de rénovation énergétique sont généralement coûteux et peuvent représenter un poids économique non négligeable pour les ménages. Par conséquent, le gouvernement attache une importance particulière à l'efficacité et à la rapidité du dispositif. Grâce à un simulateur et aux informations renseignées par le contribuable, il est aisé de connaître à l'avance le montant de ces aides. L'État s'engage également à payer les aides dans un délai raisonnable, pour que le contribuable n'ait pas à les avancer à l'entreprise prestataire.

Quels sont les travaux entrant dans le dispositif ?

Les travaux de chauffage, d'isolation, de ventilation et d'analyse technique entrent notamment dans le dispositif.

Certains travaux n'entrent pas, quant à eux, dans le dispositif, comme la pose de chauffages électriques à accumulation, la pose de panneaux photovoltaïques pour générer de l'électricité, la réalisation du diagnostic de performance énergétique (DPE) ou encore la pose d'une chaudière à fioul ou à charbon. Cette liste n'est pas exhaustive.

Il est donc nécessaire de se renseigner avant d'effectuer les travaux.

Quels sont les professionnels pouvant réaliser ces travaux ?

Pour s'assurer de l'obtention de cette prime, le contribuable doit faire réaliser ses travaux par un prestataire labellisé.

En effet, le dispositif s'applique normalement lorsque le contribuable fait appel à un professionnel ayant le label « Reconnu garant de l'environnement » (RGE). Ce label est décerné aux entreprises respectant les normes NF X50-091 et NF EN ISO/CEI 17065. Ces deux normes jugent de la qualité du savoir-faire pour la conception et la réalisation de travaux de rénovation énergétique. Le label RGE est nécessaire pour bénéficier de certains avantages fiscaux, dont MaPrimeRénov'.

Cependant, à titre expérimental pour l'année 2021-2022, l'obligation de faire appel à une entreprise RGE a été supprimée. Cette expérimentation ne profite cependant pas à tous les travaux. En d'autres termes, l'obligation de faire appel à une entreprise RGE est maintenue pour certains travaux, tels que l'installation et la pose de certains équipements de chauffage, ou encore l'intervention pour l'isolation thermique de parois vitrées ou opaques, planchers et combles.

Les travaux pouvant être réalisés par toutes les entreprises (RGE ou non) sont inscrits dans le décret n° 2014-812 du 16 juillet 2014, au I de l'article 1er. Les entreprises non RGE se voient obtenir une « qualification-chantier » pour réaliser ces travaux. Ce nouveau dispositif expérimental est défini dans un arrêté du 24 décembre 2020.

L'éligibilité

L'éligibilité au bénéfice de la prime était initialement assez restreinte. Elle a depuis évolué, notamment avec la loi de finances pour 2021, pour bénéficier au plus grand nombre. L'intensification de MaPrimeRénov' était un des objectifs du plan « France Relance » annoncé par le gouvernement.

Concernant les logements éligibles

MaPrimeRénov' est en principe applicable à tous les logements, en France métropolitaine comme en outre-mer. Ces logements doivent cependant avoir été achevés depuis au moins deux ans. Il est possible de réaliser ces travaux dans une maison individuelle, mais aussi dans un appartement en copropriété. Depuis les récentes évolutions d'octobre 2020, il est également possible de faire une demande de prime pour les parties communes de la copropriété.

Concernant les revenus

L'avantage fiscal peut être demandé par tous, sans condition de revenu. Cependant, le dispositif prend en compte la situation fiscale du contribuable pour déterminer le montant de l'aide. La finalité est toutefois de permettre aux foyers les plus modestes de pouvoir, eux aussi, réaliser ces travaux, à moindre coût. Pour cela, il existe quatre couleurs permettant de définir la tranche dans laquelle le contribuable s'inscrit pour faire sa demande. Ces tranches sont déterminées selon les revenus du foyer fiscal du contribuable et permettent donc aux foyers les plus modestes de bénéficier d'une aide plus importante. Ces couleurs prennent également en compte la localisation du logement (Île-de-France [IDF] ou Province), puisqu'il existe des différences notables en matière de coûts des travaux et des logements.

Le tableau prévoit un code couleur, du contribuable le plus modeste au plus aisé : bleu, jaune, violet et rose.

Nombre de personnes composant le foyer fiscal	Revenus annuels - Bleu		Revenus annuels - Jaune		Revenus annuels - Violet		Revenus annuels - Rose	
	HORS IDF	IDF	HORS IDF	IDF	HORS IDF	IDF	HORS IDF	IDF
1	Jusqu'à 14 879	Jusqu'à 20 593	Jusqu'à 19 074	Jusqu'à 25 068	Jusqu'à 29 148	Jusqu'à 38 184	> 29 148	> 38 184
2	Jusqu'à 21 760	Jusqu'à 30 225	Jusqu'à 27 896	Jusqu'à 36 792	Jusqu'à 42 848	Jusqu'à 56 130	> 42 848	> 56 130
3	Jusqu'à 26 170	Jusqu'à 36 297	Jusqu'à 33 547	Jusqu'à 44 188	Jusqu'à 51 592	Jusqu'à 67 585	> 51 592	> 67 585
4	Jusqu'à 30 572	Jusqu'à 42 381	Jusqu'à 39 192	Jusqu'à 51 597	Jusqu'à 60 336	Jusqu'à 79 041	> 60 336	> 79 041
5	Jusqu'à 34 993	Jusqu'à 48 488	Jusqu'à 44 860	Jusqu'à 59 026	Jusqu'à 69 081	Jusqu'à 90 496	> 69 081	> 90 496
Par personne supplé-mentaire	4 412	6 096	5 651	7 422	8 744	11 455	8 744	> 11 455

Tableau des catégories de revenus pour le dispositif MaPrimeRénov'

www.lienmini.fr/5554-02
Tableau en couleur

L'avantage fiscal

L'avantage fiscal est déterminé selon trois critères :

- la nature des travaux réalisés ;
- la localisation du bien ;
- le niveau de revenu du foyer fiscal.

Il est possible de retrouver le barème des avantages fiscaux accordés sur le site dédié à MaPrimeRénov'.

Les avantages fiscaux liés à MaPrimeRénov' sont cumulables avec certaines autres aides. On compte parmi elles la TVA à taux réduit de 5,5 % sur les travaux d'économies d'énergie, les certificats d'économie d'énergie (CEE) versés par les fournisseurs d'énergie, les aides des collectivités locales, les aides d'Actions Logements, ainsi que les prêts à taux 0 (éco-PTZ). Les aides de l'Anah « Habiter Mieux Sérénité » et les Cite ne peuvent cependant pas être cumulés avec Ma Prime Rénov'.

Le montant des aides ne peut pas être supérieur au montant des travaux. MaPrimeRénov' fait également partie des avantages fiscaux globaux plafonnés à 10 000 € par an.

> *Les certificats d'économie d'énergie (CEE) sont des primes versées pour aider les contribuables à la rénovation énergétique de leur logement. Les conditions liées au logement sont identiques à celles de Ma Prime Rénov'.*
> *Ici, ce sont les fournisseurs d'énergie qui décernent cette prime lorsque leur client a réalisé des travaux par une entreprise RGE.*
> *Elle se cumule de la même manière que le dispositif Ma Prime Rénov'.*

La demande de prime

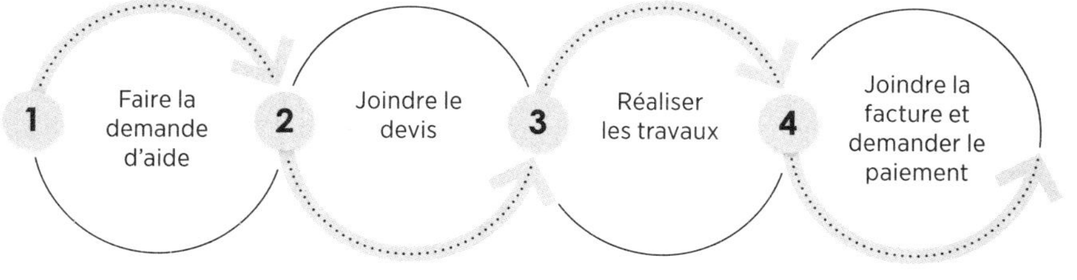

Processus de demande de la prime

Dans un premier temps, il faut fournir des informations fiscales. Parmi les informations demandées, on retrouve notamment l'avis d'imposition et le numéro fiscal, ainsi que des informations personnelles comme la composition du foyer fiscal. Ces informations vont permettre de déterminer la couleur dans laquelle le contribuable va s'inscrire (voir Tableau p. 146). Il faut également fournir un certain nombre d'informations sur le logement lui-même, pour vérifier son éligibilité au dispositif.

Dans un second temps, il faut préciser la nature des travaux. Il est possible de faire une seule demande pour plusieurs types de travaux. Il convient ici de joindre le devis, ainsi que différentes informations concernant la société qui réalisera les travaux. À partir de toutes ces informations, les services administratifs compétents sont en mesure de donner une estimation du montant de l'aide.

Après ces phases dites « administratives », il est nécessaire de faire effectuer les travaux par l'entreprise dont le devis a été accepté et signé.

Enfin, une fois les travaux terminés, il convient de joindre la facture au dossier et de répertorier toutes les aides perçues pour ces travaux (CEE, Action Logement, etc.).

La demande d'avance

Comme indiqué précédemment, le dispositif, à l'origine, était destiné aux foyers modestes. Ces mêmes foyers peuvent ainsi faire une demande d'avance. En effet, si l'entreprise réalisant les travaux demande un acompte au foyer, ce dernier n'est peut-être pas en mesure d'y faire face immédiatement. Il peut donc solliciter une demande d'avance de l'aide aux services compétents.

Pour pouvoir bénéficier d'une telle avance avant même le début des travaux, il faut cependant que les revenus du foyer demandant l'aide entrent dans la tranche « ménage très modeste ». Les plafonds sont disponibles sur le site Internet dédié à cet outil. Pour l'obtention de l'avance, il est impératif que le projet de rénovation énergétique soit le même du début de la demande jusqu'au paiement final.

L'intervention d'un mandataire

Le contribuable qui fait la demande d'aide peut nommer un mandataire, qu'il peut révoquer à tout moment. Celui-ci est chargé de réaliser toutes les démarches administratives et/ou de percevoir les fonds.

2. LE CRÉDIT D'IMPÔT POUR L'EMPLOI D'UN SALARIÉ À DOMICILE

Lorsqu'un contribuable emploie un salarié à son domicile, les dépenses supportées ouvrent droit à un crédit d'impôt (dispositif prévu à l'article 199 sexdecies du CGI). La notion de domicile est comprise dans un ensemble assez large, puisqu'il est possible que le salarié effectue son emploi dans la résidence principale du contribuable ou dans sa résidence secondaire, qu'il soit propriétaire ou locataire.

Les services rendus ont pour objet de répondre aux besoins des personnes ou des familles.

Le dispositif

Les contribuables qui emploient des salariés qui effectuent des tâches à caractère familial ou ménager peuvent donc bénéficier d'un crédit d'impôt.

L'article D7231-1 du Code du travail propose une liste précise des emplois. Ceux qui ne sont pas inscrits dans cet article ne peuvent ouvrir droit au bénéfice du crédit d'impôt.

L'avantage fiscal

Le montant de l'avantage fiscal représente 50 % des dépenses supportées, lesquelles ne peuvent excéder 12 000 €.

> Autrement dit, si les dépenses liées à l'emploi d'un salarié sont de 15 000 € par an, l'administration fiscale ne prend en compte que 12 000 €, afin d'appliquer les 50 % de crédit d'impôt, soit un avantage fiscal de 6 000 €.

L'avantage fiscal prend cependant en compte la situation familiale particulière de certains contribuables. En effet, les plafonds peuvent être majorés :

- On ajoute une majoration de 1 500 € par enfant à charge ou par membre du foyer fiscal âgé de plus de 65 ans. Ici, le plafond majoré est fixé à 15 000 €.
- Pour inciter à utiliser ce crédit d'impôt, lors de la première année, le contribuable bénéficie d'un plafond de dépense de 18 000 € (majorations incluses).
- Lorsqu'un membre du foyer fiscal possède une carte d'invalidité d'au moins 80 %, une pension d'invalidité de 3e catégorie ou un complément d'allocation d'éducation spéciale de l'enfant handicapé, le plafond de dépenses s'élève à 20 000 €. L'avantage fiscal maximum est donc de 10 000 €.

Certains travaux sont cependant plafonnés. Il s'agit notamment :

- des petits travaux de jardinage : 5 000 € par an ;
- des petits travaux de bricolage : 500 € par an ;
- de l'assistance informatique et Internet : 3 000 € par an.

3. LE CRÉDIT D'IMPÔT EN FAVEUR DE L'AIDE AUX PERSONNES

Un crédit d'impôt est octroyé lorsque le contribuable effectue des aménagements pour l'accessibilité ou l'adaptation de son logement à des situations particulières. Le bien faisant l'objet de ces travaux doit être situé en France. Le dispositif est inscrit à l'article 200 quater A du CGI et est mis en place depuis le 1er janvier 2005. Il incite les personnes qui ont besoin d'effectuer ces travaux à les réaliser, en limitant le reste à charge grâce au crédit d'impôt.

Le dispositif a été prolongé par la loi de finances pour 2021 jusqu'au 31 décembre 2023.

Le dispositif

Un avantage fiscal est accordé aux contribuables réalisant des dépenses d'équipement pour l'accessibilité d'un logement aux personnes âgées ou handicapées. Le dispositif est accessible aux propriétaires, aux locataires ou encore aux occupants à titre gratuit.

L'éligibilité

Tout foyer fiscal peut faire des travaux améliorant l'accessibilité de son logement. Mais lorsqu'il s'agit de travaux permettant l'adaptation du logement en raison de la perte d'autonomie ou d'un handicap, il est nécessaire qu'un membre du foyer fiscal soit :

- titulaire d'une pension d'invalidité d'au moins 40 % ;
- titulaire d'une carte mobilité inclusion portant la mention « invalidité », « priorité » ou « stationnement pour personnes handicapées » ;
- bénéficiaire de l'allocation personnalisée d'autonomie (APA), liée à la perte d'autonomie.

Concernant les dépenses éligibles, elles sont répertoriées à l'article 18 ter de l'annexe IV du CGI.

L'avantage fiscal

La base de calcul du crédit d'impôt comprend le coût des équipements et de la main-d'œuvre TTC. Les matériaux doivent avoir été fournis et installés par la même entreprise. Autrement dit, il n'est pas possible de faire appel à deux entreprises différentes pour les travaux d'adaptation du logement.

L'avantage fiscal est de 25 % des dépenses réalisées dans la limite de 5 000 € pour une personne seule et de 10 000 € pour un couple. Ces plafonds sont majorés de 400 € par personne à charge et sont retenus pour une période de cinq années consécutives. De ce fait, pour une demande de crédit d'impôt effectuée en 2021, les dépenses prises en compte dans le plafond sont celles réalisées entre le 1er janvier 2016 et le 31 décembre 2021.

EXEMPLE

Pour un couple ayant réalisé des dépenses d'aménagement de 8 000 €, le montant du crédit d'impôt est égal à 25 % de cette somme, soit 2 000 €. Pour un célibataire avec une personne à charge ayant réalisé des dépenses d'aménagement de 8 000 €, le calcul n'est pas identique. Les dépenses étant plafonnées à 5 000 € pour une personne seule, majorées à 400 € par personne à charge, le montant maximal pour la prise en compte du crédit d'impôt est de 5 400 €. Le montant du crédit d'impôt est donc égal à 25 % de cette somme, soit 1 350 €.

4. LE DISPOSITIF PINEL

Le dispositif Pinel porte le nom de la ministre du Logement sous les gouvernements Valls I et II, Sylvie Pinel.

Il a été introduit par la loi de finances pour 2014 et est inscrit à l'article 199 novovicies du CGI. Le dispositif Pinel est venu remplacer le dispositif Duflot. Mis en place pour soutenir l'investissement immobilier, il a pour objectif de réduire l'écart qui se creuse considérablement dans certaines villes entre la demande, beaucoup trop croissante, et les offres de logement, encore trop insuffisantes.

Pour les locataires, il permet aux ménages n'étant pas éligibles aux logements sociaux et ayant du mal à trouver un logement d'avoir accès à des biens dont les loyers sont inférieurs aux prix du marché. Du côté des bailleurs, l'avantage se traduit par l'acquisition d'un bien neuf, clé en main, et avec l'octroi d'un avantage fiscal.

Le dispositif devait s'éteindre, mais l'article 168 de la loi de finances pour 2021 l'a prolongé jusqu'au 31 décembre 2024. Cependant, dans la logique de sa disparition progressive, les avantages fiscaux des investissements réalisés à compter de 2023 sont minorés.

Depuis 2014, 131 000 logements ont bénéficié du dispositif Pinel.

Le dispositif

La loi Pinel offre un avantage fiscal avec, pour contrepartie, le respect de certaines conditions, afin d'accroître l'offre de logements pour les ménages les plus modestes. Le dispositif s'applique en France métropolitaine, mais également en outre-mer, à l'exception de Saint-Barthélemy.

Les acheteurs doivent proposer leur bien en location nue (non meublée), à titre de résidence principale. Ils ne peuvent cependant pas s'engager auprès de n'importe quel locataire. En effet, sous la loi Pinel, ils ne peuvent louer qu'aux locataires ayant des revenus modestes (respectant les plafonds de revenus). Ils ne peuvent également pas déterminer le montant du loyer librement. Celui-ci est plafonné afin, toujours dans un objectif d'accessibilité, de se placer en dessous des prix du marché. Ces plafonds sont mis à jour tous les ans et se retrouvent notamment sur le site *service-public.fr*.

Désormais, et ce depuis le 1er janvier 2015, il est possible de louer son logement bénéficiant du dispositif Pinel à un ascendant ou à un descendant. Néanmoins, celui-ci ne doit pas être membre du même foyer fiscal que le propriétaire. Enfin, le logement doit être mis en location pendant une durée déterminée : six ou neuf ans, prorogeables jusqu'à douze ans.

Notons que la souscription du logement sous loi Pinel ne se fait pas à la signature de l'acte de vente ou à l'achèvement des travaux. Il s'agit simplement, pour le contribuable souhaitant en bénéficier, de l'inscrire sur la déclaration de revenus.

L'éligibilité

Le dispositif Pinel est accessible à tous les contribuables domiciliés fiscalement en France.

Les résidents monégasques, ainsi que certains non-résidents assimilés à des personnes fiscalement domiciliées en France, peuvent également profiter de ce dispositif. De surcroît, depuis 2019, si le contribuable change de résidence fiscale après s'être engagé sous la loi Pinel, l'avantage fiscal n'est pas remis en cause.

Concernant la nature du logement

Le contribuable doit avoir acquis, directement ou indirectement (par l'intermédiaire d'une société non imposée à l'impôt sur les sociétés), un bien neuf ou en l'état futur d'achèvement entre le 1er septembre 2014 et le 31 décembre 2024. La liste précise des logements éligibles au dispositif Pinel est inscrite à l'article 199 novovicies I, B du CGI. Ce bien doit faire l'objet d'une première location dans les 12 mois suivant la signature ou l'achèvement du logement.

Concernant les biens acquis en l'état futur d'achèvement, ils doivent être achevés dans les 30 mois suivant la déclaration d'ouverture de chantier.

Depuis le 1er janvier 2021, ces biens doivent être situés dans des bâtiments collectifs. En effet, il n'est depuis plus possible d'investir, avec le dispositif Pinel, dans une maison individuelle.

Concernant la localisation du logement

Le dispositif Pinel n'est pas ouvert à tous les logements. Ils doivent en effet se trouver dans des zones d'éligibilité. Celles-ci ont beaucoup évolué et évoluent encore.

Zone A : les grandes villes françaises (IDF, Côte d'Azur, Lille, Lyon, Marseille, Montpellier, l'agglomération française genevoise).
Zone Abis : Paris et la banlieue proche (29 communes limitrophes).
Zone B1 : les grandes villes de plus de 250 000 habitants.
Zone B2 : les villes de plus de 50 000 habitants.
Zone C : le reste du territoire.

À l'origine, toutes les zones étaient concernées : A, Abis, B1, B2 et C. En 2017, le dispositif s'est éteint pour les logements en zones B2 et C. Cependant, pour les permis de construire déposés avant 2018, les biens situés en zones B2 et C pouvaient continuer de bénéficier du régime jusqu'au 15 mars 2019. Désormais, la prolongation du dispositif restreint le champ d'application aux zones A, Abis et B1.

LE CAS DES COMMUNES EN CONTRAT DE REDYNAMISATION DE SITE DE DÉFENSE (CRSD)

Dans le cas des communes en CRSD, le zonage n'est pas pris en compte. Les logements situés dans ces villes peuvent donc garder les avantages du dispositif Pinel. Concrètement, il est totalement possible qu'un logement situé en zone B2 puisse entrer dans le champ d'application du dispositif Pinel si la commune du logement bénéficie d'un CRSD.

Concernant les performances énergétiques du logement

Le logement doit jouir d'un label sur ses performances énergétiques. En effet, seuls les logements labellisés BBC 2005 (pour les logements construits avant le 1er janvier 2013) ou RT 2012 (pour les logements construits après les 1er janvier 2013) sont éligibles au dispositif. Depuis le 1er janvier 2021, il s'agit du label RT 2020.

Concernant les logements situés en outre-mer, ils ont des performances énergétiques différentes, selon le type de logements et leur localisation. En outre, à Mayotte, aucune performance énergétique minimale n'est requise.

Chaque foyer fiscal peut acquérir deux logements sous loi Pinel par an. Toutefois, les avantages fiscaux sont plafonnés. Il est donc nécessaire de faire désormais un point sur ces avantages.

L'avantage fiscal

Il existe trois taux de réduction d'impôt, selon la durée d'engagement souscrite :

- 12 % du prix d'achat pour une durée d'engagement de six ans ;
- 18 % du prix d'achat pour une durée d'engagement de neuf ans ;
- 21 % du prix d'achat en cas de prolongation de la durée d'engagement à douze ans.

Les taux de réduction d'impôt sont différents si l'investissement est réalisé en outre-mer. Dans ce cas, ils sont de :

- 23 % du prix d'achat pour une durée d'engagement de six ans ;
- 29 % du prix d'achat pour une durée d'engagement de neuf ans ;
- 32 % du prix d'achat en cas de prolongation de la durée d'engagement à douze ans.

La base du calcul de la réduction d'impôt

Le prix d'achat du bien est la base du calcul de la réduction d'impôt. Néanmoins, ce prix est doublement plafonné. Globalement, l'investissement ne doit pas être supérieur à 300 000 €. Plus précisément, l'investissement ne doit pas dépasser 5 500 € par mètre carré. Ce plafond est applicable par foyer fiscal et par an. Il reste ainsi identique que ce soit pour la souscription d'un bien unique ou pour celle de deux biens.

La réduction d'impôt n'est pas octroyée en une seule fois : elle est étalée tout au long de l'engagement souscrit.

EXEMPLE

Concrètement, pour un bien acquis en France métropolitaine et d'une valeur de 300 000 €, la réduction d'impôt s'étale comme suit :

- **pour un engagement de six ans** : 12 % du prix d'achat, à raison de 2 % par an de réduction d'impôt : 6 000 €/an, pour un avantage maximal de 36 000 € ; en cas de prolongation jusqu'à neuf ans : 6 % supplémentaire du prix d'achat, à raison de 2 % par an ;
- **pour un engagement de neuf ans** : 18 % du prix d'achat pour un engagement sur neuf ans, à raison de 2 % par an de réduction d'impôt : 6 000 € / an, pour un avantage maximal de 54 000 € ;
- **en cas de prolongation jusqu'à douze ans d'engagement** (après l'engagement de six ans et une première prolongation de trois ans, ou après l'engagement initial de neuf ans) : 3 % du prix d'achat, à raison de 1 % par an de réduction d'impôt : 3 000 €/an, pour un avantage maximal de 9 000 € sur trois ans, à ajouter aux réductions octroyées précédemment.

Attention : la réduction annuelle accordée par la loi Pinel entre dans le champ d'application du plafonnement global des avantages fiscaux.

Le dispositif est prolongé jusqu'en 2024. Cependant, pour les années 2023 et 2024, les taux de réduction d'impôt sont minorés.

	2023		2024	
	Métropole	Outre-mer	Métropole	Outre-mer
6 ans	10,5 %	21,5 %	9 %	20 %
9 ans	15 %	26 %	12 %	23 %
12 ans	17,5 %	28,5 %	14 %	25 %

Tableau des minorations des taux de réduction d'impôt pour 2023 et 2024

Néanmoins, il n'y aura pas d'abaissement de taux pour les logements se trouvant dans des quartiers prioritaires de la ville ou respectant un certain niveau de qualité, notamment en matière de performance énergétique et environnementale.

5. LE DISPOSITIF DENORMANDIE ANCIEN

Le dispositif Denormandie ancien ressemble en de nombreux points au dispositif Pinel. Néanmoins, il s'applique seulement aux logements anciens et vétustes. Il a été créé par la loi de finances pour 2019 et est codifié à la suite du dispositif Pinel, à l'article 199 novovicies I, B, 5° du CGI.

Lorsque le contribuable souscrit ce dispositif, il bénéficie d'un avantage fiscal. L'investissement immobilier doit cependant intervenir entre le 1er janvier 2019 et le 31 décembre 2022. À la différence du dispositif Pinel, la loi de finances pour 2021 n'a pas prorogé ce dispositif. Il s'éteindra donc le 1er janvier 2023 (sauf prorogation prochaine). Cependant, il continuera de produire des effets, puisque la durée d'engagement maximale est de 12 ans.

Le dispositif

L'objectif principal du dispositif est d'inciter les contribuables à investir également dans l'ancien. L'avantage fiscal permet de faciliter la rénovation des logements devenus vétustes.

Le point central du dispositif est donc la réalisation de travaux. La réduction d'impôt n'est ainsi attribuée qu'en cas de respect des conditions d'éligibilité et de la réalisation de travaux de rénovation.

Concernant les conditions de location du bien à l'achèvement des travaux, elles sont similaires à celles du dispositif Pinel. Il existe donc des plafonds de revenus pour les locataires, ainsi qu'un plafonnement des loyers.

L'éligibilité

L'investissement doit être réalisé sur un immeuble vétuste, à rénover. Il est cependant possible d'acquérir un logement déjà rénové si celui-ci n'a pas été mis en location depuis l'achèvement des travaux. Pour autant, en cas de démolition totale et de reconstruction, aucun avantage fiscal n'est accordé.

L'investissement doit être opéré dans des zones particulières. En effet, seuls les immeubles situés dans des villes labellisées « cœur de ville » ou dans des communes sous opération de revitalisation du territoire (ORT) sont éligibles au dispositif. Cela concerne environ 270 communes, que l'on peut retrouver notamment sur *cohesion-territoires.gouv.fr*.

En 2019, les investissements devaient être exclusivement réalisés dans les centres-villes. Le dispositif ayant évolué en 2020, il est désormais possible d'investir sur tout le territoire communal.

Quant à la liste des travaux éligibles, elle est disponible dans le décret n° 2020-426 du 10 avril 2020. Au début du dispositif, seuls les travaux de rénovation étaient pris en compte. Désormais, les travaux d'amélioration entrent également dans le champ d'application du dispositif. Les travaux doivent être réalisés par des entreprises labellisées RGE et répondre à un certain niveau de performance énergétique. Ils doivent intervenir au plus tard le 31 décembre de la deuxième année suivant l'acquisition.

Enfin, pour être éligible au dispositif, le montant des dépenses liées aux travaux doit représenter au moins 25 % de l'investissement total (prix d'achat + frais d'acquisition + travaux).

EXEMPLE

Pour un bien acheté 100 000 € avec 10 000 € de frais d'acquisition et 40 000 € de travaux : 100 000 + 10 000 + 40 000 = 150 000

25 % × 150 000 = 37 500

Le montant des travaux étant supérieur à 37 500 €, le dispositif est applicable.

L'avantage fiscal

Le calcul de l'avantage fiscal est identique à celui du dispositif Pinel. Il existe ainsi trois taux différents (12 %, 18 % et 21 %), selon la durée d'engagement (respectivement six, neuf ou douze ans).

Le contribuable peut également investir dans deux biens sur une même année, s'il respecte les plafonds : 300 000 € d'investissement dans la limite de 5 500 € par mètre carré.

> **EXEMPLE**
> Pour un bien dont le coût total est de 150 000 € et avec la souscription d'un engagement sur neuf ans, le taux de réduction d'impôt est de 18 %. Concrètement, l'avantage fiscal au bout de neuf ans s'élève à 27 000 € (18 % × 150 000), à raison de 2 % par an, soit 3 000 €.

6. LE DISPOSITIF CENSI-BOUVARD

Le dispositif Censi-Bouvard a été créé en 2012 et est inscrit à l'article 199 sexvicies du CGI. Il permet d'accorder un avantage fiscal aux contribuables investissant dans des immeubles situés dans des résidences médico-sociales. Ces investissements doivent avoir été souscrits entre le 1er janvier 2013 et le 31 décembre 2021.

Ce dispositif ne concerne que les contribuables qui ont le statut de loueur meublé non professionnel (LMNP).

Le dispositif

L'avantage fiscal est accordé lors de l'achat d'un immeuble neuf ou en état futur d'achèvement. La particularité du dispositif est qu'il s'applique également aux immeubles de plus de 15 ans lorsqu'ils sont réhabilités ou qu'ils doivent l'être.

Le bien doit être situé dans une résidence proposant des services pour les étudiants ou les seniors. Il peut également être situé dans un Ehpad. En outre, le dispositif est accessible aux investissements réalisés dans une résidence de tourisme. Ce sont des secteurs où la demande de location est croissante.

Il est possible d'acheter plusieurs biens et de les intégrer au dispositif, tant que les plafonds ouvrant droit à l'avantage fiscal sont respectés.

L'éligibilité

Concernant le contribuable

Le dispositif est ouvert à tous les contribuables français. Ils doivent être qualifiés de LMNP au moment de la souscription de l'engagement au dispositif Censi-Bouvard.

Concrètement, le contribuable ne doit pas percevoir plus de 23 000 € de recettes locatives (en location meublée) ou ces dernières ne doivent pas représenter la majeure partie de ses revenus imposables. Si le contribuable venait à passer en loueur meublé professionnel (LMP) pendant l'engagement en Censi-Bouvard, cela ne remettrait cependant pas en cause son avantage fiscal.

Le contribuable doit avoir acquis son bien directement. De ce fait, il ne peut pas présenter au dispositif Censi-Bouvard un bien acquis par l'intermédiaire d'une société.

Enfin, tous les revenus perçus de la location doivent être imposés dans les bénéfices industriels et commerciaux (BIC) pendant toute la durée de l'engagement.

Concernant les conditions de location

Le bien doit être loué meublé. Depuis la loi ALUR du 24 mars 2014, de nombreux meubles sont nécessaires pour que le logement soit ainsi qualifié (voir Thème 5). Il faut donc appliquer strictement cette liste puisque, en cas de manquement, le bien pourrait être requalifié en location nue.

L'engagement minimal pour bénéficier du dispositif doit être de neuf ans. Il est également nécessaire, comme pour la plupart des dispositifs immobiliers, que le bien soit loué dans les 12 mois à compter de l'acquisition ou de la livraison.

L'avantage fiscal

C'est le prix de revient qui est considéré comme l'assiette de la réduction d'impôt. Concrètement, il comprend le prix d'achat du logement, augmenté des travaux de réhabilitation ou de rénovation. Enfin, il est nécessaire de déclarer toutes les subventions perçues pour les travaux, qui sont déduites du prix de revient.

Ce prix de revient est plafonné à 300 000 € par an, quel que soit le nombre de logements acquis. La fraction du prix de revient effectivement prise en compte dans le dispositif Censi-Bouvard ne peut pas faire l'objet d'un amortissement. De ce fait, c'est seulement le cas de la part excédentaire.

Depuis sa création, le dispositif a connu trois taux de réduction :

- 25 % pour les biens acquis en 2009 et 2010 ;
- 18 % pour les biens acquis en 2011 ;
- 11 % pour les biens acquis depuis 2012. C'est donc le taux applicable actuellement.

La réduction d'impôt s'étale tout au long de l'engagement. De ce fait, 1/9e de la réduction est imputée chaque année, et ce pendant neuf ans. En cas de rupture de l'engagement avant son terme, l'avantage fiscal prend fin. Cependant, certaines causes permettent de bénéficier de la réduction d'impôt même après la rupture de l'engagement. C'est notamment le cas lorsqu'un décès, une invalidité ou un licenciement touche l'un des époux ou partenaires.

Si l'avantage fiscal est supérieur au montant de l'impôt dû, la fraction excédentaire peut être reportée sur les impôts suivants dans la limite de six ans. Enfin, le dispositif entre dans le cadre du plafonnement global des avantages fiscaux.

EXEMPLE

Si un contribuable investit 200 000 € dans un immeuble en souscrivant au dispositif Censi-Bouvard, il peut bénéficier d'une réduction de 11 %, imputée à raison 1/9e par an, soit :

11 % × 200 000 = 22 000 €,

au total au bout de neuf ans, à raison de 2 444 € par an.

7. LE DISPOSITIF MALRAUX

C'est un des dispositifs les plus anciens. Introduit par André Malraux en 1962, il a pour objectif principal de faciliter notamment la restauration des immeubles à caractère patrimonial et architectural.

Le dispositif a beaucoup évolué au cours des années. Il a aujourd'hui pour but de préserver le patrimoine historique français, tout en permettant d'augmenter l'offre de location dans les centres-villes historiques.

Les avantages de ce dispositif ont également changé. Antérieurement, ils se manifestaient par la déduction, sur les revenus du contribuable, des sommes engagées au titre de la rénovation. Désormais, il s'agit d'une réduction d'impôt accordée aux contribuables, inscrite à l'article 199 tervicies du CGI.

Le dispositif

Le dispositif Malraux permet d'octroyer une réduction d'impôt aux contribuables qui restaurent complètement un immeuble bâti. L'achat peut se faire directement par le contribuable ou, indirectement, par l'interposition d'une société.

Il est nécessaire que l'immeuble se situe dans une zone particulière, qui permet l'octroi de cet avantage fiscal. Il est possible d'obtenir une réduction d'impôt pour la restauration de locaux à usage professionnel ou d'habitation. Néanmoins, en cas d'usage « autre », aucune réduction n'est accordée.

La particularité de ce dispositif se manifeste par le nombre d'acteurs extérieurs. En effet, pour bénéficier des avantages, les travaux doivent avoir été déclarés d'utilité publique, notamment par une demande d'autorisation de travaux adressée au préfet. En outre, tout au long de ces travaux, un architecte des bâtiments de France intervient.

L'éligibilité

Concernant la location

Le bien doit être mis en location meublée à titre de résidence principale. Le contribuable doit s'engager sur une durée minimale de neuf ans.

La mise en location doit se faire dans les douze mois suivant l'achèvement des travaux.

Contrairement au dispositif Pinel, il n'est pas possible de louer le bien à un ascendant, un descendant ou, plus largement, à un membre du foyer fiscal. En cas d'investissement par une société, il n'est pas possible de louer à un associé.

Concernant la localisation de l'immeuble

Pour que l'immeuble entre dans le champ d'application du dispositif Malraux, il doit se situer sur une zone précise. Jusqu'au 31 décembre 2022, il est possible d'investir dans un des 40 quartiers anciens qualifiés de dégradés. La liste précise de ces quartiers se trouve dans le décret du 31 décembre 2009 n° 2009-1780.

Le bien peut également se situer dans un quartier où il existe une concentration de biens anciens dégradés. Ici, la liste est déterminée dans un arrêté datant du 19 janvier 2018.

Enfin, le bien peut se situer dans un site patrimonial remarquable (SPR).

L'avantage fiscal

Le montant des travaux est plafonné à 400 000 € sur quatre ans. L'avantage fiscal s'étale durant la période de paiement effectif des travaux. Celle-ci ne peut dépasser trois ans à compter de la date de délivrance du permis. La durée peut être prolongée d'une année lorsque des fouilles archéologiques ont lieu.

De ce fait, on constate que le point de départ de l'avantage fiscal est indépendant de la mise en location. En d'autres termes, l'avantage fiscal est octroyé dès le début des travaux de restauration.

Il existe deux taux de réduction d'impôt différent. Les taux sont liés à la localisation du bien :

- Pour les immeubles situés sur des sites patrimoniaux remarquables avec plan de sauvegarde et de mise en valeur (PSMV), la réduction d'impôt accordée est égale à 30 % du montant des travaux.

- Pour les immeubles situés sur des sites patrimoniaux remarquables avec plan de valorisation de l'architecture et du patrimoine (PVAP), la réduction d'impôt accordée est égale à 22 % du montant des travaux.

  Site patrimonial remarquable (SPR) : *créé par la loi du 7 juillet 2016, ce titre permet de protéger les villes, villages et quartiers d'un point de vue historique, architectural ou encore archéologique. Il regroupe trois anciens dispositifs : les secteurs sauvegardés, les zones de protection du patrimoine architectural urbain et paysager (ZPPAUP) et les aires de valorisation de l'architecture et du patrimoine (AVAP).*

  Plan de sauvegarde et de mise en valeur (PSMV) : *il a pour but de constituer un ensemble harmonieux entre l'architecture ancienne et les évolutions urbaines contemporaines.*

  Plan de valorisation de l'architecture et du patrimoine (PVAP) : *il permet d'identifier les lieux ou immeubles qui nécessitent d'être protégés, sauvegardés et mis en valeur.*

Pour les permis déposés après le 1er janvier 2017, il est possible, en cas de réduction d'impôt excédentaire, de bénéficier d'un report de réduction d'impôt. Autrement dit, lorsque la réduction d'impôt est supérieure au montant de l'impôt dû, le contribuable peut reporter l'excédent sur ces prochaines déclarations, et ce pendant trois ans.

Tous les travaux qui ont fait l'objet d'une réduction d'impôt « Malraux » ne peuvent pas être déductibles dans la catégorie des revenus fonciers. En outre, ce dispositif n'entre pas dans le plafonnement global des niches fiscales.

EXEMPLE

Pour des dépenses sur quatre ans de 300 000 €, reparties à raison de 150 000 € par an sur deux ans, l'avantage fiscal se calcule ainsi :

- en zone PSMV : 30 % × 300 000 = 90 000 €, à raison de 45 000 € d'avantage fiscal par an ;
- en zone PVAP : 22 % × 300 000 = 66 000 €, à raison de 33 000 € d'avantage fiscal par an.

8. LES ANCIENS DISPOSITIFS

Le dispositif Scellier

Il est inscrit à l'article 199 septivicies du CGI et concerne les biens acquis entre le 1er janvier 2009 et le 31 mars 2013.

L'avantage fiscal lié à ce dispositif permet de réduire le montant de l'impôt lorsque le contribuable acquiert un logement neuf ou en état futur d'achèvement. Ce bien doit être loué nu, à usage de résidence principale et être situé dans une zone où l'offre de logements est plus faible que la demande (notamment les zones Abis, A, B1 et B2). De ce fait, des plafonds de loyers sont établis.

Trois taux sont envisagés, selon la date d'acquisition du bien :

- 25 % pour les biens acquis du 1er janvier 2009 au 31 décembre 2010 ;
- 22 % pour les biens acquis du 1er janvier 2011 au 31 décembre 2011 ;
- 13 % pour les biens acquis du 1er janvier 2012 au 31 décembre 2012.

Les taux ne sont cependant pas identiques pour les investissements réalisés en outre-mer.

Le dispositif, éteint en 2012, produit encore des effets pour l'année 2021, puisque la durée d'engagement des locations s'élève à neuf ans. De ce fait, l'avantage fiscal se répartit à raison de 1/9e du taux, et ce pendant neuf ans.

Il existe un dispositif appelé « Scellier intermédiaire », qui permet d'ajouter des avantages fiscaux au dispositif classique. En effet, il est possible de déduire un abattement de 30 % sur les loyers bruts annuels. Il est également permis de proroger la durée de l'engagement après les neuf ans. Le contribuable peut aussi continuer, sur une ou deux périodes de trois ans, de bénéficier de sa réduction d'impôt pour un engagement total de quinze ans. Pour cela, il est nécessaire, par rapport au dispositif classique, de respecter une condition : le plafond de revenu des locataires.

Enfin, la répartition des taux est différente selon l'année de l'investissement :

- 6 % par tranche de trois ans pour les investissements de 2009 et 2010 ;
- 5 % par tranche de trois ans pour les investissements réalisés en 2011 ;
- 4 % par tranche de trois ans pour les investissements réalisés en 2012.

Le dispositif « Cosse ancien », en remplacement du dispositif « Borloo ancien »

Il s'agit d'un avantage fiscal permettant de bénéficier d'un abattement sur les loyers allant jusqu'à 85 % (70 % avec le dispositif Borloo ancien). Cet abattement s'ajoute aux charges déductibles : il ne s'applique donc qu'au régime réel. Concrètement, un contribuable percevant des revenus locatifs peut à la fois déduire les charges qu'il a réellement supportées en lien avec son bien, mais également bénéficier d'un abattement.

Ce dispositif est applicable aux logements conventionnés par l'Anah. Malgré son nom, les logements anciens comme neufs peuvent bénéficier de l'avantage fiscal. En contrepartie, le propriétaire doit louer son bien non meublé à usage de résidence principale pendant six ans (ou neuf ans dans le cas de travaux). Afin de mener à bien l'objectif d'accessibilité du logement, ici encore, les loyers et les ressources des locataires sont plafonnés.

Les taux diffèrent selon le type de loyer et selon la localisation du bien.

	ZONES Abis, A, B1	ZONE B2	ZONE C
Intermédiaire	30 %	15 %	–
Social	70 %	50 %	50 % en cas de travaux
Très social	70 %	50 %	50 % si travaux
Intermédiation locative*	85 %	85 %	85 %

* L'intermédiation locative fait intervenir un acteur social agréé par l'État, dont la tâche est de gérer la location du bien.

Taux d'abattement pour le dispositif Cosse ancien

Les taux d'abattement pour le dispositif Borloo ancien étaient quant à eux répartis selon le type de loyer pratiqué :

- pour les loyers intermédiaires : 30 % ;
- pour les loyers sociaux : 60 % ;
- pour les loyers très sociaux : 70 %.

Les dispositifs Borloo neuf et Robien recentré

Ces deux dispositifs sont intimement liés, puisque le dispositif Borloo ne peut être déclenché que si le logement fait l'objet du dispositif Robien recentré.

Le dispositif Robien recentré permet aux contribuables ayant acquis un logement neuf, en état futur d'achèvement ou à réhabiliter, de bénéficier d'un avantage fiscal. Il s'applique aux opérations effectuées entre le 1er septembre 2006 et le 31 décembre 2012.

Les revenus des locataires ne sont pas plafonnés sur ce dispositif, contrairement aux loyers. Quant au propriétaire, il s'engage à mettre son bien en location nue, à titre de résidence principale, et ce pendant neuf ans, sans possibilité de reconduction. L'avantage se traduit par une réduction d'impôt de 6 % du prix de revient sur les sept premières années et de 4 % sur les deux années suivantes.

Lorsqu'un contribuable a opté pour le régime Robien recentré, il peut également opter pour le **dispositif Borloo neuf** lorsqu'il a investi dans un bien neuf ou en état futur d'achèvement. L'investissement doit avoir eu lieu entre le 1er janvier 2006 et le 31 décembre 2009, et la contrepartie reste la même, à savoir la mise en location nue du bien à titre de résidence principale.

Contrairement au dispositif précédent, les ressources des locataires sont soumises à un plafonnement, tout comme les loyers. La durée d'engagement est quant à elle supérieure : par principe, l'engagement est de neuf ans, mais il peut être renouvelé deux fois, par période de trois ans.

L'avantage fiscal permet une réduction d'impôt de 6 % du prix de revient pour les sept premières années, 4 % pour les deux suivantes et 2,5 % par période de prorogation. Enfin, le contribuable bénéficie d'une déduction spécifique de 30 % sur les loyers annuels perçus, avec également la possibilité d'amortir des dépenses de gros travaux.

Le crédit d'impôt sur les intérêts d'emprunt

De nos jours, ce crédit d'impôt n'existe plus. Il continue cependant de produire des effets et se retrouve encore dans les déclarations.

Il était possible de bénéficier d'un avantage fiscal sur les intérêts d'emprunt afférant à l'achat ou la construction de sa résidence principale. Ici, seules les offres de prêt émises avant le 1er janvier 2011 sont concernées pour l'achat d'un logement neuf ou en construction sous les normes BBC entre le 1er janvier 2009 et le 30 septembre 2009.

L'avantage fiscal prend la forme d'un crédit d'impôt à hauteur de 40 % des intérêts payés pendant sept ans. Les intérêts sont cependant plafonnés :

3 750 € pour une personne seule, et 7 500 € pour un couple. Ces plafonds bénéficient de majorations en cas de personne à charge ou d'un membre du foyer fiscal invalide.

L'avantage fiscal produit encore des effets puisque la période des sept ans de crédit d'impôt s'apprécie par période de douze mois consécutifs. De ce fait, en cas d'interruption dans ces douze mois, l'année ne peut être validée. Des contribuables bénéficient ainsi encore du crédit d'impôt.

*****

ACTUALITÉ COVID-19

La crise sanitaire a eu un impact sur l'immobilier. En effet, lorsque le contribuable achète en état futur d'achèvement, la plupart des dispositifs énoncent que le bien doit être achevé dans les 30 mois suivant la déclaration d'ouverture de chantier. Quant à la mise en location, elle doit intervenir dans les 12 mois suivant l'acquisition ou l'achèvement du logement.

Le confinement et la crise sanitaire n'ont pas permis le respect de ces délais. De ce fait, les ordonnances du 25 mars 2020 (n° 2020-306) et du 13 mai 2020 (n° 2020-560) ont suspendu les délais d'achèvement et de mise en location. La suspension a pris effet à partir du 12 mars 2020 et ce jusqu'au 23 juin 2020. Les délais ont été rétablis le 24 juin 2020.

EXEMPLE

Pour un immeuble acquis sous le dispositif Pinel le 12 février 2020, la mise en location doit intervenir dans les 12 mois, soit avant le 12 février 2021. Le dispositif instaure cependant une pause à cause de la crise sanitaire.

De ce fait :

- Un mois est comptabilisé au titre de 12 février 2020 – 12 mars 2020.
- Le délai est ensuite suspendu jusqu'au 23 juin 2020 et reprend le lendemain.
- Il reste donc 11 mois à partir du 24 juin 2020. La mise en location doit donc intervenir avant le 24 mai 2021.

CE QU'IL FAUT RETENIR

» Il existe **plus de 200 niches fiscales**, représentées majoritairement par des crédits et réductions d'impôt.

» Les crédits et réductions d'impôt ont pour objectif de diminuer le montant de l'impôt. Cependant, si la réduction d'impôt est supérieure au montant de l'impôt dû, l'administration ne rembourse pas l'excédent. *A contrario*, si le crédit d'impôt est supérieur au montant de l'impôt dû, l'administration rembourse l'excédent.

» **Les réductions d'impôt s'imputent toujours avant les crédits d'impôt** (dans l'intérêt du contribuable).

» Il existe un **système de plafonnement global des avantages fiscaux**, pour ne pas éluder l'impôt.

MaPrimeRénov'	Avantage fiscal accordé notamment en présence de travaux de rénovation énergétique dans sa résidence principale.	- Réaliser une demande sur le site Internet. - Aide accordée pour certains travaux. - Travaux réalisés par une entreprise RGE (sauf dispositions contraires). - Aide déterminée selon la composition du foyer fiscal, le lieu de l'immeuble et les ressources du foyer.
Le crédit d'impôt pour l'emploi d'un salarié à domicile	Permet l'octroi d'un crédit d'impôt pour les dépenses réalisées dans le cadre de l'emploi d'un salarié à domicile effectuant une prestation relevant de l'article D7231-1 du Code du travail.	- Prestation dans la résidence principale ou secondaire. - 50 % des dépenses, dans la limite de 12 000 € (sauf cas particulier).
Le crédit d'impôt pour aide aux personnes	Permet l'octroi d'un crédit d'impôt pour les dépenses réalisées pour améliorer l'accessibilité du logement.	- Conditions liées à la perte d'autonomie et/ou au handicap. - 25 % des dépenses, dans la limite de 5 000 € pour un célibataire et 10 000 € pour un couple.

Pinel	Permet de bénéficier d'une réduction d'impôt en acceptant en contrepartie de rendre le logement accessible à des loyers abordables.	- Conditions tenant au lieu de l'immeuble. - Conditions tenant aux ressources du locataire. - Conditions tenant aux loyers pratiqués. - Engagement de location de 6, 9 ou 12 ans. Taux de la réduction d'impôt : - 12 % pour 6 ans ; - 18 % pour 9 ans ; - 21 % pour 12 ans. Investissement doublement plafonné (300 000 €, dans la limite de 5 500 €/m^2).
Denormandie ancien	Semblable au dispositif Pinel, il vise la rénovation de logements anciens.	- Conditions tenant au lieu de l'immeuble. - Conditions tenant aux types de travaux et à l'emploi d'une entreprise RGE. - Les travaux doivent représenter plus de 25 % de l'investissement total. Taux de la réduction : - 12 % pour 6 ans ; - 18 % pour 9 ans ; - 21 % pour 12 ans.
Censi-Bouvard	Permet l'octroi d'un avantage fiscal en investissant dans des immeubles situés dans des résidences médico-sociales.	- Contribuable français. - Sous régime LMNP. - 11 % de réduction pendant les 9 ans d'engagement de location.
Malraux	Permet l'octroi d'un avantage fiscal en restaurant des immeubles à caractère patrimonial et architectural.	- Zones particulières. - Local à usage d'habitation ou professionnel. - Engagement de location de 9 ans minimum. Taux de 22 % ou 30 % (selon la zone) pour un montant maximal de 400 000 € sur 4 ans.
Les dispositifs disparus	Scellier. Borloo ancien. Borloo neuf / Robien recentré. Crédit d'impôt sur les intérêts d'emprunt.	

Les dispositifs étudiés

ENTRAÎNEZ-VOUS !

1. Quel dispositif permet d'obtenir un remboursement de la part de l'administration fiscale lorsque le montant de l'impôt est plus faible que l'avantage fiscal ?

- ❑ Les réductions d'impôt.
- ❑ Les crédits d'impôt.
- ❑ Le dispositif Pinel.

2. Est-ce que « Ma Prime Rénov' » peut être demandée pour des travaux réalisés dans la résidence secondaire ?

❑ Oui. ❑ Non.

3. Quel doit être le taux minimum de travaux réalisés sur le total de l'investissement pour bénéficier du dispositif Denormandie Ancien ?

❑ 10 %. ❑ 25 %. ❑ 30 %.

4. Quelles sont les zones éligibles au dispositif Pinel depuis la prolongation ? *(plusieurs réponses possibles)*

- ❑ A, Abis, B1.
- ❑ B1 et B2.
- ❑ B2 et C.
- ❑ Toutes les zones dans le cadre d'un CRSD.

5. Quel dispositif existe encore ?

- ❑ Le dispositif Scellier.
- ❑ Le dispositif Malraux.
- ❑ Le dispositif Borloo neuf.
- ❑ Le dispositif Robien recentré.

CAS PRATIQUE 1 :

Monsieur X a employé cette année un jardinier qui lui a effectué quelques petits travaux dans sa résidence secondaire. Il a payé ce jardinier 1 000 € pendant dix mois.

Peut-il bénéficier du crédit d'impôt pour l'emploi d'un salarié à domicile ? Justifiez votre réponse.

CAS PRATIQUE 2 :

Madame Y va souscrire un dispositif Pinel en 2022. L'immeuble est situé en CRSD et elle compte le louer à sa fille sous un engagement de location de six ans. Le montant de l'achat est de 250 000 €.

On précise que madame Y paye généralement 4 000 € d'impôt par an.

Madame Y peut-elle bénéficier de l'avantage Pinel ?

Quel sera le montant de la réduction d'impôt pour un engagement de six ans ?

Étudiez également la réduction d'impôt en cas de prolongation à neuf ans et douze ans.

Le dispositif est-il avantageux pour elle ?

9

QUELLE PLACE **LA TVA** OCCUPE-T-ELLE EN MATIÈRE IMMOBILIÈRE ?

OBJECTIFS À ATTEINDRE

1. Comprendre le fonctionnement de la TVA, qui est un impôt sur la consommation, et notamment appréhender la distinction entre TVA collectée et TVA déductible.
2. Maîtriser les cas dans lesquels la TVA affecte vos opérations immobilières.
3. Appréhender les incidences que cela pourrait avoir sur certaines de vos opérations à venir.

En cas de vente d'un immeuble ou de droits portant sur un immeuble situé en France, l'acheteur supporte un **droit de vente**. Il est redevable du **droit départemental d'enregistrement** (ou taxe de publicité foncière) et de la **taxe sur la valeur ajoutée** (TVA).

Dans ce thème, nous allons nous concentrer sur la TVA immobilière. Les opérations immobilières réalisées par une personne physique ou morale dans le cadre de son activité sont soumises à la TVA et obéissent à ses règles (art. 256 du CGI).

La TVA concerne les ventes d'immeubles, qu'ils soient **non achevés** (c'est-à-dire que l'achat est fait sur plan ou que l'immeuble est en voie future d'achèvement) ou **achevés depuis moins de cinq ans**. Les **terrains à bâtir** sont également concernés. Certaines livraisons d'immeubles sont exonérées de TVA, mais peuvent être imposées sur option, et d'autres opérations sont dispensées de TVA.

Avant de parler de la TVA en matière immobilière, il convient dans un premier temps de bien comprendre le mécanisme même de la TVA.

1. LES NOTIONS CLÉS POUR COMPRENDRE LA TVA

Quelques éléments de contexte

La TVA est régie par un **principe général de neutralité** pour les entreprises, qui n'ont qu'un rôle de **collecteur** tout au long de la chaîne de production et de distribution.

EXEMPLE

L'entreprise A facture à l'entreprise B une prestation de services pour 100 € HT + 20 € de TVA. L'entreprise A collecte donc 20 € de TVA qu'elle doit reverser à l'État. De son côté, l'entreprise B a 20 € de TVA déductible.
Si, en parallèle, l'entreprise A achète une table pour 50 € HT + 10 € de TVA, elle aura 10 € de TVA déductible (et le vendeur aura collecté 10 € de TVA). L'entreprise A va donc pouvoir imputer sur sa TVA collectée la TVA déductible, et ne reversera à l'État que la différence, soit TVA collectée (20) – TVA déductible (10) = 10 € de TVA à reverser à l'État français.

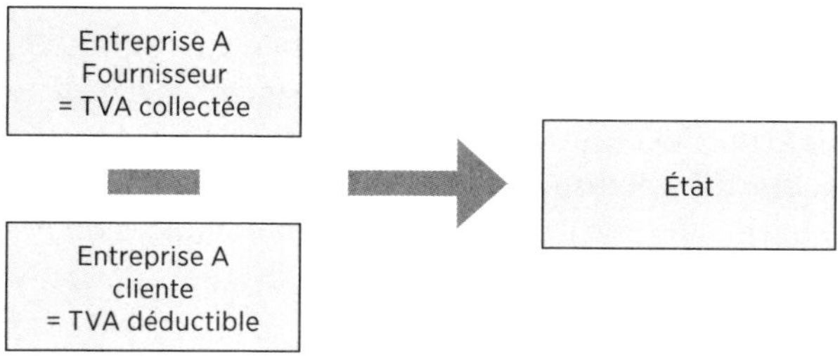

La collecte de la TVA par les entreprises

C'est en réalité le **consommateur final** qui supporte la charge de la TVA.

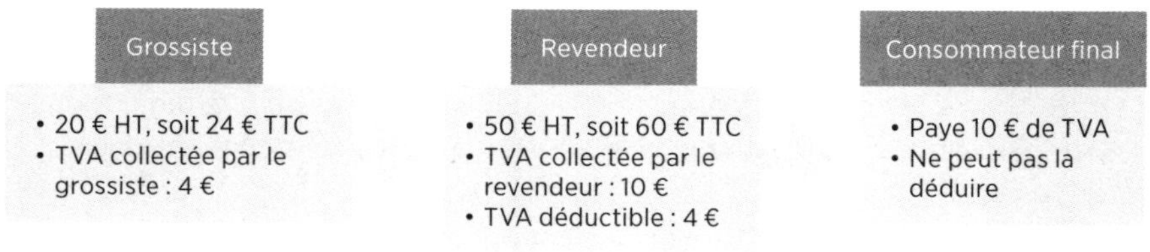

Le mécanisme de la TVA du grossiste au client final

La TVA est la plus grande source de recettes pour les États. De ce fait, elle s'est donc imposée dans beaucoup de pays comme le système de taxation favori pour les biens et les services.

Pour que la TVA s'applique, plusieurs notions sont déterminantes : il faut des **assujettis agissant en tant que tels** et effectuant des **opérations entrant dans le champ de la TVA**.

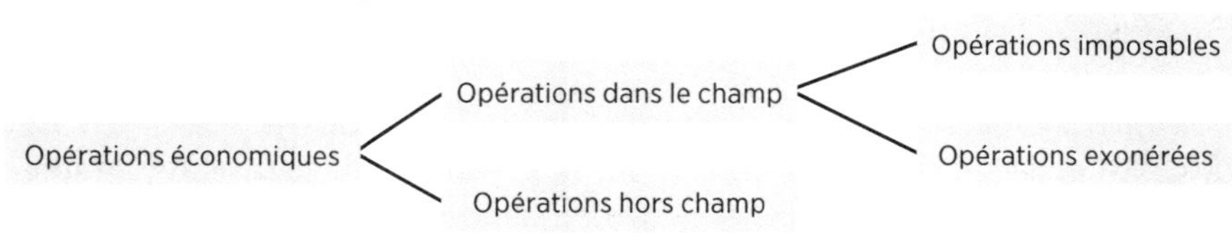

Le champ d'application de la TVA

La notion d'assujetti

Une livraison d'immeuble est imposable lorsqu'elle est réalisée par un **assujetti agissant en tant que tel**. Cette notion est fondamentale en TVA. Cela signifie que la personne physique ou morale qui vend l'immeuble exerce à titre **habituel** et de manière **indépendante** une **activité économique**, mais également que la vente intervient **dans le cadre de cette activité**.

La plupart des activités professionnelles (producteurs, commerçants, prestataires de services, activités libérales) sont concernées, peu importe leur forme tant qu'elles sont réalisées de manière **lucrative** et **permanente**. Il existe ainsi une distinction entre les opérations réalisées dans un **cadre patrimonial** et celles relevant de l'**activité économique**, même si le vendeur est un assujetti.

EXEMPLE

Un immeuble est inscrit à l'actif du bilan d'une société. S'il est rattaché à l'activité économique de la société, sa cession le fera entrer dans le champ de la TVA. Il peut s'agir par exemple des locaux dans lesquels l'entreprise exerce son activité.
Or, si la même entreprise décide de le vendre pour tirer parti d'un bien devenu étranger à son activité économique, alors la vente prendra une dimension patrimoniale et ne sera pas soumise à la TVA, puisque considérée en dehors de son champ.

Les salariés, les particuliers qui réalisent **occasionnellement** des opérations de vente ou encore les holdings pures ne sont pas considérés comme assujettis, puisque leur unique objet est l'acquisition et la détention de participations dans d'autres entreprises (ce qui n'est pas assimilé à une activité économique).

Une société holding est une société qui prend des participations financières (c'est-à-dire qui détient des parts ou des actions) dans d'autres sociétés et qui, généralement, en dirige l'activité.

Pour le cas des particuliers, l'administration considère qu'ils deviennent des assujettis à la TVA s'ils entrent dans une **démarche active de commercialisation** lorsqu'ils dépassent la dimension patrimoniale en **mobilisant des moyens** les plaçant dans une **situation de concurrence** avec des professionnels.

En ce qui concerne les sociétés transparentes, lorsque leurs parts ou actions attribuent un immeuble en propriété ou en jouissance, elles sont considérées comme agissant en tant qu'assujettis selon le contenu de leur objet, de leur composition et de leur activité.

Si la société transparente comprend des associés non assujettis et assujettis, cela ne fait pas obstacle à ce que les associés assujettis agissent comme tels lors de l'acquisition ou la vente de l'immeuble par exemple. Dans ce cas, la société doit transmettre à ces associés la quote-part de taxe afférente, selon les circonstances, au coût d'acquisition ou encore au prix de revient de l'immeuble. Dans le même sens, ces associés sont redevables de la livraison à soi-même pour la part qui leur est attribuée lorsque l'immeuble a été construit par elle.

Le cas du marchand de biens

Pour être qualifié de marchand de biens (au sens de l'article 35-1-1 du CGI), l'individu doit effectuer, de manière **habituelle** et avec une **intention spéculative** (étant entendu avec intention de revendre), des **opérations d'achat** ou de **souscription** qui portent sur des **immeubles**, des **fonds de commerce** ou des **titres de sociétés immobilières**.

Il est indifférent que cette activité soit exercée à titre professionnel ou même à titre principal. C'est la raison pour laquelle un simple particulier qui a pu commencer à effectuer des transactions immobilières dans un cadre patrimonial peut voir son statut réévalué par l'administration fiscale et, si son activité remplit les critères cités ci-dessus, peut se voir appliquer la qualité fiscale de marchand de biens, même s'il a une autre profession.

Toutefois, lorsqu'un marchand de biens professionnel effectue des opérations, celles-ci sont **présumées se rattacher à son activité commerciale**.

> Une activité principale n'est pas nécessairement professionnelle.
> L'activité exercée à titre principal représente l'essentiel des activités économiques du contribuable. Celui-ci peut très bien exercer une activité non professionnelle occupant la majorité de son temps. En d'autres termes, l'activité principale n'est pas forcément l'activité qui génère le plus de revenus, mais bien celle qui occupe le plus de temps dans la vie du contribuable.
> L'activité exercée à titre professionnel est qualifiée de telle lorsque le contribuable prend personnellement part à l'accomplissement des actes nécessaires à l'exercice de l'activité.
> Exemple : Monsieur X passe la majeure partie de son temps à gérer ses biens immobiliers (il s'agit de son activité principale), mais ses revenus sont générés par l'exploitation de son restaurant (il s'agit de son activité professionnelle).

Les marchands de biens professionnels

Même s'il effectue des opérations après la cessation de son activité commerciale, un marchand de biens professionnel **est réputé** agir dans ce cadre lorsqu'il procède à des transactions immobilières. Pour en apporter la preuve contraire, il doit démontrer que les biens vendus étaient exclus de son stock immobilier sur lequel portait son négoce. Par ailleurs, pour déterminer la qualité d'acte commercial de la transaction, il est indifférent que le bien soit inscrit à l'actif de l'entreprise ou non.

EXEMPLES

- Un marchand de biens a pu sortir de son activité commerciale des immeubles qu'il a vendus, mais dont il avait établi qu'ils avaient, à l'origine, été acquis pour des besoins personnels ou familiaux. Dès lors, leur vente peut relever d'une gestion de son patrimoine personnel et les immeubles en cause peuvent constituer sa résidence principale (CE 17 mai 1995, n° 133008).
- Pour qualifier de résidence principale un appartement, son occupation doit avoir été effective durant l'année précédant sa revente pour des motifs personnels, alors même que ledit appartement était à la vente avec d'autres appartements d'un même immeuble (CAA Nancy 3 avr. 2003, n° 99-143).
- N'est pas considéré comme un marchand de biens celui qui n'effectue pas un nombre d'achats/reventes suffisant et n'en fait pas une activité. En effet, conformément à l'article 35, I-1° du CGI, l'activité de marchand de biens consiste à acheter « habituellement » des immeubles en vue de les revendre (CE 4 août 2006, n° 276555).

Les marchands de biens non professionnels

Un individu qui effectue des opérations immobilières peut voir l'administration fiscale redéfinir sa qualité fiscale comme marchand de biens non professionnel. Ce sont les critères d'**habitude d'exercice** de ces opérations et d'**intention spéculative** qui sont appréciés en fonction des **circonstances de fait**.

La jurisprudence s'est prononcée sur la condition d'habitude. Elle doit s'apprécier en fonction de la **nature**, du **nombre**, de la **fréquence** et de l'**importance des opérations** réalisées par un individu.

EXEMPLES

- Le Conseil d'État a caractérisé la condition d'habitude dans une situation où un contribuable avait acheté un seul immeuble en bloc composé de 46 lots, l'a divisé et en a revendu 26 lots en 20 ans (CE 12 juin 1992, n° 67758 et 67759). Cela a également été le cas pour la revente dans un même immeuble de 23 lots (CE 25 avr. 2003, n° 205099).
- La Cour administrative d'appel de Lyon a rendu une décision contraire pour l'achat d'un terrain qui a été revendu en « seulement deux lots » (CAA Lyon 17 mars 2011, n° 10-846 et CE 13 juil. 2011 n° 311178). Ici, la qualité fiscale de marchand de biens n'a pas été remplie.

Pour ce qui est de l'intention spéculative, elle doit **s'apprécier au moment de l'achat**. Elle n'est pas présumée du seul fait du caractère habituel de ces transactions immobilières (CE 2 juin 2006 n° 266507). Pour apprécier cette intention, on peut prendre en compte le **délai séparant les achats et reventes**, l'**importance des profits** et la **situation géographique des biens**.

Un système d'imputation

Il faut comprendre deux notions essentielles en matière de TVA :

- **La TVA collectée :** c'est celle qui est facturée au client lors de la réalisation d'opérations qui entrent dans son champ d'application. Il peut s'agir de livraisons de biens ou de prestations de services. Celui qui facture une prestation va donc devoir collecter une partie de la somme qu'il reçoit en tant que TVA et la reverser à l'État.
- **La TVA déductible :** c'est celle qui a été facturée par un fournisseur et qui a été payée pour l'acquisition de biens ou de prestations de services. Autrement dit, la TVA déductible d'une entreprise est celle que cette entreprise paye en contrepartie d'un service ou d'un bien.

En d'autres termes, le fournisseur **collecte la TVA** : il se trouve alors en **débit de TVA** et doit donc payer au Trésor public la TVA qu'il a collectée. Le client, lui, paye la TVA à son fournisseur : il va donc pouvoir déduire **la TVA qu'il vient de verser** et se trouve en situation de **crédit de TVA**. C'est donc le Trésor qui doit lui reverser la TVA qu'il a payée.

TVA collectée – TVA déductible = TVA à reverser à l'État
(si le résultat est positif) **OU** Crédit de TVA (si le résultat est négatif)

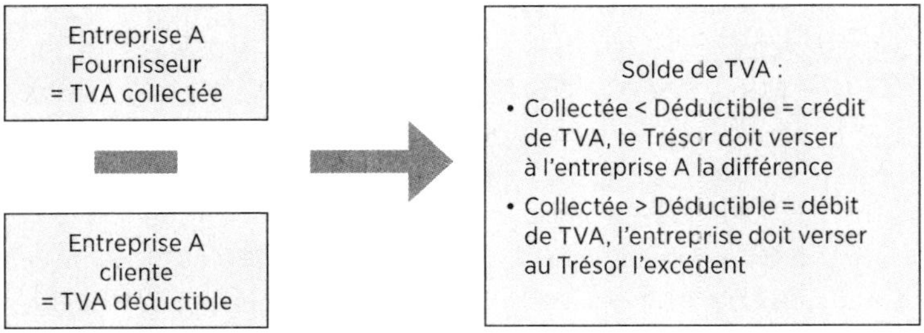

Le solde de TVA dû par les entreprises / Le crédit de TVA dû par l'État

Dans le cas d'une **opération exonérée de TVA** dans la chaîne de production et de distribution, l'assujetti qui vend l'opération exonérée ne peut pas déduire la TVA de l'opération en aval. Une opération exonérée ne veut pas dire qu'elle est imposée à un taux de 0 % car, dans ce dernier cas, il serait possible de déduire la TVA de l'opération d'aval.

EXEMPLE

Une entreprise A vend une prestation de services à une entreprise B. L'entreprise A va collecter la TVA payée par l'entreprise B. L'entreprise B dispose ainsi d'une TVA déductible.

Dans un second temps, l'entreprise B va procéder à une opération exonérée de TVA avec l'entreprise C. Elle ne collecte pas de TVA, et ne va donc pas pouvoir récupérer la TVA payée précédemment à l'entreprise A.

De son côté, l'entreprise C ne paye pas de TVA puisque l'opération est exonérée.

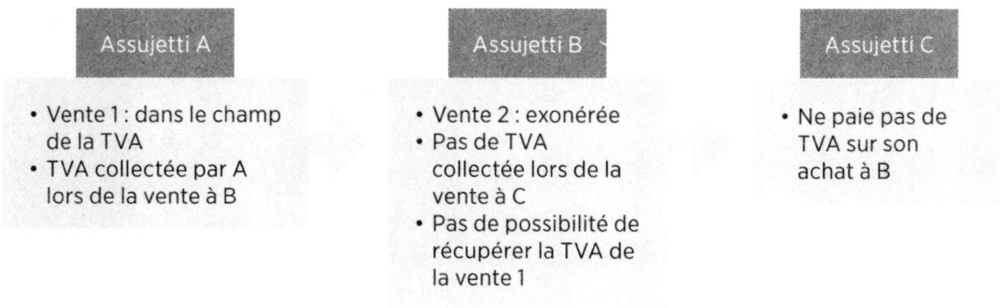

Le mécanisme de la TVA en présence d'une opération exonérée

La base taxable

Les sommes, valeurs, biens ou services sont tous concernés. Certains frais divers sont à inclure : frais d'assurances, frais de transport, frais d'emballage, certains intérêts payés par le client.

2. LE CHAMP D'APPLICATION – LES OPÉRATIONS IMMOBILIÈRES

Les livraisons d'immeubles réalisées par un assujetti agissant en tant que tel sont imposables

Toutes les **livraisons d'immeubles (terrains à bâtir et immeubles neufs)** situés **en France** et réalisées par un **assujetti agissant en tant que tel** (article 258 du CGI) entrent dans le champ d'application de la TVA. On entend par « livraison » le transfert de **pouvoir, afin de disposer de l'immeuble comme un propriétaire**. Cela concerne aussi bien les ventes ou cessions que les apports en société ou encore les fusions, scissions de société, apports partiels d'actifs ou échanges.

C'est également la qualité des parties qui détermine si cette transaction entre dans le champ de la TVA ou non. Cela dépend si l'opération est **effectuée à titre patrimonial, c'est-à-dire privé**, ou dans le cadre d'**opérations économiques liées à l'immeuble**.

EXEMPLE

Dans le cadre de la location immobilière, selon l'administration, la simple perception de loyers ne suffit pas à caractériser une opération économique imposable à la TVA par nature.

Le propriétaire doit montrer qu'il n'agit que dans le cadre d'un investissement privé en mettant en location un bien immobilier : il n'y a pas lieu de l'assujettir à la TVA s'il n'a pas l'intention de placer cette location dans une logique économique.

En d'autres termes, lorsqu'un propriétaire perçoit des loyers, il est présumé ne pas réaliser d'opération économique s'il s'agit d'un investissement privé. En revanche, si l'administration estime que c'est bien le cas et que l'investissement réalisé et la perception de loyers s'inscrivent dans une logique économique, elle doit en apporter la preuve. Si elle y parvient, la TVA est applicable.

Les terrains à bâtir

Il est ici question de terrains sur lesquels des **constructions sont autorisées au jour de la vente**, en application des règles d'urbanisme. Il peut s'agir de terrains se situant dans des zones urbaines, à urbaniser, constructibles des cartes communales, ainsi que dans des périmètres constructibles en zones naturelles et forestières. Pour ce qui est des terrains agricoles, ils sont réputés « non à bâtir », à moins qu'ils ne bénéficient d'une autorisation de construire.

En principe, le terrain à bâtir est **vierge de toute construction incorporée au sol**. Si un immeuble ou une construction s'y trouve, il faut qu'il soit impropre à tout usage, comme une ruine par exemple. Les constructions nouvelles inachevées et non utilisables de n'importe quelle manière, ou encore les immeubles achevés depuis plus de cinq ans devenus inutilisables à la suite de travaux de rénovation inachevés, sont aussi considérés comme des terrains à bâtir.

Les immeubles neufs

On considère comme neufs les immeubles achevés depuis moins de cinq ans et résultant soit d'une **construction nouvelle**, soit de **travaux sur de l'existant** qui ont consisté en une **surélévation** et qui ont **rendu à l'état neuf** soit :

- la majorité des fondations ;
- hors fondation, la majorité des éléments déterminant la résistance et la rigidité de l'immeuble ;
- hors ravalement, la majorité de la consistance des façades ;
- dans une proportion des deux tiers pour chacun d'entre eux l'ensemble des éléments de second œuvre (les planchers non porteurs ou les installations sanitaires et de plomberie, par exemple).

Le dépôt en mairie de la déclaration d'achèvement et de conformité des travaux au permis de construire constitue le point de départ du délai de cinq ans.

Les opérations imposables par assimilation à une livraison d'immeuble

Lors d'une **cession de certains droits portant sur des immeubles**, le régime est le même que celui qui serait applicable à la cession de l'immeuble sur lequel ils portent.

Il s'agit ici des droits réels immobiliers (nue-propriété, usufruit, droits indivis, droits de superficie, servitude, etc.), des droits attachés aux promesses de vente, des parts d'intérêts ou des actions permettant l'attribution, en droit ou en fait, en propriété, ou en jouissance d'un immeuble ou d'une fraction, des droits au titre d'un contrat de fiducie lorsqu'il est représentatif d'un immeuble, ou encore des droits réels attachés à un bail à construction pour le bailleur et le preneur.

CAS PARTICULIERS :

- L'extinction des droits réels immobiliers n'est pas considérée comme une opération imposable.
- Le bail à construction translatif d'un droit réel immobilier, par lequel le preneur s'engage à titre principal à ériger des constructions sur le terrain, et à en conserver le bon état pendant toute la durée du bail, est exonéré de TVA (article 261 D, 1° bis du CGI). Toutefois, le bailleur a le choix d'opter pour l'assujettissement (article 260, 5° du CGI).

Le cas des livraisons à soi-même

On entend par « livraison à soi-même » une opération où un même assujetti cumule les **qualités de fournisseur et d'acquéreur.**

Pour que le principe de neutralité de la TVA soit respecté, cette opération est aussi soumise à la TVA. Cela permet d'**éviter les distorsions de concurrence**, puisque, dans le cas contraire, l'assujetti ne disposerait pas d'un **droit à déduction complet**.

On rencontre ces situations dans les opérations d'**autoconsommation** ou d'**autofabrication**.

Les opérations non imposables

Les **livraisons d'immeubles achevés depuis plus de cinq ans** ou les **terrains qui ne sont pas à bâtir** (article 261, 5 du CGI) sont exonérés de TVA. Les cessions de droits assimilés à ces immeubles suivent le même régime.

En revanche, il est possible de les soumettre à la **TVA sur option** (article 261, 5° bis du CGI), formulée dans l'acte qui constate la mutation, et ce de manière distincte par immeuble ou fraction d'immeuble ou droit immobilier (article 201 quater de l'annexe II au CGI).

> *L'option pour la TVA consiste, pour une entreprise n'y étant pas soumise, à faire le choix d'assujettir son activité à la TVA. Il faut signaler cette option au service des impôts compétent. L'intérêt est*

généralement de collecter de la TVA pour également pouvoir déduire la TVA payée sur les dépenses de l'entreprise.

Les **transmissions d'universalité totale ou partielle de biens** (cas notamment où le ou les biens sont apportés à une société) sont dispensées de TVA. Les livraisons d'immeubles qui sont réalisées entre redevables de la TVA dans le cadre de cette transmission sont donc aussi concernées. C'est une dispense de plein droit : il est donc **impossible d'opter pour être soumis à la TVA.**

3. L'ASSIETTE DE LA TVA

Le cas des livraisons d'immeubles taxées sur le prix total

La taxation sur le prix total concerne les livraisons d'immeubles achevés depuis moins de cinq ans, de ceux achevés depuis plus de cinq ans sur option du cédant et qui ouvre droit à déduction, de terrains à bâtir dont l'acquisition a ouvert droit à déduction et de ceux non à bâtir dont l'option a été exercée par le cédant.

Le prix de vente (ou de cession), pour être utilisé comme base taxable, doit subir quelques corrections. Il doit être augmenté des **commissions des intermédiaires** qui ont été payées par l'acquéreur pour le compte du vendeur, ainsi que des **prestations supplémentaires**, **frais accessoires** et **obligations** pris en charge par l'acquéreur, mais qui incombent au vendeur.

Prix total = Prix de vente + Commissions des intermédiaires payées + Prestations supplémentaires + Frais accessoires et obligations pris en charge

Le cas des livraisons d'immeubles taxées sur la marge

La taxation sur la marge concerne les livraisons d'immeubles qui n'avaient pas ouvert de droit à déduction à leur acquisition. C'est le cas lorsque l'acquisition n'était pas soumise à la TVA ou qu'elle n'était pas mentionnée sur l'acte d'acquisition ou tout document valant facture par exemple. Les **livraisons de terrains à bâtir** et d'**immeubles achevés depuis plus de cinq ans soumises à la TVA grâce à l'option** formulée par le cédant sont concernées.

L'administration estime que cette taxation sur la marge ne s'applique que pour la revente de l'immeuble qui a gardé la **même qualification juridique**, même si les **caractéristiques physiques ont subi des modifications**.

La marge imposable est calculée en effectuant la différence entre le prix payé par le cessionnaire (comprenant les charges venues augmenter le prix) et le prix d'achat incluant les dépenses supportées par l'acquéreur à ce titre.

(Prix payé par le cessionnaire + Charges augmentative du prix) –
(Prix d'acquisition + Charges supportées par l'acquéreur au titre de son achat)
= Marge imposable

Dans le cas où la marge serait de zéro ou négative, la base d'imposition sera de zéro.

Le cas des livraisons à soi-même

Ici, la base d'imposition retenue est le **prix de revient total de l'immeuble**, y compris la valeur des terrains ou leur valeur d'apport (article 266, 2, a du CGI). Les **frais des intermédiaires** et tous les **frais généraux** engagés pour la construction sont également comptés.

En ce qui concerne les livraisons à soi-même de travaux immobiliers, la base d'imposition correspond au prix de revient total des travaux (article 266, 6 du CGI).

Le cas du bail à construction

Au regard de la TVA, ce type de bail est **assimilé à une location de terrain**. Si le bailleur formule l'option pour le soumettre à la TVA, la base d'imposition est composée :

- de la valeur du droit de reprise des immeubles qui reviendront au bailleur à la fin du bail ; l'indemnité de reprise stipulée et au profit du preneur et les loyers, d'ores et déjà soumis à la TVA, ne sont pas pris en compte ;
- du montant des loyers.

4. LES MODALITÉS D'IMPOSITION

Le fait générateur et l'exigibilité

Pour déclencher la TVA, il faut un **fait générateur**. C'est le **fait** par lequel sont **réalisées les conditions légales nécessaires pour l'exigibilité** de la taxe et il diffère selon la situation.

L'**exigibilité** est la date à laquelle le Trésor public est en droit de **réclamer le paiement de la taxe**. En ce qui concerne les livraisons d'immeubles et cessions de droit, **le fait générateur et l'exigibilité interviennent au même moment**, c'est-à-dire à la livraison du bien, qui correspond à la date de **l'acte de vente** pour les premières et au **dépôt en mairie de la déclaration d'achèvement et de conformité pour les secondes.** Dans ce dernier cas, la liquidation de la taxe (c'est-à-dire son paiement) peut être effectuée jusqu'au 31 décembre de la seconde année suivant celle au cours de laquelle l'immeuble a été achevé.

Dans le cas d'un **immeuble à construire**, la TVA est exigible au fur et à mesure des versements des sommes correspondant aux différentes échéances prévues par le contrat, en fonction de l'avancement des travaux.

Dans le cas d'un **bail à construction**, c'est la date de prise d'effet du bail qui est le fait générateur. En ce qui concerne la valeur du droit de reprise, l'exigibilité intervient à la conclusion du bail, et, en cas de versement de loyers, lors de leur encaissement effectif.

Les taux

Les opérations de **production et de livraison d'immeubles** sont soumises à la TVA au **taux normal de 20 %**.

Certaines opérations sont soumises au **taux de 10 % ou 5,5 %** quand elles interviennent dans le cadre du **logement social ou intermédiaire**. Nous ne les citerons que brièvement ici.

Pour les **opérations locatives sociales**, ce sont les caractéristiques du logement et la qualité de son financement qui sont prises en compte. La qualité du bailleur n'est donc pas un critère déterminant.

En ce qui concerne les **opérations d'accession sociale à la propriété**, pour qu'elles soient conventionnées et agréées, cela repose sur leur financement (un prêt social de location-accession ouvrant droit à l'aide personnalisée au logement [APL]) et sur l'occupation de l'immeuble à titre de résidence principale de personnes physiques aux ressources ne dépassant pas un plafond déterminé.

EXEMPLE

Un organisme HLM peut prendre la décision de vendre les logements qu'il gère aux locataires, sous certaines conditions. Pour faciliter l'accès à la propriété de ces ménages souvent modestes, l'État soutient des dispositifs comme la location-accession à la propriété immobilière ou encore le prêt social de location-accession (PSLA), qui permettent aux ménages de devenir propriétaires à moindre coût.

Ces taux peuvent également viser des logements situés dans des zones ciblées par la politique de la ville où se situe l'immeuble, ou des opérations d'accession à la propriété réalisées dans le cadre d'un bail réel solidaire. Ils peuvent aussi viser les **livraisons à des organismes déterminés de logements neufs** ou issus de **la transformation des locaux à usage de bureaux** considérés comme neufs et destinés à être occupés à titre de résidence principale. Ces livraisons doivent intervenir dans le cadre d'une opération de construction ayant fait l'objet d'un agrément préalable entre le préfet et le propriétaire ou le gestionnaire des immeubles.

Des taux particuliers s'appliquent aussi à certaines opérations dans les départements d'outre-mer ou en Corse.

LA TVA DANS L'UNION EUROPÉENNE

La TVA est un impôt qui fait l'objet d'une réglementation commune au sein de l'Union européenne. En effet, les États membres ont élaboré des règles applicables à tous. Toutefois, les taux ne sont pas similaires d'un pays à un autre. Voici les taux pratiqués au sein des pays membres de l'Union européenne :

17 % : Luxembourg
18 % : Malte
19 % : Allemagne, Chypre, Roumanie
20 % : Autriche, Bulgarie, Estonie, France, Slovaquie
21 % : Belgique, Espagne, Lettonie, Lituanie, Pays-Bas, République tchèque
22 % : Italie, Slovénie
23 % : Irlande, Pologne, Portugal
24 % : Finlande, Grèce
25 % : Croatie, Danemark, Suède
27 % : Hongrie

Il s'agit ici du taux normal. Dans certains pays, il existe également, comme en France, des taux réduits. Ces taux sont toujours susceptibles d'évoluer.

Le redevable et ses obligations

En principe, le redevable de la TVA est **le vendeur**, puisqu'il collecte la TVA en même temps que le prix de la vente. Dans le cas où le vendeur n'est pas établi en France, c'est l'acquéreur agissant en sa qualité d'assujetti qui s'en acquitte, s'il dispose d'un numéro d'identification à la TVA en France.

La TVA est acquittée par les assujettis sur leurs opérations imposables sur leur déclaration n° 3310 — CA 3.

Le droit à déduction

Dans les conditions de droit commun, la TVA venue grever les dépenses liées à la **construction d'un immeuble neuf** ou encore celle d'une **livraison à soi-même** ou des **éléments du prix de cession d'un immeuble** est déductible.

On retrouve cependant quelques spécificités :

- **Cas de la TVA sur la marge** : elle est **acquittée par l'acquéreur** et est déductible dans les conditions de droit commun si celui-ci **affecte l'immeuble à des opérations ouvrant droit à déduction** et que la **TVA est mentionnée dans l'acte de vente** qui vaut facture et qui comporte toutes les mentions obligatoires.
- **Cas des opérations normalement exonérées :** il s'agit, comme vu ci-dessus, des frais grevés de TVA et attachés à la **livraison d'un terrain non bâti** et d'un **immeuble achevé depuis plus de cinq ans**. Cette TVA ne peut être **déduite** qu'une fois que le vendeur a effectivement **exercé l'option** pour la TVA sur la livraison.
- **Cas des cessions d'immeubles non soumises à la TVA :** en principe, dans ce cas, et lorsque les frais de cession constituent un élément du prix de cession, le cédant ne peut pas déduire la TVA afférente. Il peut toutefois la déduire à raison des **frais généraux de son entreprise**, à condition qu'il puisse établir que, dans les circonstances propres à cette cession et son activité, ces frais de cession sont normalement intégrés dans les **charges courantes**.
- **Cas des régularisations :** les immeubles loués en crédit-bail ou les immeubles conservés en stock ou en attente de cession bénéficient de **règles particulières de régularisation**.

5. LES LOCATIONS IMMOBILIÈRES ET LA TVA

Les locations imposables

Parmi les locations imposables à la TVA, on trouve :

- **Les locations de locaux à usage professionnel aménagés :** elles sont soumises à la TVA sur le prix de location, que les éléments du fonds soient ou non compris dans la location. C'est le cas des locations de locaux à usage professionnel disposant de mobiliers et matériels nécessaires à l'exercice de l'activité.
- **Les locations de terrains aménagés :** elles concernent notamment les terrains de camping avec des aménagements. Il s'agit des terrains possédant des aménagements nécessaires, sans lesquels l'activité commerciale ne serait pas possible (CE, 26 déc. 2013, n° 360124).
- **Les locations d'immeubles nus réputées commerciales :** en principe exonérées de TVA, elles y sont soumises de plein droit lorsqu'elles constituent pour le bailleur la possibilité de poursuivre l'exploitation d'un actif commercial (ou encore d'accroître ses débouchés) ou lorsque le bailleur participe aux résultats de l'entreprise locataire. Pour le Conseil d'État, si le bailleur possède plusieurs locaux dans un immeuble, l'option pour la TVA ne peut être exercée que pour certains de ces locaux. Il faut simplement que l'option exercée désigne sans équivoque les locaux concernés (CE 9 sept. 2020, n° 439143). Cette jurisprudence va à l'encontre de la position de l'administration qui considère, au contraire, que l'option couvre obligatoirement tous les locaux non exclus de son champ (BOI-TVA-CHAMP-50-10, § 120).

L'AVIS DE L'EXPERT

En cas d'option pour la TVA, prenez garde à bien préciser de manière expresse, précise et sans équivoque les baux et les locaux que vous voulez soumettre à la TVA. Dans le cas contraire, l'option est présumée s'appliquer à l'ensemble des locaux qui ne sont pas exclus de son champ.

- **Les locations d'emplacements de stationnement des véhicules :** elles sont soumises à la TVA de plein droit, mais celle-ci ne s'applique pas dans certains cas, par exemple si la location est liée à celle d'un bien immeuble à usage d'habitation ou professionnel, elle-même exonérée.

L'AVIS DE L'EXPERT

C'est le cas lorsque les emplacements de stationnement sont situés dans le même ensemble immobilier et qu'ils sont l'accessoire des autres locaux qui sont l'objet principal du bail et eux-mêmes exonérés de TVA.

- **Les locations meublées :** qu'elles soient directes ou indirectes, ces locations peuvent, dans certaines situations, être soumises à la TVA de plein droit (article 261 D, 4° du CGI).

Les locations exonérées

Parmi les locations exonérées, on trouve :
- **Les locations de terres et de locaux nus :** cette catégorie comprend les locations de terres ou bâtiments dont l'usage est agricole (article 261 D, 1°) ou les locations de terrains non aménagés et les locaux nus (article 261 D, 2°). Cette exonération est sans possibilité d'option, sauf si cette location est le moyen pour le bailleur de poursuivre l'exploitation d'un actif commercial, d'accroître ses débouchés ou lorsqu'il participe aux résultats de l'entreprise. Par ailleurs, si les locations entrent dans la gestion d'un patrimoine foncier, elles sont exonérées de TVA. Si les locations sont réputées commerciales, l'exonération est levée.
- **Les locations meublées :** cette exonération concerne sans possibilité d'option, et sous réserve de certaines exceptions, toutes les locations, qu'elles soient occasionnelles, permanentes ou saisonnières, de locaux meublés ou garnis à l'usage de l'habitation.

La mise en œuvre de l'option pour la TVA

Il est possible d'opter pour la TVA lors de la **location de locaux nus** pour les **besoins de l'activité** soit **d'un preneur assujetti**, soit d'un **non-assujetti si le bail fait mention expresse de l'option par le bailleur** (article 260, 2° du CGI). Si elle n'est pas mentionnée, le locataire non assujetti peut contester le paiement de cette TVA sur ses loyers.

Cette option n'est pas possible si les locaux sont à usage d'habitation ou agricole, ainsi que sur les terrains non aménagés (sauf l'exception mentionnée ci-dessus).

L'option peut être formulée pour les **locaux utilisés pour les besoins de l'activité du preneur**, que celle-ci soit située dans le champ d'application de la TVA ou non. Autrement dit, c'est l'exercice d'une activité économique qui peut permettre l'application de l'option.

Pour opter pour la TVA, il faut adresser une **lettre simple** au service des impôts territorialement compétent, en indiquant son intention de soumettre son activité à la TVA. Il est inutile de joindre des documents justificatifs, comme un bail ou une promesse de bail. L'**immeuble** donné en location et devant être soumis à la TVA doit être **clairement visé**. En effet, la simple facturation mentionnant la TVA ou la mention de la soumission au régime réel de TVA dans la déclaration de constitution de la société ne suffit pas (CE, 23 déc. 2011, n° 323189).

L'option s'applique à compter du **1er jour du mois où elle a été formulée**, et ce jusqu'à ce qu'elle soit dénoncée (c'est-à-dire que vous souhaitez y renoncer). Elle peut également être exercée par le futur propriétaire de l'immeuble, même s'il n'en a pas encore la jouissance.

L'option ne peut être **dénoncée qu'à partir du 1er janvier de la neuvième année civile suivant celle au cours de laquelle elle a été exercée**. Cette dénonciation prend effet le premier jour du mois au cours duquel elle a été formulée.

L'AVIS DE L'EXPERT

Si vous souhaitez exercer l'option, celle-ci ne pourra pas être dénoncée avant la neuvième année civile suivant celle au cours de laquelle elle a été exercée. Il vous faut donc être certain que votre choix vous sera profitable avant d'opter pour la TVA.

ACTUALITÉ : LA TVA POUR LES MARCHANDS DE BIENS

La Cour de justice de l'Union européenne a été saisie de plusieurs problématiques en matière de TVA concernant les contribuables ayant une activité de marchands de biens. Elle s'est prononcée clairement en septembre 2021 sur deux aspects.
D'une part, depuis plusieurs mois, la question se posait de savoir si le régime de la TVA sur marge pouvait s'appliquer dans quelques cas précis, comme un terrain acheté non bâti et revendu comme terrain à bâtir. Pour ce cas particulier, la Cour de justice a clairement dit que le régime de la TVA sur marge ne peut pas s'appliquer. La TVA est donc applicable sur l'ensemble du prix.
D'autre part, concernant l'achat de terrains, puis leur division en lots, ou encore la viabilisation de terrains à bâtir avant leur revente, la TVA sur marge peut s'appliquer.

CE QU'IL FAUT RETENIR

» **Principe :** les opérations immobilières réalisées par un assujetti agissant en tant que tel dans le cadre de son activité économique sont soumises à la TVA et obéissent à ses règles.

» **Assujetti agissant en tant que tel :** la personne physique ou morale qui vend l'immeuble exerce à titre habituel et de manière indépendante une activité économique ; la vente intervient dans le cadre de cette activité, exercée de manière lucrative et permanente.

» **Marchand de biens :** la personne physique ou morale qui effectue des actes de commerce d'achat et revente d'immeubles exerce de façon habituelle et répétitive, à titre professionnel ou personnel, principal ou accessoire. La répartition des revenus, la fréquence des actes de commerce, ainsi que la pluralité ou l'importance des ventes sont prises en compte. L'intention spéculative n'est pas appréciée au moment de la revente, mais au moment de l'achat ou de la souscription.

OPÉRATIONS	TRAITEMENTS FISCAUX
Livraisons de terrains à bâtir	Imposition
Livraisons d'immeubles neufs ou de moins de 5 ans	
Livraisons d'immeubles de plus de 5 ans	Exonérées avec possibilité d'option
Livraisons de terrains non à bâtir	
Transmissions d'universalité totale ou partielle de biens	Dispense
Cessions de droits portant sur des immeubles	Même régime que celui qui serait applicable à la cession de l'immeuble sur lequel il porte
Livraisons à soi-même	Imposition
Locations de terres et de locaux nus à usage agricole	Exonérées
Locations de terrains non aménagés et de locaux nus	
Locations ou concessions portant sur des immeubles et relevant de la gestion d'un patrimoine foncier	
Locations meublées (sous réserve d'exceptions)	
Locations de locaux nus pour les besoins de l'activité, sur option	Exonérées avec possibilité d'option

Le champ d'application

OPÉRATIONS	BASES TAXABLES
Immeubles achevés depuis moins de 5 ans	Prix total corrigé
Immeubles achevés depuis plus de 5 ans sur option du cédant et qui ouvre droit à déduction	
Terrains à bâtir dont l'acquisition a ouvert droit à déduction	
Terrains non à bâtir dont l'option a été exercée par le cédant	
Immeubles achevés depuis plus de 5 ans sur option du cédant et n'ayant pas ouvert droit à déduction	La marge corrigée
Terrains à bâtir n'ayant pas ouvert droit à déduction	
Livraisons à soi-même d'immeubles	Le prix total corrigé
Livraisons à soi-même de travaux immobiliers	Le prix de revient total
Le bail à construction sur option	La valeur du droit de reprise des immeubles Le montant des loyers

L'assiette de la TVA

OPÉRATIONS	TAUX
Productions ou livraisons d'immeubles	20 %
Livraisons de terrains à bâtir et de logements sociaux	10 %
Travaux sur les logements sociaux locatifs de qualité énergétique	5,5 %
Travaux sur les logements sociaux locatifs de transformation ou d'aménagement et d'entretien	10 %
Livraisons à soi-même d'immeubles	20 % ou 5,5 %
Livraisons à soi-même d'immeubles de logements sociaux locatifs ou de terrains à bâtir réalisées au profit d'organismes HLM	10 %
Livraisons à soi-même de travaux des articles 278-0 bis A ou 279-0 bis du CGI	5,5 % ou 10 %
Livraisons à soi-même de travaux d'amélioration, de transformation, d'aménagement ou d'entretien de logements sociaux locatifs	10 %
Livraisons à soi-même de travaux pour certains logements sociaux locatifs de l'article 278 sexies, I, 2, 5,6 et 8	10 %
Livraisons et livraisons à soi-même d'établissements accueillant des personnes handicapées ou âgées	5,5 %
Livraisons et livraisons à soi-même de travaux d'extension ou pour rendre à l'état neuf l'établissement accueillant des personnes handicapées ou âgées	5,5 %
Livraisons à soi-même de travaux d'amélioration, de transformation, d'aménagement ou d'entretien des établissements accueillant des personnes handicapées ou âgées	10 % ou 5,5 %
Livraisons et livraisons à soi-même de logements devant être occupés par des titulaires de contrats de location-accession qui ont été conventionnés et agréés par le préfet	5,5 %
Livraisons et livraisons à soi-même d'immeubles et travaux réalisés pour la construction de logements dans le cadre d'une opération d'accession à la propriété à usage de résidence principale avec conditions de ressources	5,5 %
Livraisons d'immeubles et assimilées dans le cadre d'un bail réel et solidaire	5,5 %
Livraisons à des organismes de logements neufs et de logements issus de la transformation de locaux à usage de bureaux considérés comme neufs destinés à la location à usage de résidence principale dans le cadre d'une opération de construction	10 %

Attention : ce tableau est simplifié et a été épuré de toutes les conditions entourant ces opérations pour l'application de ces taux. Il n'a qu'une visée informative.

Les taux

OPÉRATIONS	MÉCANISMES DE DÉDUCTION
Livraisons d'un immeuble neuf	Droit commun
Livraisons à soi-même	
Cas de la TVA sur marge	Sous conditions, application du droit commun
Cas des opérations normalement exonérées	Qu'une fois que le vendeur a effectivement exercé l'option pour la TVA sur la livraison
Opérations non soumises à la TVA	Que les frais de cession s'ils sont intégrés dans les frais généraux de l'entreprise
Locations en crédit-bail ou immeubles conservés en stock ou en attente de cession	Règles particulières de régularisation
Autres locations imposables	Droit commun

Déductibilité

» Exercice de l'option

- Par lettre simple au service des impôts territorialement compétent.
- L'immeuble donné en location et devant être soumis à la TVA doit être clairement visé.
- Elle s'applique à compter du premier jour du mois où elle a été formulée, et ce jusqu'à ce qu'elle soit dénoncée.
- Toutes les règles relatives à l'assiette, la liquidation, le recouvrement, le contrôle et le contentieux de la TVA lui sont applicables.
- Elle ne peut être dénoncée qu'à partir du 1er janvier de la neuvième année civile suivant celle au cours de laquelle elle a été exercée. Cette dénonciation prend effet le premier jour du mois au cours duquel elle a été formulée.

ENTRAÎNEZ-VOUS !

Plusieurs réponses possibles

1. Quelle(s) affirmation(s) est (sont) exacte(s) sur la notion d'assujetti ?

❑ Il exerce à titre habituel une activité économique.

❑ C'est une personne qui réalise occasionnellement des opérations de vente.

❑ Il exerce à titre indépendant une activité économique.

2. Quel est le nom de la TVA qui est facturée au client, récupérée par l'entreprise et reversée à l'État ?

❑ La TVA déductible.

❑ La TVA collectée.

3. Parmi ces opérations, laquelle est imposable ?

❑ La location meublée (dans les cas généraux).

❑ La location de terrains non aménagés.

❑ La livraison d'immeubles neufs ou de moins de cinq ans.

❑ La location de locaux nus à usage agricole.

4. Quel taux n'est pas applicable en matière immobilière ?

❑ 20 %.

❑ 10 %.

❑ 5,5 %.

❑ 2,1 %.

5. La transmission d'universalité totale ou partielle de bien est-elle soumise à la TVA ?

❑ Oui.

❑ Non.

10

COMMENT FONCTIONNE **L'IMPÔT SUR LA FORTUNE IMMOBILIÈRE (IFI) ?**

OBJECTIFS À ATTEINDRE

1. Comprendre l'historique de l'IFI.
2. Maîtriser les cas dans lesquels vous pourriez être assujetti à l'IFI, au regard du patrimoine immobilier dont vous disposez ou que vous êtes en train de construire.
3. Connaître les cas permettant de réduire son assiette d'IFI, et donc potentiellement de réduire voire de ne plus être assujetti à cet impôt malgré un patrimoine immobilier important.

L'impôt sur la fortune immobilière (IFI), prévu aux articles 964 et suivants du CGI, a remplacé l'impôt de solidarité sur la fortune (ISF) depuis la loi de finances pour 2018. Cet impôt englobe désormais uniquement les actifs immobiliers, alors que l'ISF prenait en considération l'ensemble du patrimoine du contribuable (immobilier comme financier). Cette évolution a permis la division par deux du nombre de personnes assujetties à cet impôt sur la fortune. On comptait en 2017 près de 358 000 assujettis à l'ISF, alors que seules 150 000 personnes étaient redevables de l'IFI en 2018.

L'IFI est entré en vigueur au 1er janvier 2018, date qui marque donc également la suppression de l'ISF. Pour y être soumis, il faut que le contribuable, **personne physique**, possède un **patrimoine immobilier net** dépassant **1,3 million d'euros** au **1er janvier** de l'année d'imposition. Le patrimoine est évalué au niveau du **foyer fiscal**, concubin compris, et l'impôt est calculé selon un **barème progressif par tranche**, dont le montant peut être déduit à condition d'avoir effectué des dons à des organismes. Un mécanisme de **plafonnement** peut venir corriger l'impôt.

1. QUELLES SONT LES PERSONNES IMPOSABLES À L'IFI ?

Un foyer fiscal élargi

Pour apprécier si le seuil d'imposition à l'IFI est atteint, il faut additionner les **actifs immobiliers** appartenant à **chaque membre du foyer fiscal** au 1er janvier de l'année d'imposition. L'évaluation du patrimoine se fait donc au niveau du foyer fiscal, **concubin compris**, ce qui le différencie de la notion du foyer fiscal du point de vue de l'impôt sur le revenu. En effet, pour rappel, dans l'impôt sur le revenu, les concubins forment chacun leur propre foyer fiscal (voir Thèmes 1 et 2).

On parle ici de **concubinage notoire**. Une personne qui, unie de fait avec une autre personne, décide de vivre sous le même toit qu'elle, sans qu'elles soient mariées ou pacsées, se trouve en état de concubinage au sens de l'IFI. L'union doit être stable et continue. Juridiquement, cette situation n'engage aucune obligation et, fiscalement, elle n'est prise en compte que pour le calcul de l'IFI. Précisons que les époux et pacsés sont solidairement tenus au paiement de l'IFI, alors que ce n'est pas le cas des concubins.

Si des **enfants mineurs** possèdent des biens immobiliers entrant dans le champ d'application de l'IFI et que l'un ou l'autre des parents en a l'administration légale, il faut également inclure ces biens dans le patrimoine taxable. S'ils sont **majeurs**, rattachés ou non au foyer fiscal des parents, leurs biens n'entrent pas dans le patrimoine taxable à l'IFI. À l'inverse de l'impôt sur le revenu, pour lequel les enfants majeurs peuvent être rattachés au foyer fiscal jusqu'à 25 ans (sous respect de certaines conditions), le foyer fiscal de l'IFI se compose autrement. Ainsi, l'enfant majeur constitue, au titre de l'IFI, un foyer séparé de ses parents, quand bien même il intégrerait, au titre de l'impôt sur le revenu, le foyer de ses parents.

L'AVIS DE L'EXPERT

Si vous êtes divorcé ou séparé et que vous exercez l'autorité parentale en commun, vous pouvez déclarer uniquement la moitié de la valeur du bien détenu par l'enfant, pour éviter les doubles impositions.
Si vous êtes marié, il existe deux cas vous affranchissant de la déclaration commune :

- vous êtes marié sous le régime de la séparation de biens et vous ne vivez pas sous le même toit au 1er janvier de l'année d'imposition ;
- vous êtes en instance de divorce (ou de séparation de corps), le juge vous a autorisé à vivre séparément et vous ne vivez plus ensemble au 1er janvier de l'année d'imposition.

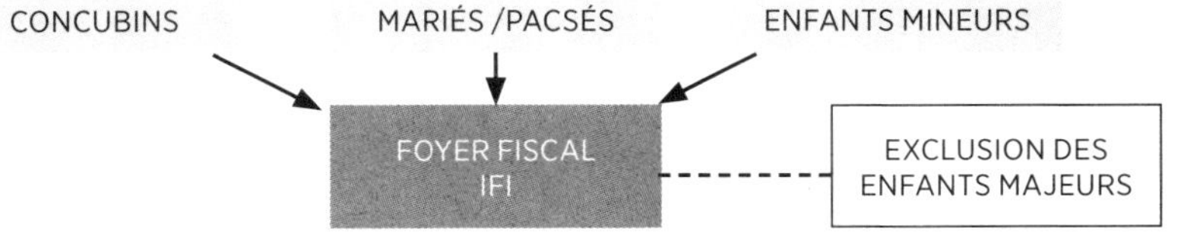

Personnes imposables à l'IFI

La détermination du lieu du foyer fiscal

Deux situations sont possibles :

- Le contribuable possède son **domicile fiscal en France** : dans ce cas, l'assiette de l'IFI est composée de **tous ses actifs immobiliers français et étrangers**.
- Le contribuable est **résident fiscal étranger** : dans ce cas, il n'est redevable de l'IFI que si son **patrimoine immobilier français** dépasse 1,3 million d'euros.

Dans les deux cas, le redevable de l'IFI est imposé sur ses biens immobiliers, qu'il les possède **directement ou indirectement**.

Domiciliation fiscale en France ou à l'étranger

Le transfert du domicile fiscal à l'étranger en cours d'année n'a pas d'incidence sur l'impôt dû pour l'année du transfert. En effet, c'est au 1er janvier de l'année suivante que cet événement sera pris en compte, date du fait générateur de l'IFI.

Il est nécessaire d'analyser la situation de **chacun des membres du foyer fiscal**, afin de déterminer le lieu de leur domiciliation fiscale et donc l'étendue de leurs obligations fiscales au regard de l'IFI.

EXEMPLE

Prenons un foyer fiscal composé de deux parents et de deux enfants mineurs, dont les parents ont l'administration légale des biens immobiliers. Lorsqu'un des parents est domicilié fiscalement en France et l'autre à l'étranger, les biens que ce dernier parent détient et qui sont situés à l'étranger ne sont pas intégrés dans l'assiette de l'IFI. Cependant, si les enfants, domiciliés en France, possèdent des biens immobiliers en France et à l'étranger, c'est la totalité du patrimoine qui est taxable à l'IFI.

Notons que si l'enfant n'est pas domicilié en France, seuls les biens qu'il détient et qui sont situés en France sont imposables à l'IFI.

Domiciliation fiscale en France ou à l'étranger : cas des enfants

Le contribuable qui transfère son domicile fiscal en France après avoir été domicilié à l'étranger les cinq années passées constitue un cas particulier. Il ne sera imposable que sur ses biens immobiliers français au cours des cinq années qui suivent son retour en France. Autrement dit, l'assiette de l'IFI ne prend en considération que ses biens immobiliers situés en France. Sur ce sujet, il faut bien entendu se pencher sur la convention fiscale existant entre la France et le pays dans lequel résidait auparavant le contribuable.

Le cas des conventions fiscales bilatérales

Dans le cas où un résident fiscal français possède des biens immobiliers à l'étranger, ou dans le cas d'un non-résident possédant des biens immobiliers en France, des conventions fiscales bilatérales règlent bien souvent les potentiels cas de double imposition. En principe, toutes les conventions signées par la France et qui visaient l'ISF sont transposables à l'IFI. Ces accords doivent faire référence aux impositions sur la fortune, avec des dispositions permettant de déterminer leurs modalités d'imposition. En cas de double imposition, ou quand la convention fiscale bilatérale avec le pays concerné prévoit un partage du droit d'imposition entre les deux pays (lorsque le pays de résidence est différent du pays de situation du bien immobilier), le CGI prévoit que « *le montant des impôts dont les caractéristiques sont similaires à celles de l'impôt sur la fortune immobilière acquitté, le cas échéant, hors de France est imputable sur l'impôt exigible en France* » (article 980).

2. QUEL EST LE PATRIMOINE IMPOSABLE À L'IFI ?

Les biens entrant dans le champ de l'IFI

Tous les **biens immobiliers** et **droits immobiliers** sont taxables, y compris les **titres** possédés pour la **fraction de leur valeur correspondant à des biens immobiliers**. La forme sociale, le régime fiscal, le lieu d'établissement ou le fait qu'ils soient détenus directement ou indirectement n'a aucune incidence.

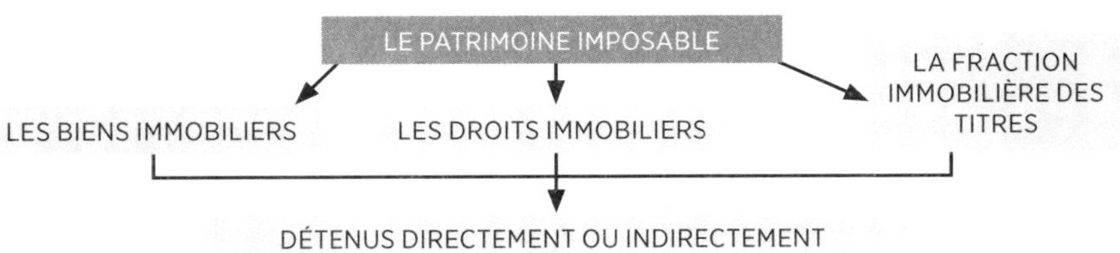

Le patrimoine imposable

Les **droits détenus dans des organismes de placement collectif** (SICAV, FCP, FPI, SPPICAV, etc.) entrent également dans le patrimoine imposable.

Le **constituant** ou le **bénéficiaire réputé être constituant de fiducie ou de trusts dans lesquels ont été placés des biens ou droits immobiliers** se voit imposer sur leur valeur vénale au 1er janvier.

Les biens bâtis et non bâtis sont donc inclus, peu importe leur usage et leur nature. Ceux faisant l'objet d'un crédit-bail ou d'un contrat de location-accession à la propriété sont aussi compris dans les immeubles à déclarer (BOI-PAT-IFI-20-20-30-30).

L'assiette taxable de l'usufruitier comprend également les **actifs immobiliers grevés d'usufruit** pour leur valeur en pleine propriété (article 968 du CGI).

> *Lorsque l'on parle d'un bien grevé d'usufruit, cela signifie qu'un démembrement de propriété a eu lieu. En d'autres termes, la propriété du bien a été répartie entre l'usufruitier et le nu-propriétaire. En matière d'IFI, on indique donc simplement que c'est dans le patrimoine de l'usufruitier que le bien immobilier concerné est comptabilisé, et ce pour sa valeur en pleine propriété.*

Dans le cas d'une vente d'un bien immobilier, si une promesse unilatérale de vente a été signée avant le 1er janvier, le bien se trouve toujours dans le patrimoine taxable du vendeur. Pour qu'il en soit retiré, il faut qu'il fasse l'objet d'une promesse synallagmatique de vente (dans laquelle les deux parties s'engagent à conclure la vente) dont les conditions suspensives ont été levées.

En ce qui concerne les **biens immobiliers à usage mixte**, seule la partie utilisée à titre privé doit être déclarée.

Les biens exonérés

Les actifs immobiliers affectés à l'exercice professionnel et nécessaires pour l'exploitation de l'activité principale du contribuable sont exonérés (article 975 du CGI). Pour cela, l'activité doit être exercée à titre individuel ou par le biais d'une société de personnes soumise à l'impôt sur le revenu. Par ailleurs, l'activité doit être de nature industrielle, commerciale, artisanale, agricole ou libérale, et son exercice doit correspondre à une véritable profession (BOI-PAT-IFI-30-10-20, n° 10 et 20).

L'AVIS DE L'EXPERT

Les activités de gestion du patrimoine privé immobilier qui sont considérées comme des activités commerciales entrent dans le champ de l'exonération. C'est votre cas si vous louez directement ou indirectement des locaux d'habitation meublés ou destinés à être loués ainsi, que cette activité est exercée à titre principal, que vos recettes annuelles sont supérieures à 23 000 € et qu'elles représentent plus de 50 % des revenus de votre foyer fiscal (c'est-à-dire si vous êtes loueur meublé professionnel).
Dans le cas où l'activité est exercée par le biais d'une société ou d'un organisme, les deux dernières conditions ne sont pas applicables.

Ce sont ici les biens rattachés à l'activité opérationnelle de la société ou d'une société membre de son groupe qui sont visés. Pour être considérée comme **activité principale**, l'activité doit être habituelle, constante et exercée à but lucratif. Il n'existe aucune condition liée à l'activité de la société.

EXEMPLE

Un contribuable détient 50 % des parts d'une société, dont 100 % des parts sont évaluées à 1 million d'euros.
La société possède dans son actif un immeuble imposable à l'IFI d'une valeur de 400 000 €.
La totalité des actifs de la société s'élève donc à 1,4 million d'euros.
L'immeuble est affecté à deux types d'activité :

- 800 m² sont affectés à l'activité commerciale ;
- 200 m² sont affectés à la gestion du patrimoine propre du contribuable.

Pour déterminer la valeur imposable de l'immeuble, il faut effectuer le calcul suivant :

$$\text{Valeur de l'immeuble} \times \frac{\text{Superficie pour l'activité non éligible}}{\text{Superficie totale du bien}}$$

Soit, dans ce cas, $400\,000 \times \frac{200}{1\,000} = 80\,000$ €.

Il faut maintenant déterminer le coefficient représentatif de la fraction imposable des parts de la société :

$$\frac{\text{Valeur imposable de l'immeuble}}{\text{Valeur totale des actifs de la société}}$$

Soit, dans ce cas, $\frac{80\,000}{1\,400\,000}$.

Il faut maintenant calculer l'assiette de l'IFI en fonction des parts détenues par notre contribuable :

$$1\,000\,000 \times 50\,\% \times \left(\frac{80\,000}{1\,400\,000}\right) = 28\,571\text{ €}$$

C'est cette somme qui sera intégrée dans l'assiette de l'IFI, pour ce contribuable, au titre des parts qu'il détient dans cette société.

L'AVIS DE L'EXPERT

Face aux difficultés évidentes que peut présenter la détermination de la valeur imposable des titres, l'administration fiscale admet qu'un redevable de bonne foi minoritaire puisse démontrer qu'il n'était pas possible pour lui de disposer des informations lui permettant d'estimer la fraction de la valeur de ses parts ou actions qui représente l'immobilier détenu indirectement.
Dans ce cas, aucun rehaussement ne sera effectué, sauf si le contribuable ou un membre de son foyer fiscal se réserve, en fait ou en droit, la jouissance desdits biens ou des droits immobiliers détenus indirectement.
Si le taux de détention du foyer fiscal est supérieur à 10 % du capital ou des droits de vote de ladite société, le bénéfice de cette clause de sauvegarde ne sera pas possible.

Dans le cas où l'activité est exercée dans une société soumise à l'impôt sur les sociétés (IS), concernant les biens ou droits immobiliers que le redevable – gérant, dirigeant ou associé – détient directement ou indirectement par le biais de titres, la valeur de ces derniers correspondant à la fraction représentative de ces biens sont exonérées (article 965 du CGI).

Plusieurs conditions tenant au caractère normal de la rémunération, aux parts dans les revenus de l'intéressé ou aux participations détenues (article 975, III du CGI) doivent être respectées, malgré quelques exceptions relatives au seuil de détention des participations.

Il existe enfin des exceptions légales à l'imposition, dans le cas d'**activités de gestion de son patrimoine immobilier**. Lorsque ces activités sont considérées comme commerciales, elles sont exonérées au même titre que les actifs professionnels.

Les personnes concernées sont celles qui **louent directement ou indirectement des locaux à usage d'habitation meublés ou destinés à l'être**. À ce titre, il faut que cette activité soit l'**activité principale** du contribuable et qu'elle permette de dégager **plus de 23 000 € de recettes annuellement** (si l'activité est déficitaire malgré des recettes supérieures à ce montant, l'exonération n'est pas applicable). Par ailleurs, cette activité doit représenter **plus de 50 % des revenus du foyer fiscal** auquel le contribuable appartient et qui sont soumis à l'impôt sur le revenu, c'est-à-dire ceux relevant des traitements et salaires, des BIC, BA, BNC et des revenus de gérants et associés.

Si l'activité est exercée par l'intermédiaire d'une société, les deux dernières conditions ne sont pas applicables et les biens immobiliers loués meublés nécessaires à l'exploitation de la société dans laquelle le contribuable exerce son activité principale sont exonérés.

Il existe des exonérations liées à certains biens ou droits immobiliers. Il s'agit notamment des **régimes d'exonérations applicables aux bois et forêts** (nous n'entrerons pas dans les détails ici). Toutefois, certaines exonérations qui étaient prévues par l'ISF ne sont plus applicables pour l'IFI. C'est par exemple le cas de l'exonération partielle des titres faisant l'objet d'un pacte Dutreil.

LE PACTE DUTREIL

Le pacte Dutreil est un dispositif prévu par la loi, qui permet de faciliter la transmission d'une entreprise, avec une exonération partielle des droits de mutation dus lors de la transmission.

3. QUELLES SONT LES RÈGLES D'ÉVALUATION ?

La valorisation des biens imposables

C'est la **valeur vénale** des biens taxables au 1er janvier de l'année d'imposition qui est retenue. Elle correspond à la valeur à laquelle le bien pourrait être vendu cette année.

Certains biens, en fonction de leur nature, bénéficient toutefois d'une valorisation différente. C'est par exemple le cas de la résidence principale, dont la valeur retenue bénéficie d'un **abattement de 30 % sur sa valeur**

vénale. Autrement dit, l'assiette de l'IFI intègre seulement 70 % de la valeur de la résidence principale.

Notons que si plusieurs membres du foyer fiscal possèdent des **résidences principales différentes**, une seule d'entre elles peut bénéficier de l'abattement, sauf dans les cas où les époux font l'objet de déclarations séparées (cas mentionnés dans le Thème 1). Dans ce cas, ils peuvent appliquer l'abattement sur leurs résidences principales respectives.

Pour être considérée comme telle, la résidence principale doit être le lieu de **résidence habituelle et effective du contribuable**. C'est l'endroit où celui-ci réside pendant la majeure partie de l'année.

Le dispositif concerne également les parts de société dont les associés sont considérés comme étant **directement propriétaires** des logements qui correspondent à leurs droits. En ce qui concerne l'**usufruitier**, qui a déclaré pour sa valeur vénale réelle en pleine propriété le logement qu'il occupe à titre de résidence principale, il peut bénéficier de l'abattement de 30 %. Par ailleurs, afin de tenir compte de l'incidence qu'a l'occupation d'un immeuble sur sa valeur, une décote de 10 à 40 % peut s'appliquer en fonction de la nature du bail.

L'AVIS DE L'EXPERT

Si votre immeuble est occupé et qu'il est également détenu en indivision (hors indivision matrimoniale), les deux décotes peuvent être cumulées.

Un immeuble, même en construction, doit être évalué pour qu'il soit pris en compte dans le patrimoine taxable à l'IFI. Sa valorisation dépend de l'état d'avancement des travaux.

Pour évaluer des **valeurs mobilières représentant des actifs immobiliers**, lorsque celles-ci sont **cotées**, c'est le dernier cours connu au 1er janvier de l'année d'imposition qui est retenu ou la moyenne des 30 derniers cours précédents.

Une société est cotée lorsqu'elle est autorisée à émettre des actions et à les faire vendre sur un marché financier.

Si les sociétés ne sont **pas cotées**, et comme elles ne sont imposables que pour la fraction de la valeur représentant des biens ou des droits immobiliers imposables détenus directement par la société, il faut que le contribuable détermine la **valeur vénale des titres,** à laquelle est appliqué un **coefficient de taxation qui correspond au ratio immobilier de la société**. Par ailleurs, si la société a des dettes à son passif, il est interdit de les prendre en compte pour la valorisation des titres, à moins que le redevable puisse justifier qu'un prêt n'a pas été contracté dans un objectif principalement fiscal (article 973, II, 1°, 2° et 4°).

Si le contribuable possède uniquement l'**usufruit de l'immeuble**, c'est la fraction de la valeur en **pleine propriété** qui correspond aux droits qui doit être prise en compte.

Le passif à déduire

C'est la **valeur nette du patrimoine** qui est imposable. Les dettes immobilières des biens taxables sont donc à déduire lorsqu'elles existent au 1er janvier de l'année d'imposition. Les dettes relatives à des biens en dehors de l'assiette de l'IFI, ou même exonérées, ne doivent pas être prises en compte. Quant aux biens qui ne sont que partiellement soumis à l'IFI, ils peuvent voir leur dette admise à proportion de leur valeur taxable. Pour être prises en compte, les dettes doivent être à la **charge personnelle du redevable**.

Les dettes déductibles (article 974 du CGI)

Les dettes déductibles sont liées aux :

- **dépenses d'acquisition** des biens ou droits immobiliers, comme les emprunts en cours de remboursement ;
- **dépenses de réparation et d'entretien d'un logement à la location** dont le remboursement n'a pas pu être obtenu au 31 décembre de l'année de départ de l'occupant ;
- **dépenses d'amélioration, de construction, de reconstruction ou d'agrandissement** ;
- **impôts dus au titre des propriétés immobilières** autres que ceux à la charge du locataire ;
- **emprunts destinés à financer la résidence principale** ; dans ce cas, ils sont déductibles dans leur totalité, sans pouvoir dépasser la valeur taxable du logement, c'est-à-dire dans la limite de 70 % de la valeur vénale réelle du bien.

Les dettes déductibles partiellement

Il s'agit, par exemple, des dettes liées à des **prêts dont il n'existe pas de termes pour le remboursement du capital**. Elles peuvent être déduites par reconstitution d'un amortissement sur 20 ans.

Les dettes non déductibles

Les dettes non déductibles correspondent à celles qui ont été contractées **avec un des membres du foyer fiscal au sens de l'IFI** ou **auprès de l'un des proches d'un des membres dudit foyer fiscal**, sauf s'il est possible pour le contribuable de justifier des conditions normales de prêt, comme le montant et l'effectivité des remboursements.
Il en est de même si le prêt est contracté avec une société ou un organisme interposé.

Le plafonnement du passif déductible

Si le **patrimoine taxable excède 5 millions d'euros**, la dette déductible est **réduite de moitié si elle dépasse 60 % de la valeur du patrimoine**.

EXEMPLE

Un contribuable possède un patrimoine taxable à l'IFI valorisé à 6 millions d'euros. Les dettes déductibles s'y rattachant s'élèvent quant à elles à 4 millions d'euros l'année d'imposition.
Il faut déterminer quels sont les 60 % de 6 millions, soit 3,6 millions d'euros.
La fraction supérieure de dettes déductibles sera divisée par deux.
On applique la formule suivante : $3{,}6 + \left(\frac{4 - 3{,}6}{2}\right)$, ce qui donne un passif déductible de 3,8 millions d'euros.
L'assiette taxable est donc de 6 – 3,8 = 2,2 millions d'euros.

4. COMMENT CALCULER LE MONTANT DE L'IFI ?

Le barème progressif (article 977 du CGI)

L'impôt est calculé selon un barème progressif propre à l'IFI. Le calcul de l'impôt s'effectue à partir de la fraction du patrimoine taxable qui dépasse 800 000 €, même si le seuil d'assujettissement est de 1,3 million d'euros.

VALEUR NETTE TAXABLE DU PATRIMOINE	TAUX APPLICABLE	CALCUL RAPIDE
≤ 800 000 €	0 %	-
> 800 000 ≤ 1 300 000 €	0,50 %	-
> 1 300 000 ≤ 2 570 000 €	0,70 %	(P × 0,007) – 6 600 €
> 2 570 000 ≤ 5 000 000 €	1 %	(P × 0,01) – 14 310 €
> 5 000 000 ≤ 10 000 000 €	1,25 %	(P × 0,0125) – 26 810 €
> 10 000 000 €	1,50 %	(P × 0,015) – 51 810 €

P = patrimoine

Barème progressif propre à l'IFI

EXEMPLE

Supposons un patrimoine net taxable de 3 millions d'euros.

Il s'agit d'un barème progressif, donc les premières tranches sont toujours utilisées. La logique est la même que pour l'impôt sur le revenu.

Le calcul à réaliser est le suivant :

(1 300 000 – 800 000) × 0,50 %

+

(2 570 000 – 1 300 000) × 0,70 %

+

(3 000 000 – 2 570 000) × 1 %

Montant de l'IFI à payer : 15 690 €.

Le mécanisme de la décote

Pour éviter les effets de seuil, c'est-à-dire l'augmentation brutale de l'impôt lorsqu'un contribuable franchit le seuil d'assujettissement, un mécanisme de décote est applicable pour les patrimoines **taxables compris entre 1,3 et 1,4 million d'euros**.

EXEMPLE

Sans mécanisme de décote, un contribuable ayant un patrimoine taxable s'élevant à 1,29 million d'euros ne sera pas imposable à l'IFI, alors que celui dont le patrimoine taxable s'élève à 1,31 million d'euros devra payer 2 570 € d'impôts au titre de l'IFI.

La formule applicable est la suivante :

(17 500 – (1,25 % × Patrimoine net taxable))

EXEMPLE

Pour un patrimoine de 1,35 million d'euros :

- Selon le barème, entre 800 000 € et 1 300 000 €, le taux de taxation est de 0,5 %, donc 2 500 €.
- Entre 1 300 000 € et 1 350 000 €, le taux de taxation est de 0,7 %, donc 350 €.

Voici le détail du calcul :

1 300 000 - 800 000 = 500 000 € taxés à 0,5 %

1 350 000 - 1 300 000 = 50 000 € taxés à 0,7 %

Pour appliquer la décote :

(17 500 - (1,25 % × 1,35 M€)), soit 17 500 - 16 875 = 625 €

Le montant de l'IFI est alors de :

2 500 + 350 - 625 (décote) = 2 225 €.

Les réductions d'impôt (article 978 du CGI)

Les dons

En cas de versement de dons à des **organismes d'intérêt général**, une réduction d'impôt s'élevant à **75 % des sommes versées** peut être déduite de l'IFI, dans une **limite de 50 000 €**. Il s'agit des dons versés entre le dépôt de la dernière déclaration d'IFI et celle de l'année d'imposition.

En matière de dons, plusieurs **conditions** doivent être respectées, et les organismes bénéficiaires sont limitativement énumérés – si bien que des dons à d'autres associations d'utilité publique n'ouvrent pas droit à cette réduction d'IFI. Il n'est cependant **pas possible de compter ces dons dans les réductions d'impôt sur le revenu** s'ils sont déclarés au titre de l'IFI, car cela reviendrait à les déduire deux fois. Toutefois, il est possible de déduire les dons en partie sur l'impôt sur le revenu et sur l'IFI. En d'autres termes, un même don peut être comptabilisé à la fois sur l'impôt sur le revenu et sur l'IFI, à condition qu'il soit fractionné.

EXEMPLE

Vous faites un don de 60 000 € :

- Vous pouvez imputer 50 000 € sur votre IFI et bénéficier d'une réduction d'impôt de 75 %.

- Les 10 000 € restants peuvent être imputés sur l'impôt sur le revenu, pour bénéficier d'une réduction de 66 %. Il convient tout de même de vérifier que ce montant ne dépasse pas 20 % du revenu imposable. Dans ce cas, il ne faut déclarer que la fraction du don ne dépassant pas ce seuil.

L'imputation de l'IFI acquitté à l'étranger

Lorsque le contribuable a son domicile fiscal en France et qu'il possède des biens à l'étranger soumis à l'ISF du pays étranger et des biens immobiliers en France soumis à l'IFI français, une situation de double imposition peut naître en l'absence de convention internationale. Pour éviter cette situation, l'impôt payé à l'étranger sur les biens étrangers qui ont aussi été taxés en France peut être imputé sur l'IFI dû en France.

Pour cela, l'imputation a lieu si le bien visé par l'ISF étranger est compris dans l'assiette de l'IFI français pour la même année d'imposition. Par ailleurs, l'impôt imputable qui a été acquitté hors de France est limité à la fraction de l'IFI français afférant aux biens situés hors de France.

EXEMPLE

Montant de l'ISF payé à l'étranger : 1 000 €.
Montant de l'impôt dû en France : 3 000 €.
Montant effectivement payé en France : 3 000 – 1 000 = 2 000 €.
C'est la convention fiscale conclue par la France avec le pays en cause qui rend ou non possible cette imputation de l'impôt déjà payé à l'étranger.

C'est l'annexe 6 n° 2042-IFI qui permet de déterminer le montant de l'impôt étranger imputable sur l'impôt français.

L'AVIS DE L'EXPERT

Si vous êtes dans cette situation et que l'impôt étranger est acquitté avant le paiement de l'IFI français, il peut être directement imputé sur l'impôt français. Si vous n'avez pas de pièces justificatives sur l'impôt payé à l'étranger au moment de la souscription de votre déclaration, vous pourrez ultérieurement demander une restitution.

Le plafonnement de l'impôt (article 979 du CGI)

Le mécanisme de plafonnement permet d'**éviter que le montant d'impôt payé au titre de l'IFI, de l'IR, des prélèvements sociaux et d'autres contributions ne dépasse 75 % des revenus de l'année précédente d'un contribuable**, qu'ils soient de source française ou étrangère, exonérés ou ayant fait l'objet d'un prélèvement libératoire, déduction faite des frais professionnels et déficits. Les abattements des pensions et rentes viagères à titre gratuit ou ceux des dividendes ne sont pas pris en compte. Si un contribuable est dans ce cas, l'**IFI sera réduit de la différence**.

Ce plafonnement est applicable pour le contribuable qui a son domicile fiscal en France au 1er janvier de l'année d'imposition. Cela signifie que si son domicile fiscal est déplacé en France en cours d'année, il ne pourra pas prétendre à ce plafonnement.

LA CLAUSE ANTI-ABUS

Lorsque le redevable contrôle une société soumise à l'IS et dans laquelle des revenus ont été distribués, ces revenus seront potentiellement réintégrés dans le calcul du plafonnement si l'existence de cette société, et le fait d'y recourir, a pour objet principal d'éluder tout ou partie de l'IFI et va à l'encontre de l'objet ou de la finalité du mécanisme du plafonnement.

Pour appliquer cette clause dite anti-abus, il faut en outre que les revenus distribués soient thésaurisés en tout ou partie à l'actif de la société. Ils ne doivent pas être entièrement distribués à ses associés.

Ainsi, il convient d'être prudent lorsqu'un contribuable contrôle une société soumise à l'IS. L'administration fiscale pourrait en effet réintégrer certains revenus dans le calcul du plafonnement si :

- L'existence de la société, et le fait d'y recourir, a pour objet principal d'éluder tout ou partie de l'IFI en bénéficiant d'un avantage fiscal.
- L'existence de la société va à l'encontre de l'objet ou de la finalité du mécanisme du plafonnement.

5. LES OBLIGATIONS DÉCLARATIVES

Au 1er janvier de l'année d'imposition, si le patrimoine immobilier tel que délimité dans le présent thème excède 1,3 million d'euros, sa valeur doit être déclarée dans la déclaration des revenus, où la case « Impôt sur la fortune » doit être cochée dans la rubrique « Divers ».

C'est sur la **déclaration n° 2042-IFI** que doivent être mentionnés les montants de la valeur brute et de la valeur nette taxable du patrimoine. Si la déclaration est faite sur papier, vous pouvez le faire sur n'importe quelle déclaration des membres du foyer fiscal au sens de l'IFI.

Pour son paiement, c'est en vertu d'un rôle rendu exécutoire qu'il est recouvré. Il est exigible **30 jours après la date de mise en recouvrement du rôle**. L'avis d'imposition mentionne le montant total d'impôt à payer, les conditions d'exigibilité, la date de mise en recouvrement et la date limite de paiement. **En dessous de 300 €**, le paiement peut être effectué par tout moyen de paiement traditionnel, comme le numéraire, un chèque, un TIPSEPA, une carte bancaire dans un centre des finances publiques ou par télérèglement. Au-delà de 300 €, c'est le télérèglement qui est le seul moyen de paiement autorisé. **Au-delà de 10 000 €**, le paiement peut être effectué par la remise d'œuvres d'art, de livres ou d'objets de collection de grande valeur artistique ou historique. La remise d'immeubles situés dans des zones d'intervention du Conservatoire de l'espace littoral et des rivages lacustres selon le Code de l'environnement peut également être un mode de paiement de l'IFI. C'est ce que l'on appelle la **dation en paiement** et elle est subordonnée à un agrément donné dans les conditions fixées par décret en Conseil d'État.

Nous verrons dans le détail les obligations déclaratives de l'IFI dans le thème 15, dédié aux obligations déclaratives.

CE QU'IL FAUT RETENIR

» **Généralités**

- L'IFI est dû par toute personne physique qui possède un patrimoine immobilier net qui dépasse 1,3 million d'euros au 1er janvier de l'année d'imposition.
- Le patrimoine est évalué au niveau du foyer fiscal, concubin compris.
- L'impôt est calculé selon un barème progressif par tranche, dont le montant peut être déduit, à condition d'avoir effectué des dons à des organismes par exemple ; un mécanisme de plafonnement peut venir corriger l'impôt.

» **Domiciliation fiscale**

- Si le contribuable possède son **domicile fiscal en France**, l'assiette de l'IFI est composée de **tous ses actifs immobiliers français et étrangers**.
- Si le contribuable est **résident fiscal étranger**, il n'est redevable de l'IFI que si son **patrimoine immobilier français** dépasse 1,3 million d'euros.

» **L'assiette de l'IFI**

- Biens immobiliers (bâtis, non bâtis, objets de crédit-bail, contrats de location-accession).
- Droits immobiliers.
- Titres possédés pour la fraction de leur valeur correspondante de biens immobiliers.
- Droits détenus dans des organismes de placement collectif.
- Fiducie ou trusts dans lesquels ont été placés des biens ou droits immobiliers.
- Actifs immobiliers grevés d'usufruit.
- Biens immobiliers à usage mixte pour la valeur d'utilisation à titre privé.

» **Bien exonérés de l'IFI**

- Participations de moins de 10 % du capital ou des droits de vote d'une société commerciale, industrielle, artisanale, libérale ou agricole.
- Actifs immobiliers affectés à l'exercice professionnel et nécessaires pour l'exploitation de l'activité principale du contribuable.
- Participations de moins de 10 % dans des organismes de placements collectifs, logements meublés à la location.
- Droits immobiliers particuliers énumérés par la loi (bois et forêts, par exemple).
- Biens immobiliers loués directement ou indirectement, locaux à usage d'habitation meublés ou destinés à l'être qui représentent l'activité principale du contribuable, permettant de dégager plus de 23 000 € de recettes annuellement et qui représentent plus de 50 % des revenus professionnels du foyer fiscal.

» **Valorisation**

- Valeur vénale des biens taxables au 1er janvier de l'année d'imposition : correspond à la valeur à laquelle le bien pourrait être vendu cette année.
- Valorisations particulières :
  > résidence principale : abattement de 30 % ;
  > occupation d'un immeuble : 10 à 40 % en fonction de la nature du bail ;
  > valeurs mobilières cotées représentant des actifs immobiliers : dernier cours connu au 1er janvier de l'année d'imposition ou moyenne des 30 derniers cours précédents ;
  > valeurs mobilières non cotées représentant des actifs immobiliers : valeur vénale des titres à laquelle on applique un coefficient de taxation qui correspond au ratio immobilier de la société (interdiction de prendre en compte les dettes, sauf s'il est possible de justifier qu'un prêt n'a pas été contracté dans un objectif principalement fiscal).
- Usufruit de l'immeuble : fraction de la valeur en pleine propriété qui correspond aux droits.

» **Passif déductible**

- Les dettes immobilières des biens taxables sont donc à déduire lorsqu'elles existent au 1er janvier de l'année d'imposition.
- Les dettes relatives à des biens en dehors de l'assiette de l'IFI ou même exonérées ne doivent pas être prises en compte.

- Les biens qui ne sont que partiellement soumis à l'IFI peuvent voir leur dette admise à proportion de leur valeur taxable.
- Les dettes doivent être à la charge personnelle du redevable.
- Il existe des dettes déductibles, partiellement déductibles et non déductibles.
- La déduction des dettes est plafonnée : si le patrimoine taxable excède 5 millions d'euros, la dette déductible est réduite de moitié si elle dépasse 60 % de la valeur du patrimoine.

» **Calcul de l'IFI**

- Barème progressif :

VALEUR NETTE TAXABLE DU PATRIMOINE	TAUX APPLICABLE	CALCUL RAPIDE
≤ 800 000 €	0 %	-
> 800 000 ≤ 1 300 000 €	0,50 %	-
> 1 300 000 ≤ 2 570 000 €	0,70 %	(P × 0,007) - 6 600 €
> 2 570 000 ≤ 5 000 000 €	1 %	(P × 0,01) - 14 310 €
> 5 000 000 ≤ 10 000 000 €	1,25 %	(P × 0,0125) - 26 810 €
> 10 000 000 €	1,50 %	(P × 0,015) - 51 810 €

» **Décote**

Pour les patrimoines taxables compris entre 1,3 et 1,4 million d'euros :

(17 500 - (1,25 % × Patrimoine net taxable))

» **Réductions d'impôt :**

- Dons : en cas de versements à des organismes d'intérêt général, une réduction d'impôt s'élevant à 75 % des sommes versées peut être déduite de l'IFI dans une limite de 50 000 €.
- L'IFI acquitté à l'étranger peut être imputé si le bien visé par l'ISF étranger est compris dans l'assiette de l'IFI français pour la même année d'imposition. L'impôt imputable qui a été acquitté hors de France est limité à la fraction de l'IFI français afférant aux biens situés hors de France.
- **Plafonnement de l'IFI** : il permet d'éviter que le montant d'impôt payé au titre de l'IFI, de l'IR, des prélèvements sociaux et d'autres contributions ne dépasse 75 % des revenus de l'année précédente d'un contribuable.

ENTRAÎNEZ-VOUS !

Plusieurs réponses possibles

1. Quelle est la principale différence entre l'ISF et l'IFI ?

❑ Le nom.
❑ L'IFI n'est pas payé tous les ans.
❑ Dans l'IFI, seul le patrimoine immobilier est pris en compte.

2. Dans quels cas y a-t-il « solidarité de paiement » en matière d'IFI ?

❑ Dans le mariage.
❑ Dans le pacs.
❑ Dans le concubinage.

3. Quelles dettes ne sont pas déductibles ?

❑ Les dépenses d'amélioration.
❑ Les impôts dus par le propriétaire.
❑ Les emprunts pour financer la résidence principale à 100 %.
❑ Les dépenses d'acquisition.
❑ L'agrandissement payé par un ami du contribuable.

4. Quel est le plafond du passif déductible ?

❑ Pour un patrimoine de plus de 3 millions d'euros, lorsque les dettes dépassent 50 %, seuls 50 % de leur valeur seront pris en compte.
❑ Pour un patrimoine de plus de 5 millions d'euros, lorsque les dettes dépassent 60 %, seuls 50 % de leur valeur seront pris en compte.
❑ Pour un patrimoine de plus de 7 millions d'euros, lorsque les dettes dépassent 70 %, seuls 50 % de leur valeur seront pris en compte.

5. En cas de don, quelle est la valeur maximale prise en compte dans le cadre de l'IFI ?

❑ 30 000 €.
❑ 50 000 €.
❑ 60 000 €.

CAS PRATIQUE :

Les époux X ont un patrimoine immobilier important.

Ils ont comme actif :

- leur résidence principale d'une valeur de 800 000 € ;
- deux appartements situés en France d'une valeur totale de 700 000 € ;
- une maison d'une valeur de 500 000 € ;
- deux biens situés à l'étranger d'une valeur totale de 600 000 €.

Ils ont également quelques dettes liées à :

- une taxe foncière de 3 000 € au titre de la résidence principale ;
- deux taxes foncières de 1 000 € et 2 000 € au titre des deux appartements en France ;
- une taxe foncière de 1 500 € pour la maison ;
- deux taxes foncières de 1 000 € au titre des biens à l'étranger ;
- des travaux d'agrandissement de 200 000 € pour la maison (résidence secondaire) ;
- un emprunt de 400 000 € pour la résidence principale.

Ils aimeraient savoir s'ils sont redevables de l'IFI. Vous déterminerez également si tous les plafonds sont respectés et quel sera le montant de l'IFI.

11

QUELLES SONT **LES TAXES** À CONNAÎTRE ?

OBJECTIFS À ATTEINDRE

1. Connaître les différentes impositions existantes en matière immobilière, en dehors de l'impôt sur le revenu, de l'IFI et de la TVA.
2. Comprendre dans quels cas une ou plusieurs de ces impositions pourraient vous concerner un jour, en fonction de votre situation.

Lorsque l'on investit dans l'immobilier, on connaît certaines des impositions qui vont s'appliquer à nous, notamment les principales d'entre elles, déjà évoquées précédemment (IR, IFI ou encore TVA).

Il existe cependant d'autres impositions importantes, moins connues du grand public, que l'on appelle couramment les droits d'enregistrement, la contribution sur les revenus locatifs et la taxe sur les logements vacants. Il existe également des impositions qui ne concernent pas forcément la majorité des investisseurs immobiliers, mais qui doivent tout de même être connues pour disposer d'une vision d'ensemble de la matière : la taxe forfaitaire sur la cession des terrains devenus constructibles, la taxe 3 %, la taxe d'aménagement et la taxe sur les logements de petite surface.

Ce thème récapitule ces impositions à connaître pour être en mesure de se lancer dans des investissements immobiliers en connaissance de cause.

1. L'ENREGISTREMENT

L'**enregistrement** est une formalité, mais également un impôt qui peut se combiner avec la **formalité de publicité foncière**. Outre les effets civils d'opposabilité par exemple, l'enregistrement a un rôle fiscal. Les effets peuvent être de différents ordres et classés en fonction de l'opération juridique à laquelle ils s'appliquent.

Les délais pour son exécution ne peuvent pas être prorogés et ne sont, en pratique, exigibles que pour les actes passés en France et pour les biens qui s'y trouvent, sous réserve de l'application des conventions internationales.

Généralités

L'enregistrement est défini comme le fait d'intégrer un acte sur un registre.

Le **droit d'enregistrement** est un prélèvement fiscal dû lorsque l'on veut enregistrer un acte. Le but est ainsi de donner à ce dernier d'importants effets juridiques et une date certaine.

Les actes obligatoirement soumis à l'enregistrement

L'enregistrement concerne les actes, mais également les mutations.

*Un **acte** est un écrit qui représente la preuve d'un fait ou d'une opération. Il convient de distinguer les actes sous seing privé, établis par les parties et signés entre elles, des actes authentiques, établis par une personne habilitée (officiel public ou fonctionnaire), régulièrement un notaire.*

*On parle de **mutation** quand une personne transmet à une autre soit :*
- *un droit réel de propriété ;*
- *un usufruit ;*
- *une nue-propriété.*

L'obligation d'enregistrement découle, d'une part, de la qualité de la personne qui établit l'acte ou la mutation et, d'autre part, de son contenu.

Compte tenu de leur qualité, les actes et mutations doivent obligatoirement être enregistrés lorsqu'ils sont établis par :
- les huissiers ;
- les notaires ;
- les marchands de biens ;
- les décisions judiciaires rendues.

Compte tenu de leur contenu, les éléments suivants sont obligatoirement soumis à l'enregistrement :
- les ventes publiques de meubles ;
- les actes afférents aux immeubles ;
- les actes afférents aux fonds de commerce ;
- les mutations gratuites de meubles entre vifs ;
- les hypothèques et nantissements ;
- les successions ;
- les testaments ;
- les sociétés ;
- les concessions et marchés ;
- le *leasing*, le crédit de prêt ;
- le cautionnement de valeur.

Les actes facultativement soumis à l'enregistrement

Il s'agit de tous les actes qui ne sont pas soumis obligatoirement à la formalité de l'enregistrement. Ils peuvent être enregistrés à l'initiative d'une des parties à l'opération.

Les effets de l'enregistrement

L'enregistrement étant facultatif pour certains actes et obligatoire pour d'autres, intéressons-nous aux effets juridiques afférents à l'accomplissement de la formalité d'enregistrement.

Par l'enregistrement, l'administration et les tiers sont avertis de l'acte et/ou de la mutation réalisés. L'enregistrement permet en outre de donner une date certaine aux actes et donc de constituer une condition d'opposabilité aux tiers. L'acte enregistré permet également de cristalliser le contenu de l'opération. Enfin, l'enregistrement est parfois une condition de validité pour certains actes ou pour les tribunaux.

Les délais pour enregistrer

Lorsque l'enregistrement est obligatoire, le délai varie selon la qualité de l'auteur de l'acte et le contenu.

Par exemple, les huissiers ont 10 jours pour enregistrer les procès-verbaux, alors que les notaires ont 30 jours pour enregistrer les actes notariés ne modifiant pas la situation juridique des immeubles, ou 60 jours dans le cas contraire.

Des délais plus longs existent, notamment pour les décisions judiciaires, qui peuvent être enregistrées dans un délai de 120 jours à compter du prononcé. Les délais sont également allongés lorsque les actes portent sur la situation juridique d'immeubles à l'étranger (120 jours).

Les droits d'enregistrement au sens strict

Pour que l'acte soit enregistré, la contrepartie est le paiement de droits d'enregistrement. L'administration fiscale perçoit donc un impôt en contrepartie de l'enregistrement des actes.

Les droits d'enregistrement peuvent être fixes, proportionnels ou progressifs :

- Les **droits fixes** s'appliquent aux actes qui ne sont pas soumis à des droits proportionnels ou progressifs et aux actes volontairement enregistrés.
- Les **droits proportionnels et progressifs** s'appliquent majoritairement aux mutations à titre onéreux d'immeubles.

Les droits peuvent également être dégressifs. C'est le cas exclusif de la cession de fonds de commerce.

EXEMPLE
Si M. X vend son fonds de commerce pour 350 000 €.
Suivant les taux applicables en 2021 :
Inférieur à 23 000 € : 0 %
Entre 23 000 € et 200 000 € : 3 %
Supérieur à 200 000 € : 5 %
On calculera pour une cession à 350 000 € :
- 0 % × 23 000
- 3 % × 177 000
- 5 % × 150 000

= 12 810 € de droits d'enregistrement.

TYPE DE DROIT	OPÉRATION	CALCUL
Le droit fixe	Transformation de la société en gardant la personne morale, réduction de capital sans remboursement, etc.	125 €
Le droit proportionnel	Cession d'immeuble	5 %
Le droit progressif	Succession, donation	Barème progressif spécifique
Le droit dégressif	Cession de fonds de commerce	Voir ci-avant

Tableau exhaustif des taux applicables

Dans le cas où l'administration détermine plusieurs types de droits, il existe des mécanismes pour le cumul :
- Si vous devez plusieurs droits fixes, le droit fixe le plus élevé est exigible.
- Si vous devez plusieurs droits proportionnels, tous les droits sont dus.
- Si vous avez des droits fixes et proportionnels, c'est le montant le plus élevé qui est retenu.

L'assiette des droits d'enregistrement

Les droits sont assis sur la **valeur des biens vendus**, aux **prix exprimés** par les parties. Hormis les cas où la **loi fixe des bases d'évaluation** (succession, droits démembrés, etc.), la notion de valeur doit s'entendre comme la **valeur vénale**.

Si l'administration considère que le prix déclaré n'est pas conforme à la valeur vénale du bien, elle peut le **remettre en cause**, en application de son droit de contrôle. Elle doit alors démontrer soit que le prix déclaré est inférieur au prix payé, soit qu'il est inférieur à la valeur vénale du bien.

La détermination de la valeur vénale du bien

La notion de **valeur vénale d'un bien** correspond au prix, dans un marché réel, auquel le bien pourrait être vendu en fonction du jeu de l'offre et de la demande. Il s'agit donc d'une valeur objective pour laquelle il est possible de prendre en compte des facteurs d'ordre socio-économique, physique (nature, consistance du bien, etc.) ou juridique (occupation, indivision du bien, etc.), sans considération de la situation personnelle des parties (BOI-ENR-DMTG-10-40-10-10, 29 déc. 2017, § 30).

L'évaluation du bien a lieu au **jour du fait générateur de l'impôt**, en tenant compte de l'état du bien au moment de la mutation. Suivant la nature des biens, on peut utiliser différentes méthodes pour en déterminer la valeur.

La jurisprudence et l'administration s'accordent pour dire que la **méthode par comparaison** est celle qui permet le mieux de dégager les tendances, puisqu'elle s'appuie sur les données réelles du marché. Cette méthode s'impose lorsque l'administration doit évaluer un immeuble bâti ou non bâti, ou un fonds de commerce.

Pour ce qui est des **biens immeubles**, si la méthode par comparaison est impossible, on les évalue par le revenu s'ils en produisent, ou par la valeur antérieure, à laquelle on applique un coefficient d'actualisation.

Quant aux **fonds de commerce**, si la méthode par comparaison est également impossible, on peut déterminer leur valeur par la moyenne du chiffre d'affaires des deux ou trois dernières années, ou en fonction de leur bénéfice net par exemple.

Pour l'évaluation des **titres de sociétés non cotées**, s'il existe des termes de comparaison pertinents, c'est cette méthode qu'il faut utiliser. Sinon, il faut tenir compte de trois valeurs – la valeur patrimoniale, la valeur de productivité et la valeur de rendement –, ainsi que des perspectives d'avenir de la société.

Les **holdings patrimoniales** sont quant à elles évaluées grâce à la valeur patrimoniale, de laquelle on déduit la « décote de holding ».

Pour les **SCI de gestion**, la méthode utilisée est différente, selon que celles-ci ne détiennent que de l'immobilier de jouissance ou que de la nue-propriété ou des immeubles de rapport.

Ici, nous avons vu la **formalité unique**, qui correspond seulement à l'enregistrement. Il existe également la **formalité fusionnée**, qui comprend l'enregistrement et la publicité foncière.

La publicité foncière

La publicité foncière permet de publier les actes qui ont été enregistrés, et donc de recueillir toutes les informations concernant les biens immobiliers et leurs propriétaires sur un fichier. En d'autres termes, tous les renseignements figurant par exemple sur les actes notariés servent à mettre à jour ce fichier, alimenté par les notaires, ainsi que par les officiers publics ministériels, notamment lors de ventes, donations et successions.

La publicité foncière renforce la sécurité juridique, puisqu'elle permet de savoir si un bien est grevé d'une hypothèque ou si, tout simplement, il existe légalement, dans les limites exposées par le vendeur.

En dehors des actes notariés, le service de la publicité foncière est également un service d'information. Toute personne peut demander des informations sur une hypothèque, la nature de biens immobiliers et les prix de vente pratiqués, ou encore vérifier les propriétaires d'un bien. Ce service d'information n'est toutefois pas gratuit.

Le formalité fusionnée

La formalité fusionnée est constituée, d'une part, des droits d'enregistrement et, d'autre part, de la publicité foncière. Cette formalité s'applique notamment aux actes soumis à la fois à l'enregistrement et à la publicité foncière. Il est toutefois possible d'y accéder même si la publicité foncière est facultative.

Certains actes sont totalement exclus de la formalité fusionnée. C'est notamment le cas des actes :

- qui ne sont pas soumis obligatoirement aux deux formalités ;
- soumis à l'enregistrement, mais qui n'ont pas de dispositions pouvant être publiées ;
- soumis à la publicité, mais non à l'enregistrement.

Les mutations

La mutation est caractérisée lorsqu'un bien va subir un changement de propriétaire. Ce changement de propriété peut être réalisé à titre gratuit (sans transfert d'argent) ou à titre onéreux (avec un transfert d'argent en contrepartie).

Lorsque le transfert est opéré à titre onéreux, on parle du paiement de droits de mutation à titre onéreux (DMTO). Lorsqu'il est opéré à titre gratuit, on parle du paiement de droits de mutation à titre gratuit (DMTG).

Les droits de mutation à titre onéreux (DMTO)

Les DMTO comprennent à la fois les droits d'enregistrement et la taxe de publicité foncière. Il faut les payer en cas de mutation à titre onéreux, et donc en présence d'une vente ou encore d'un apport à une société. De ce fait, les opérations portant sur les immeubles, les terrains, les fonds de commerce ou encore les titres de société sont concernés par le paiement des DMTO.

Composition des droits de mutation à titre onéreux

Les DMTO comprennent une taxe départementale et une taxe communale. Enfin, il existe également une taxe nationale, qui a pour assiette la taxe départementale. En effet, de manière assez surprenante, la taxe nationale n'est pas calculée sur le prix de vente, mais sur le montant de la taxe départementale.

Globalement les taux sont de :

- 3,80 % pour la taxe départementale ;
- 1,20 % pour la taxe communale ;
- 2,37 % de la taxe départementale pour la taxe nationale.

Le taux global s'échelonne entre 5,09 % et 5,80 %. Les taux présentés sont en vigueur depuis le 1er juin 2021 et le resteront jusqu'au 31 mai 2022. Ils sont toujours fixés le 1er juin et valables 12 mois.

Certains taux ont subi une hausse au niveau de la taxe départementale depuis la loi de finances pour 2014. Cependant, le libre arbitre est laissé aux départements, qui peuvent garder leur taux ou l'augmenter à 4,50 %.

Taux à 3,80 %	L'Indre, l'Isère, le Morbihan, Mayotte
Taux à 4,50 %	96 départements (hors Corse)

L'état des taux départementaux

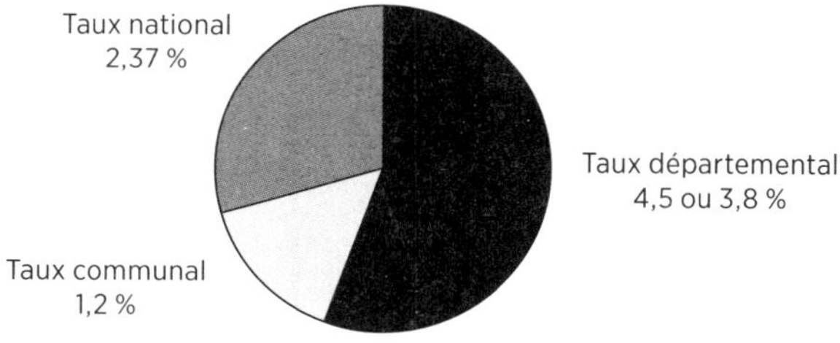

La répartition des taux de droit de mutation à titre onéreux

Le paiement des DMTO est dû par l'acquéreur, et ce au moment de la signature de l'acte.

L'impôt est collecté au niveau d'un tiers, le notaire généralement, et est reversé à l'État.

Il existe toutefois des exonérations de paiement des DMTO. Les plus utilisées sont notamment celles en cas :

- de vente de logement réalisée par les organismes HLM ou les sociétés d'économie mixte ;
- de contrat de bail à réhabiliter.

De nombreux autres cas d'exonérations existent. Celles-ci sont cependant facultatives et les conseils départementaux décident, ou non, de les appliquer.

Les départements peuvent également instaurer des abattements encadrés par la loi à l'article 1594 F du CGI. Ils ne sont accordés qu'aux ventes de logements et garages, et peuvent être limités aux biens en zone de revitalisation rurale (ZRR).

www.lienmini.fr/5554-03
Tableau détaillé des différents abattements selon les départements

Légalement, l'abattement doit être de 7 600 € au minimum et de 46 000 € au maximum. Il peut varier entre sept sommes différentes :

- 7 600 € ;
- 15 200 € ;
- 22 800 € ;
- 30 400 € ;
- 38 000 € ;
- 45 600 € ;
- 46 000 €.

Actuellement, seuls quatre départements ont décidé de l'appliquer : le Calvados (pour 46 000 €), l'Isère (pour 46 000 €), la Marne (pour 7 600 €) et la Saône-et-Loire (pour 30 400 €).

EXEMPLE

Si un acheteur désire acquérir un bien d'une valeur de 200 000 € en Saône-et-Loire, située en ZRR, l'assiette des droits de mutation à titre onéreux est diminuée de l'abattement choisi par le département, soit 30 400 €.
La valeur taxable est donc de 200 000 – 30 400, soit 169 600 €.
Sans abattement, les droits de mutation auraient été de 9 000 €. Avec l'abattement, ils sont de 7 605 €.
De ce fait, en faisant l'acquisition d'un bien situé en ZRR, l'acheteur a économisé 1 395 € de taxes.

Les droits de mutation à titre gratuit (DMTG)

Les donations et les successions, entre autres, relèvent de la catégorie des DMTG. En effet, les mutations à titre gratuit ne comportent, généralement, pas de contrepartie versée par leur bénéficiaire. Celui-ci paye donc seulement des DMTG.

L'article 777 du CGI prévoit un barème pour le paiement des DMTG. Ce barème reprend les situations de donation et succession. Les taux sont différents selon les bénéficiaires, et donc selon le degré de parenté.

Il existe trois barèmes :

- le barème entre parents et enfants vivants ;
- le barème pour un couple marié ou pacsé ;
- le barème pour les autres situations familiales ou en l'absence de liens familiaux.

Les taux ne sont que très peu révisés car ils ne sont pas soumis à une actualisation annuelle. De ce fait, tant qu'aucune loi ne les change, ils restent en vigueur.

Le barème doit s'appliquer après avoir retranché de la somme les différents abattements. En effet, il existe des abattements en fonction du lien de parenté. Les articles 779-I et suivants du CGI les énoncent. Ces abattements peuvent être appliqués une seule fois ou en plusieurs fois, mais tous les 15 ans.

En ligne directe	100 000 € d'abattement
Entre époux ou partenaires	80 724 € d'abattement
À un petit-enfant	31 865 € d'abattement
Entre frères et sœurs	15 932 € d'abattement
Au 3e degré (neveux, nièces)	7 967 € d'abattement
À un arrière-petit-enfant	5 310 € d'abattement

Les abattements dans le cadre des DMTG

Tranche 1	Jusqu'à 8 072 €	5 %
Tranche 2	Entre 8 072 € et 12 109 €	10 %
Tranche 3	Entre 12 109 € et 15 932 €	15 %
Tranche 4	Entre 15 932 € et 552 324 €	20 %
Tranche 5	Entre 552 324 € et 902 838 €	30 %
Tranche 6	Entre 902 838 € et 1 805 677 €	40 %
Tranche 7	Au-delà de 1 805 677	45 %

Le barème entre parents et enfants

Il convient toutefois de préciser que, depuis 2007, les époux sont exonérés de droits de succession. Ce barème n'est donc applicable qu'aux donations.

Jusqu'à 8 072 €	5 %
Entre 8 072 € et 12 109 €	10 %
Entre 12 109 € et 15 932 €	15 %
Entre 15 932 € et 552 324 €	20 %
Entre 552 324 € et 902 838 €	30 %
Entre 902 838 € et 1 805 677 €	40 %
Au-delà de 1 805 677 €	45 %

Le barème pour un couple marié ou pacsé

Entre frères et sœurs : - Jusqu'à 24 430 € - Supérieur à 24 430 €	 35 % 45 %
Entre parents jusqu'au 4e degré inclus	55 %
Entre parents au-delà du 4e degré de parenté et en l'absence de lien de parenté	60 %

Le barème pour les autres situations familiales ou en cas d'absence de liens familiaux

Pour rappel, au 3e degré de parenté, on retrouve les oncles, tantes, neveux et nièces. Au 4e degré de parenté, on retrouve les cousines et les cousins germains. De ce fait, au-delà de ce degré, les autres membres de la famille sont taxés comme s'ils n'avaient pas de lien de parenté au sens fiscal.

EXEMPLES

Illustrons tous les cas de DMTG pour une donation de 300 000 €.

Entre un parent et son enfant

Sur 300 000 €, il est possible, si cela n'a pas déjà été fait au cours des 15 années précédentes, de bénéficier de l'abattement de 100 000 €. La base taxable est donc de 200 000 €. On applique ensuite le barème progressif.

8 072 × 5 % = 403,6
12 109 – 8 072 × 10 % = 403,7
15 932 – 12 109 × 15 % = 573,45
200 000 – 15 932 × 20 % = 36 813,6
= 38 194,35

Les droits de mutation à titre gratuit sont donc de **38 194 €**.

Note : le barème est similaire pour une donation à un petit-enfant ou à un arrière-petit-enfant. Seul le montant de l'abattement change.

Entre époux

Sur 300 000 €, il est possible, si cela n'a pas déjà été fait au cours des 15 années précédentes, de bénéficier de l'abattement de 80 724 €. La base taxable est donc de 219 276 €. On applique ensuite le barème progressif.

8 072 × 5 % = 403,6
12 109 – 8 072 × 10 % = 403,7
15 932 – 12 109 × 15 % = 573,45
219 276 – 15 932 × 20 % = 40 668,8
= 42 949,55

Les droits de mutation à titre gratuit sont donc de **42 950 €**.

Entre frères et sœurs

Sur 300 000 €, il est possible, si cela n'a pas déjà été fait au cours des 15 années précédentes, de bénéficier de l'abattement de 15 932 €. La base taxable est donc de 284 068 €. On applique ensuite le barème. Comme il s'agit d'une somme supérieure à 24 430 €, le taux est de 45 %.

284 068 × 45 % = 127 830,6

Les droits de mutation à titre gratuit sont donc de **127 831 €**.

Entre oncles, tantes, neveux et nièces

Sur 300 000 €, il est possible, si cela n'a pas déjà été fait au cours des 15 années précédentes, de bénéficier de l'abattement de 7 967 €. La base taxable est donc de 292 033 €. Le taux applicable est de 55 %, puisque l'on est au niveau du 3e degré de parenté.

292 033 € × 55 % = 160 618,15

Les droits de mutation à titre gratuit sont donc de **160 618 €**.

Entre cousins germains

Ici, à ce stade de lien de parenté, plus aucun abattement n'est possible. De ce fait, le montant de la donation est celui de la base taxable. La base taxable est donc de 300 000 €. Le taux applicable au 4e degré est de 55 %.

300 000 × 55 % = 165 000

Les droits de mutation à titre gratuit sont donc de **165 000 €**.

Dans les autres cas (absence de liens de parenté ou degrés supérieurs à 5)

Aucun abattement n'est possible pour ce type de donation. La base taxable est donc de 300 000 €. Le taux applicable est de 60 %.

300 000 × 60 % = 180 000

Les droits de mutation à titre gratuit sont donc de **180 000 €**.

Ainsi, pour une donation d'un montant de 300 000 €, selon les liens de parenté, les droits de mutation à titre gratuit peuvent varier de 38 194 € à 180 000 €.

Le cas particulier des ventes immobilières

L'acquisition immobilière est une mutation réalisée à titre onéreux, puisqu'il existe un transfert d'argent. Elle est donc soumise au paiement des DMTO.

En d'autres termes, le jour de la vente, l'acquéreur doit s'acquitter du prix de vente du bien qu'il acquiert, ainsi que des DMTO calculés sur le prix de vente. Il paye donc des frais de notaire, composés majoritairement des DMTO.

Le taux des DMTO varie selon la nature du bien acquis :

- immeuble neuf (0,715 %) ;
- immeuble ancien (3,80 ou 4,50 %) ;
- terrain à bâtir (0,715 %).

Dans les annonces de vente d'immeuble neuf, on retrouve la phrase « **frais de notaire réduits** ». En effet, les frais de notaire étant en majorité composés des DMTO, lorsque ces derniers sont réduits, les frais de notaire le sont également.

En matière de DMTO, lorsque l'on acquiert un immeuble neuf (vente en l'état futur d'achèvement ou sur plan), soumis à la TVA, un taux de 0,715 % est appliqué. C'est ce que l'on appelle le « régime de faveur ». Il est également applicable aux :

- assujettis à la TVA qui achètent un immeuble qu'ils s'engagent à revendre dans un délai de cinq ans ;
- cas énumérés par la loi (art. 1594 f quinquies a).

Si l'appartement est encore considéré comme « neuf » (achevé depuis moins de cinq ans) et qu'il est vendu par un particulier, non soumis à la TVA, le régime de faveur ne peut pas s'appliquer. Le régime et le taux normal doivent être applicables à la vente.

Il convient de préciser que certaines ventes sont totalement exonérées de droits d'enregistrement. Il s'agit notamment :

- des acquisitions et cessions d'immeubles ruraux par les Safer ;
- des expropriations d'utilité publique ;
- des achats d'immeubles par un assujetti à la TVA qui s'engage à construire, à condition que les travaux soient réalisés sous quatre ans ;
- des achats de fonds de commerce ou de parts de SCI par un assujetti à la TVA, qui doit les revendre dans les cinq ans.

L'AVIS DE L'EXPERT

Il est possible de réaliser des ventes « acte en main », dans le cadre desquelles le vendeur prend en charge la fiscalité et les frais de notaire que devrait normalement payer l'acheteur.

2. LA CONTRIBUTION SUR LES REVENUS LOCATIFS

La contribution sur les revenus locatifs est due par certaines personnes morales percevant au 1er janvier de l'année d'imposition des loyers d'immeubles achevés depuis 15 ans au moins. Elle est prévue aux articles 234 nonies à 234 quindecies du CGI.

Les personnes imposables

Sont imposés au titre de cette taxe :

- les personnes morales et les organismes passibles de l'IS, que ce soit au taux de droit commun, de plein droit ou bien sur option ;
- les sociétés et groupements qui relèvent du régime fiscal des sociétés de personnes lorsqu'un des associés est assujetti à l'IS au taux de droit commun à la clôture de l'exercice ;
- les organismes sans but lucratif ;
- toutes les autres personnes morales ou organismes qui ne sont pas soumis à l'IS et qui ne relèvent pas non plus du régime fiscal des sociétés de personnes.

Les conditions d'application

Trois conditions cumulatives doivent être remplies :

- La location doit résulter directement ou indirectement d'un contrat de bail, qu'il soit écrit ou verbal.
- La location doit porter sur des immeubles bâtis.
- La location doit concerner des locaux situés dans des immeubles achevés depuis au moins 15 ans au 1er janvier de l'année d'imposition.

Les exonérations

Il existe beaucoup d'exonérations pour s'affranchir de cette contribution.

On trouve par exemple, et sans que cette liste soit exhaustive : les locations soumises à la TVA de plein droit ou sur option ; celles consenties à l'État ou aux établissements publics nationaux scientifiques, d'enseignement, d'assistance ou de bienfaisance ; celles des locaux d'habitation qui font partie d'une exploitation agricole ou qui y sont annexés ; celles dont le revenu annuel n'excède pas 1 830 € par local.

L'assiette et le taux de la contribution

L'assiette de cette contribution est composée du montant net des recettes perçues au cours de l'exercice – pour les sociétés et organismes sans but lucratif – et au cours de l'année civile – pour les autres personnes morales.

Il s'agit du loyer principal, mais également des recettes exceptionnelles, comme des indemnités, subventions ou primes. Son taux est de 2,5 %.

3. LA TAXE SUR LES LOGEMENTS VACANTS

La taxe est versée au profit de l'Agence nationale pour l'habitat. Elle s'applique sur les logements vacants dans des zones d'urbanisation continue de plus de 50 000 habitants et où il existe un déséquilibre marqué entre l'offre et la demande de logements, ayant pour conséquence de grandes difficultés d'accès au logement sur le parc résidentiel.

Par ailleurs, il convient de rappeler que, pour le calcul de la taxe foncière sur les propriétés non bâties situées sur les communes où la taxe sur les logements vacants est applicable, la valeur locative des terrains nus constructibles est majorée.

Quels sont les logements concernés ?

Cette taxe concerne les zones géographiques qui présentent un déséquilibre marqué entre l'offre et la demande de logements. Il faut que le nombre de demandeurs de logement soit élevé par rapport au parc locatif et que la proportion de logements vacants soit élevée par rapport au parc immobilier existant. Il existe une liste des communes qui relèvent de ces zones, régulièrement actualisée par un décret (D. n° 98-1249, 29 déc. 1998, JO 30 déc.).

Seuls les locaux à usage d'habitation sont concernés par cette taxe, à la condition qu'ils soient habitables (clos, couverts, avec un minimum d'éléments de confort, comme l'eau courante ou des installations électriques).

La vacance est caractérisée au bout d'une année sans occupation, décomptée à partir du 1er janvier. Une occupation momentanée de moins de 90 jours ne permet pas de remettre en cause la vacance, à moins que le logement n'ait été occupé au 1er janvier de l'année, ce qui le fait entrer dans le champ de la taxe d'habitation (l'excluant donc de celui de la taxe sur les logements vacants). La preuve de l'occupation peut être apportée par tous moyens, par exemple à l'aide d'une déclaration de revenus fonciers ou sur la présentation de factures d'électricité.

Si la vacance est due à une cause étrangère à la volonté du bailleur, faisant obstacle à une occupation durable à titre onéreux ou gratuit, alors la taxe n'est pas due. Cela peut être le cas des logements mis en vente au prix du marché, mais ne trouvant pas preneur.

Quels sont les logements exclus ?

Les logements exclus sont ceux soumis à la taxe d'habitation, les résidences secondaires, ceux détenus par les organismes d'habitation à loyer modéré et destinés à être attribués sous condition de ressources ou encore ceux dépendant du domaine public, dont l'occupation a un caractère précaire.

De l'assiette au recouvrement

Le redevable

Le redevable de cette taxe peut être toute personne physique ou morale, qu'elle soit de droit public ou privé, et qui dispose d'au moins un logement imposable. Le débiteur peut être, par exemple, le propriétaire, l'usufruitier, ou encore le preneur d'un bail à construction.

S'il dispose de plusieurs logements vacants, il est redevable de la taxe pour chacun d'entre eux.

La base d'imposition et le taux

C'est la valeur locative de l'habitation qui constitue la base d'imposition. Elle est identique à celle de la taxe d'habitation. Le taux applicable dépend quant à lui de la durée de vacance : la première année, il s'élève à 12,5 %, chaque année suivante à 25 %.

Dans le cas particulier des terrains constructibles, leur valeur locative cadastrale peut être majorée s'ils sont situés dans des zones urbaines ou à urbaniser. La valeur forfaitaire est comprise entre 0 € et 3 € par mètre carré pour le calcul de la part communale de la taxe foncière sur les propriétés non bâties, sans qu'elle ne puisse excéder 3 % d'une valeur forfaitaire moyenne définie par décret et représentative de sa valeur moyenne selon sa situation géographique.

Le recouvrement

Au cours de l'année d'imposition, le service des impôts recense tous les logements vacants.

En ce qui concerne le contrôle, le recouvrement, le contentieux ou les garanties et sanctions de cette taxe, les règles applicables sont les mêmes qu'en matière de taxe foncière sur les propriétés bâties.

4. LA TAXE FORFAITAIRE SUR LA CESSION DE TERRAINS DEVENUS OU RENDUS CONSTRUCTIBLES

La taxe communale

La taxe communale est une taxe forfaitaire facultative sur les cessions à titre onéreux de terrains devenus constructibles.

Il est possible de consulter la liste des communes ayant institué cette taxe sur le site Internet de l'administration, ainsi que la date d'effet de la délibération.

Son champ d'application

Les personnes imposables peuvent être des personnes physiques, des sociétés ou groupements assujettis à l'IR, ou encore des contribuables dont le domicile fiscal se situe hors de France et soumis au prélèvement sur les plus-values de cession.

Les marchands de biens, les lotisseurs ou autres professionnels de l'immobilier sont donc hors du champ d'application de cette taxe. Les biens inscrits à l'actif d'une activité professionnelle imposable au titre de l'impôt sur le revenu dans la catégorie des BIC, des BA ou des BNC ne sont pas non plus soumis à cette taxe.

La cession de droit démembré relatif à un terrain nu n'entre pas dans le champ d'application de cette taxe.

> **L'AVIS DE L'EXPERT**
>
> Il n'est pas possible d'échapper à la taxe en cédant votre terrain devenu constructible à un même acquéreur en démembrant la propriété, puisque la procédure d'abus de droit pourra être mise en œuvre.

Seule la première cession à titre onéreux de terrains nus devenus constructibles par un plan local d'urbanisme ou un document d'urbanisme est taxable. Toutes les cessions à titre onéreux entrent dans le champ d'application de la taxe. C'est par exemple le cas des échanges, des partages ou des apports en société.

Il peut se présenter des situations où une partie seulement du terrain devient constructible. Dans ce cas, la taxe s'applique à la part du prix de cession correspondant à la partie constructible.

Ses exonérations

Un certain nombre de cessions sont exonérées, notamment :

- les cessions portant sur des terrains classés constructibles depuis plus de 18 ans ;
- les cessions dont le prix est inférieur au prix d'acquisition acquitté par le cédant et majoré d'un montant égal à 200 % de ce prix ;
- les cessions de terrains constituant la dépendance immédiate et nécessaire de l'habitation principale du cédant lorsqu'il s'agit d'une opération de remembrement ;
- les cessions pour un prix inférieur à 15 000 €.

L'assiette de la taxe

La taxe communale est assise sur un montant égal au prix de cession du terrain défini à l'article 150 VA du CGI. Ce prix est diminué du prix d'acquisition mentionné dans les actes et actualisé en fonction du dernier indice des prix à la consommation de l'Insee. Ce calcul permet de représenter l'augmentation de la valeur du terrain devenu constructible.

Le prix de cession correspond au prix stipulé dans l'acte et est majoré de toutes les charges et indemnités prévues par la loi. Il est ensuite réduit, avec justificatifs à l'appui, du montant de la TVA acquittée, ainsi que des frais que le vendeur a supportés pour cette cession.

La liquidation de la taxe

La taxe communale est due par le cédant au taux de 10 %. Une déclaration conforme au modèle mis en place par l'administration doit être déposée selon les mêmes conditions que la déclaration des plus-values. Son paiement intervient au moment du dépôt.

Si la cession est exonérée, aucune déclaration n'est nécessaire. La disposition législative qui prévoit l'exonération doit cependant être mentionnée sur l'accomplissement de la formalité de l'enregistrement ou de la formalité fusionnée.

La taxe nationale

La taxe nationale est calquée sur son homologue communale, mais vise à limiter la consommation de terres agricoles en vue de la construction, tout en récupérant une partie de la plus-value liée au classement en terrains constructibles de ceux situés dans des zones agricoles ou naturelles.

L'assiette de la taxe est réduite d'1/10e par année écoulée au-delà de la huitième année à compter de la date à laquelle le terrain est devenu constructible. C'est l'agence de services qui la perçoit et elle est affectée à un fonds pour l'installation des jeunes agriculteurs.

Elle est due et déclarée par le cédant, peu importe sa qualité, au taux de ;
- 5 % si le rapport entre le prix de cession du terrain et le prix d'acquisition ou la valeur vénale est compris entre 10 et 30 ;
- 10 % sur la part de la plus-value qui reste à taxer après l'application du taux de 5 %.

Une majoration facultative est applicable à la taxe d'habitation en zones tendues.

5. LA TAXE 3 %

Toute entité juridique qui possède directement ou indirectement au moins un immeuble en France, ou qui est titulaire de droits réels sur ces biens, est redevable annuellement d'une taxe égale à 3 % de la valeur vénale de ces immeubles ou ces droits.

Qui est imposable sur quoi ?

Toutes les personnes morales, sans distinction de forme juridique, sont visées, y compris les entités juridiques qui n'ont pas de personnalité propre distincte de celle de leurs membres, comme les trusts ou les fiducies. La taxe est applicable aux personnes morales (françaises ou étrangères) lorsqu'elles possèdent un immeuble situé en France.

Les entités peuvent détenir un bien ou droit immobilier directement ou indirectement. Lorsque l'on parle de détention indirecte, cela signifie que l'entité juridique détient des participations dans une autre entité juridique (non exonérée), elle-même détentrice de biens ou droits immobiliers dans une troisième entité.

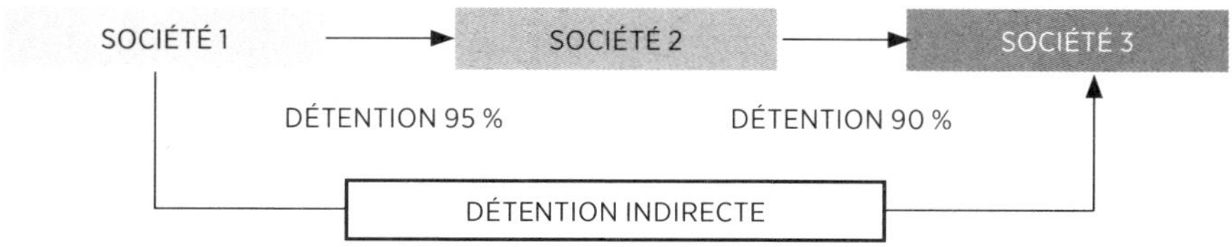

La détention indirecte

La taxe n'est due que par l'entité la plus proche au sein de la chaîne de participation des biens ou droits immobiliers, et qui n'est pas exonérée.

L'entité doit être à prépondérance immobilière, c'est-à-dire que la valeur vénale des actifs immobiliers situés en France doit représenter au moins 50 % de la valeur vénale des actifs français. Seuls sont pris en compte ceux qui ne sont pas affectés à une activité professionnelle non immobilière, qu'ils soient détenus directement ou indirectement.

Cas d'exonération

Les entités juridiques non imposables

Comme énoncé précédemment, les entités imposables sont celles à prépondérance immobilière. De ce fait, *a contrario*, les entités qui ne le sont pas ne sont pas redevables de la taxe. Autrement dit, les entités qui possèdent moins de 50 % d'actifs immobiliers sur le total des actifs immobiliers détenus en France ne paient pas la taxe de 3 %.

Plus particulièrement, les entités qui, sur un marché réglementé, négocient de manière régulière et importante des actions ou droits sont exonérées de la taxe, tout comme les entités qui détiennent directement ou indirectement la totalité du capital social.

Les entités exonérées sous condition de résidence

Un certain nombre d'entités sont exonérées de cette taxe du fait de l'endroit où elles se trouvent, à savoir les entités juridiques :

- établies en France, dans un État membre de l'Union européenne ou dans un des pays liés à la France avec une convention d'assistance administrative ou par une clause d'égalité de traitement fiscal avec les entités ayant leur siège en France ;
- ET dont la quote-part des immeubles situés en France ou des droits réels détenus directement ou indirectement portant sur ces biens

est inférieure à 100 000 € ou représente moins de 5 % de la valeur vénale totale desdits biens ou droits.

Les entités qui souscrivent régulièrement leurs déclarations et qui communiquent sans opposition certains renseignements à l'administration fiscale sont également exonérées.

> **EXEMPLE**
> La société X, établie en Allemagne, détient des biens immobiliers en France et à l'étranger pour une valeur vénale totale de 10 millions d'euros. Le bien détenu en France a une valeur vénale de 350 000 €. Dans ce cas d'espèce, la part des immeubles français représente 3,5 % de la totalité des immeubles de la société ; elle ne sera donc pas imposée. Cela aurait été également le cas si le bien détenu en France avait eu une valeur vénale de moins de 100 000 €.

Les entités exonérées sous condition de résidence et d'obligations déclaratives

Il s'agit :

- des entités dont le siège est situé en France ou dans un État membre de l'Union européenne ; les entités qui y ont leur siège de direction effectif, à savoir leurs organes de direction juridique, financière et administrative (CA Aix-en-Provence, 3 juin 2004, n° 04-426) sont également considérées comme ayant leur siège en France ;
- des entités dont le siège est situé dans un pays lié à la France par une convention d'assistance administrative, qui prévoit que la communication de renseignements peut se faire soit spontanément, soit sur demande entre les administrations fiscales des pays contractants ; ces renseignements peuvent découler de l'application de certaines clauses de la convention ou de la législation française relative aux impôts visés par cette convention ;
- des entités dont le siège est situé dans un pays lié à la France par un traité d'égalité de traitement fiscal, à savoir les entités juridiques couvertes par un accord conclu par la France comportant une clause de non-discrimination selon la nationalité et présentant certaines caractéristiques, comme le fait que la clause de traitement national doit être applicable aux nationaux, personnes physiques, et mentionner expressément qu'elle inclut les personnes morales et viser expressément les impôts de toute nature et de toute dénomination.

Il existe diverses obligations déclaratives (alternatives). Les renseignements à transmettre sont relatifs à la situation, la consistance et la valeur des immeubles possédés au 1er janvier, l'identité et l'adresse de tous les actionnaires, associés ou membres qui détiennent plus de 1 % des actions, parts ou autres droits, ainsi que le nombre détenu.

L'entité doit ainsi **communiquer à l'administration fiscale des informations relatives aux immeubles possédés en France**. Pour cela, elle doit établir une déclaration annuelle comportant certains renseignements relatifs à ces immeubles. La communication dans ce cas est spontanée, et les informations doivent parvenir à l'administration fiscale avant le 16 mai de chaque année.

Lorsque l'identité et l'adresse des associés, actionnaires ou autres membres, sont révélées, cela permet à la société d'être exonérée partiellement au prorata des parts détenues par ces personnes. Par ailleurs, les sociétés immobilières souscrivant tous les ans une déclaration n° 2072 ou n° 2038 sont dispensées de souscrire cette déclaration et de communiquer ces renseignements.

> Il est question ici des sociétés immobilières soumises à l'IS et donnant leurs immeubles en location (ou qui en donnent la jouissance à leurs associés), des SCI autorisées à faire appel publiquement à l'épargne, des sociétés de pluripropriété ou des SCI non transparentes dispensées du dépôt de la déclaration n° 2072 si elles l'ont déposée à leur constitution et qu'aucun changement n'est intervenu par rapport aux derniers éléments communiqués à l'administration.

L'entité doit aussi s'engager à **communiquer sur demande**. Il s'agit d'un engagement par lequel l'entité s'oblige à communiquer les renseignements précités à l'administration fiscale lorsque celle-ci le demande. L'engagement est pris à la date de l'acquisition du bien ou du droit immobilier ou de la participation faisant entrer l'entité dans le champ d'application de la taxe.

L'engagement doit être déposé au service des impôts du lieu du principal établissement pour l'entité ayant son siège ou son activité en France. Pour les autres, c'est le lieu de situation des biens qui prime, ou le service des impôts des entreprises étrangères en cas de pluralité de biens.

L'administration demande les renseignements et justificatifs que l'entité s'est engagée à fournir. Si la réponse est insuffisante, l'entité est mise en demeure de compléter sa réponse ; si elle n'y répond pas ou que la réponse demeure insuffisante, elle est considérée comme n'ayant pas rempli son engagement.

En cas de défaut du respect de l'engagement, l'entité doit déposer sous 30 jours la déclaration avec le paiement de la taxe au titre de l'année au cours de laquelle l'engagement a été rompu. Pour retrouver le bénéfice de cette exonération, l'entité doit adresser au service des impôts compétent les renseignements et justifications qu'elle s'était engagée à fournir et doit prendre un nouvel engagement. L'exonération est applicable à partir du 1er janvier de l'année au cours de laquelle ces formalités ont été effectuées.

Comment la taxe est-elle calculée ?

Tous les immeubles bâtis et non bâtis situés en France, ainsi que les droits réels portant sur ces immeubles sont inclus dans la base imposable. Ils doivent être possédés au 1er janvier de l'année d'imposition, sans distinction de l'utilisation de l'immeuble ou du fait qu'il ait été donné en location ou non.

La valeur des immeubles affectés par l'entité imposée ou par des entités interposées à leur propre activité professionnelle autre qu'immobilière est exclue de la base d'imposition. Dans le même sens, les biens détenus par des entités exerçant la profession de marchand de biens ou de promoteur immobilier sont également exonérés.

Une fois la base d'imposition déterminée, le taux de 3 % s'applique sur la valeur vénale de ces biens et droits immobiliers.

Le recouvrement de la taxe

La déclaration doit être souscrite avant le 15 mai. Le lieu de situation du ou des biens et droits immobiliers, leur consistance et leur valeur vénale lorsqu'ils sont possédés au 1er janvier de l'année d'imposition doivent y apparaître. Le paiement de la taxe a lieu au moment du dépôt de la déclaration, et les entités interposées sont solidairement responsables.

6. LA TAXE D'AMÉNAGEMENT

La taxe d'aménagement a été instituée pour les communes, les établissements publics de coopération intercommunale, les départements et la région Île-de-France. Elle a pour objectif de financer des actions et opérations permettant d'assurer un développement urbain et rural maîtrisé. Différents objectifs sont rassemblés : la gestion de l'habitat, l'utilisation économique et équilibrée des espaces (naturels, urbains et ruraux) et le développement durable.

Cette taxe et les précisions la concernant sont prévues aux articles L331-6 et suivants du Code de l'urbanisme. Elle s'applique aux autorisations d'aménager ou de construire, ainsi qu'aux demandes d'autorisations modificatives qui génèrent un complément d'imposition.

Cette taxe doit être intégrée au prix de revient de l'ensemble immobilier qui a été construit, ce qui veut dire qu'elle est amortissable sur toute la durée d'utilisation de la construction. Elle se divise en trois parts : une part communale et intercommunale, une part départementale et une part régionale. Le régime fiscal est harmonisé sur l'ensemble du territoire en ce qui concerne l'assiette, le recouvrement, le contrôle et le contentieux. Cependant, la fixation du taux est déterminée par les organes délibérant dans le cadre de la loi.

Les opérations imposables

La taxe d'aménagement vise toutes les opérations d'aménagement, de construction, de reconstruction ou d'agrandissement de bâtiments, d'installation ou d'aménagement de toute nature, tant qu'elles sont soumises à un régime d'autorisation en vertu du Code de l'urbanisme. Son fait générateur est la date de délivrance de l'autorisation de l'opération.

Les opérations exonérées

Les exonérations de plein droit

Les exonérations totales de plein droit concernent :

- les constructions ou aménagements destinés à être affectés à un service public ou d'utilité publique, dont la liste est consultable à l'article R. 331-4 du Code de l'urbanisme ;

- les constructions de locaux à usage d'habitation et d'hébergement à caractère social bénéficiant du taux réduit de TVA et financés par un prêt locatif aidé d'intégration ;
- certains locaux des exploitations et coopératives agricoles ;
- lorsqu'ils font l'objet d'un plan de prévention des risques naturels prévisibles, technologiques ou miniers, les aménagements prescrits sur des biens immobiliers et mis à la charge des propriétaires ou des exploitants si ces biens ont été construits ou aménagés avant l'approbation de ce plan ;
- les constructions faisant moins de 5 m^2 de surface ;
- les reconstructions d'immeubles démolis depuis moins de dix ans ou celles d'immeubles sur des terrains reconnus extrêmement dangereux et classés inconstructibles si les indemnités d'assurance versées ne comprennent pas déjà la taxe.

Les exonérations de la part communale ou intercommunale de plein droit concernent :

- les constructions réalisées dans des périmètres d'opérations d'intérêt national ou des zones d'activité commerciale, et pour lesquelles le coût des équipements a été mis à la charge des constructeurs et aménageurs ;
- les constructions réalisées dans les périmètres de projets urbains partenariaux, prévus par le Code de l'urbanisme.

Les exonérations facultatives

C'est sur décision des organes délibérants que certaines constructions peuvent être soumises à exonération totale ou partielle. On compte parmi elles, par exemple :

- les commerces de détail dont la surface de vente est inférieure à 400 m^2 ;
- les locaux à usage industriel ou artisanal, entrepôts, hangars ou parcs de stationnement qui sont couverts et faisant l'objet d'une exploitation commerciale ;
- les surfaces des locaux annexes à usage de stationnement des immeubles à usage autre que d'habitation individuelle.

Le calcul de la taxe

La valeur de la surface construite compose l'assiette de la taxe d'aménagement par un prix forfaitaire au mètre carré. Cette surface taxable est spécifique, dans le sens où elle est égale à la somme des surfaces de plancher de chaque niveau clos et couvert, et calculée à partir du nu intérieur des façades, après déduction de certaines surfaces, comme celles correspondant à l'épaisseur des murs qui entourent les embrasures des portes et fenêtres qui donnent vers l'extérieur. Cela permet de ne pas pénaliser les travaux d'isolation des murs. Toutes les surfaces intérieures sont prises en compte, y compris celles sans ouverture vers l'extérieur, comme des caves ou des locaux techniques.

La valeur du mètre carré est révisée au 1er janvier de chaque année. Un abattement de 50 % est appliqué pour des logements à caractère social qui bénéficient de la TVA au taux réduit, pour les locaux à usage industriel ou artisanal et leurs annexes, ainsi que pour les entrepôts ou hangars non ouverts au public qui font l'objet d'une exploitation commerciale par exemple.

Les installations et les aménagements doivent également faire l'objet d'une valorisation forfaitaire non révisable annuellement.

EXEMPLES

Les emplacements de tentes, caravanes ou résidences mobiles de loisirs sont valorisés à 3 000 € par emplacement, et les aires de stationnement qui ne sont pas comprises dans la surface d'une construction sont valorisées à 2 000 € par emplacement. Pour les piscines, il s'agit de 200 €.

Le taux d'imposition

Pour la part communale et intercommunale, le taux d'imposition est par défaut de 1 %. Sous délibération, il peut être porté jusqu'à 5 %. Il peut ainsi être différent en fonction des aménagements à réaliser par secteurs du territoire des communes ou des établissements publics de coopération intercommunale.

Sur délibération motivée, le taux peut être augmenté jusqu'à 20 % dans certains secteurs, notamment si la réalisation de travaux substantiels de voirie ou de réseaux ou la création d'équipements publics généraux en raison de l'importance des constructions nouvelles est rendue nécessaire.

Pour la part départementale, le taux fixé par les conseils généraux ne peut excéder 2,5 %. Ceux-ci peuvent également prévoir sa répartition entre la politique de protection des espaces naturels sensibles et les conseils d'architecture, d'urbanisme et de l'environnement. Pour la part région Île-de-France, le taux ne peut dépasser 1 % et est fixé par le conseil régional d'Île-de-France.

Tous ces taux sont valables un an et sont reconduits de plein droit l'année d'après si aucune nouvelle délibération n'a été adoptée avant le 30 novembre pour une entrée en vigueur au 1er janvier de l'année suivante.

Le recouvrement

Les redevables de la taxe sont les personnes bénéficiaires des autorisations de construire ou d'aménager.

Le fait générateur est constitué par l'attribution du permis, qu'elle soit expresse ou tacite. L'attribution est tacite lorsque le délai d'instruction du permis est expiré, c'est-à-dire au bout de deux ou trois mois à compter de la réception de la demande, selon la nature des constructions. Elle est liquidée par les services de l'État chargés de l'urbanisme dans le département.

La taxe devient exigible à la date de l'émission du titre de perception. Celui-ci est unique si la taxe ne dépasse pas 1 500 €. Si elle dépasse ce montant, elle est perçue en deux fractions égales le 12e et le 24e mois après la date de délivrance de l'autorisation de construire ou d'aménager.

La décharge, la réduction ou la restitution de la taxe

La décharge, la réduction ou la restitution de la taxe peut être obtenue partiellement ou totalement dans plusieurs cas, notamment si le redevable :

- justifie qu'il n'a pas donné suite à l'autorisation ;
- démontre qu'il peut bénéficier d'une exonération ou d'une exclusion à laquelle il n'avait pas droit au moment du dépôt de la demande.

C'est également possible si les constructions sont démolies en vertu d'une décision du juge civil, ou si une erreur a été commise dans l'assiette ou le calcul de la taxe.

Le recours contre la taxe

Le recours contre la taxe doit faire l'objet d'une réclamation préalable auprès de l'administration. En matière d'assiette, le recours est recevable jusqu'au 31 décembre de la deuxième année qui suit celle de l'émission du premier titre de perception ou du titre unique.

Les **réclamations** sont présentées, instruites et jugées selon les règles applicables en matière d'impôts directs locaux. Pour ce qui est du **recouvrement**, les réclamations sont présentées, instruites et jugées selon les règles applicables aux créances étrangères à l'impôt et au domaine.

7. LA TAXE SUR LES LOGEMENTS DE PETITE SURFACE

Cette taxe a été érigée pour lutter contre les loyers excessifs pratiqués sur les petites surfaces, à Paris par exemple. Elle visait les prix au mètre carré qui dépassent un certain seuil, notamment pour les logements de faible superficie qui se trouvent dans des zones de forte tension locative.

Cette taxe a été supprimée par la loi de finances pour 2020. Elle était prévue à l'article 234 du CGI.

CE QU'IL FAUT RETENIR

TAXE	CHAMP D'APPLICATION	EXCLUSION / EXONÉRATION	ASSIETTE / TAUX
L'enregistrement	Concerne les actes et les mutations. Obligatoire selon la qualité de ceux qui les établissent ou selon leur contenu.	L'enregistrement est facultatif pour certains actes.	**La base imposable :** le prix de cession le montant de la donation le montant de la succession **Les taux :** voir les tableaux DMTO/DMTG
La contribution sur les revenus locatifs	Vise certaines personnes morales percevant au 1er janvier de l'année d'imposition des loyers d'immeubles achevés depuis 15 ans au moins.	**Exonération :** les locations soumises à la TVA de plein droit ou sur option, les locations consenties à l'État ou aux établissements publics nationaux scientifiques, d'enseignement ou de bienfaisance, ainsi que de nombreuses autres exonérations.	**La base imposable :** le montant net des recettes perçues **Taux :** 2,5 %
La taxe sur les logements vacants	Pour les zones géographiques présentant un déséquilibre marqué entre l'offre et la demande de logements. Concerne les locaux d'habitation. Pour les locaux sans occupation pendant un an depuis le 1er janvier.	**Exclusion :** les logements soumis à la taxe d'habitation, les résidences secondaires, les logements détenus par des organismes d'habitation à loyer modérés, etc.	**La base imposable :** valeur locative de l'habitation **Taux :** 12,5 % la première année 25 % après la première année

TAXE	CHAMP D'APPLICATION	EXCLUSION / EXONÉRATION	ASSIETTE / TAUX
La taxe forfaitaire sur la cession de terrains devenus ou rendus constructibles	Vise les cessions à titre onéreux de terrains devenus constructibles. Taxe communale et taxe nationale.	**Hors du champ d'application :** les marchands de biens, les lotisseurs ou autres professionnels de l'immobilier. Les biens inscrits à l'actif d'une activité professionnelle imposée en BIC, BA ou BNC. La cession de droit démembré relative à un terrain nu. Des exonérations s'appliquent également.	**La base imposable :** le montant égal au prix de cession du terrain diminué du prix d'acquisition mentionné dans les actes **Taux :** 5 % ou 10 %
La taxe 3 %	Concerne les personnes morales, françaises ou étrangères, qui possèdent un immeuble en France.	**Exclusion** si les actifs immobiliers représentent moins de 50 % de la totalité des actifs français. **Exonération** sous condition de résidence. **Exonération** sous condition de résidence et d'obligations déclaratives.	**La base imposable :** immeubles bâtis et non bâtis situés en France, ainsi que les droits réels portant sur ces immeubles **Taux :** 3 % de la valeur vénale de ces biens et droits immobiliers
La taxe d'aménagement	S'applique aux autorisations d'aménager ou de construire, ainsi qu'aux demandes d'autorisations modificatives qui génèrent un complément d'imposition.	Des **exonérations** totales de plein droit. Des **exonérations** de la part communale ou intercommunale de plein droit. Des **exonérations** facultatives.	**La base imposable :** la valeur de la surface construite Il existe des abattements. **Taux :** 1 % par défaut 5 % maximum selon délibérations communales/ intercommunales 2,5 % pour les départements 2 % maximum pour la région IDF
La taxe sur les logements de petite surface	Vise les prix au mètre carré qui dépassent un certain seuil, notamment pour les logements de faible superficie. ***Supprimée par la LF pour 2020***		**La base imposable :** loyers perçus au cours de l'année **Taux :** entre 10 % et 40 %

ENTRAÎNEZ-VOUS !

Plusieurs réponses possibles

1. Quelle taxe n'est plus en vigueur ?
❑ La contribution sur les revenus locatifs.
❑ La taxe sur les logements vacants.
❑ La taxe sur les logements de petite surface.

2. À quoi la taxe sur les logements vacants est-elle applicable ?
❑ Aux locaux d'habitation.
❑ Aux résidences secondaires.
❑ Aux logements soumis à la taxe d'habitation.

3. Que paye-t-on lors d'une cession d'immeuble ?
❑ Pas de taxe.
❑ Des droits de mutation à titre gratuit.
❑ Des droits de mutation à titre onéreux.

4. Est-il possible de bénéficier d'un abattement en cas de donation entre frères et sœurs ?
❑ Oui.
❑ Non.

5. Qu'est-ce qu'un immeuble neuf au sens fiscal ?
❑ Un immeuble terminé d'être construit.
❑ Un immeuble de moins de 5 ans.
❑ Un immeuble de moins de 8 ans.

CAS PRATIQUE :
Monsieur X va acheter un bien à 200 000 € à Mayotte.
Il aimerait connaître les droits d'enregistrement afférents.
Il va également acheter une maison à 300 000 € dans la Marne.
Calculez les droits d'enregistrement.
Enfin, il décide de faire des donations : 250 000 € à son fils et 100 000 € à son frère.
Quels sont les droits de mutation à titre gratuit afférents ?

12

QUELLES SONT **LES IMPOSITIONS LOCALES** À CONNAÎTRE ?

OBJECTIFS À ATTEINDRE

1. Connaître les différentes impositions existantes en matière immobilière, au niveau local.
2. Maîtriser les étapes de suppression de la taxe d'habitation et savoir qui est concerné par cette suppression.
3. Comprendre la logique de la CET.

Les impositions qui existent en France et que nous avons abordées jusqu'à présent représentaient des ressources pour l'État français. Dans ce thème, il est intéressant de se rendre compte qu'il existe également bon nombre d'impositions au niveau local, qui servent à financer les services publics proposés par les différentes collectivités.

Les impôts directs locaux représentent l'essentiel des ressources fiscales des collectivités territoriales (communes, départements, régions et collectivités d'outre-mer), des établissements publics de coopération intercommunale – EPCI – (communautés urbaines, communautés de communes, syndicats de communes, communautés d'agglomération, métropoles) et de certains organismes consulaires (notamment, chambres de commerce et d'industrie, chambre des métiers et de l'artisanat) d'établissements publics fonciers.

Le tableau ci-après précise qui sont les bénéficiaires des taxes que nous allons détailler.

TAXES	BÉNÉFICIAIRES
Taxe foncière sur les propriétés non bâties	Communes, EPCI et, jusqu'en 2021, départements
Taxe foncière sur les propriétés bâties	Communes, EPCI
Taxe d'habitation	Communes, EPCI
Cotisation sur la valeur ajoutée des entreprises (CVAE)	Communes, EPCI, départements, régions
Cotisation foncière des entreprises (CFE)	Communes, EPCI
Taxe sur les surfaces commerciales	Communes ou EPCI

Les bénéficiaires des impositions locales

1. LES TAXES FONCIÈRES

La taxe foncière se compose de deux branches :

- la taxe foncière sur les propriétés non bâties ;
- la taxe foncière sur les propriétés bâties.

La taxe foncière sur les propriétés non bâties

La taxe foncière sur les propriétés non bâties vise les **terrains à bâtir ou agricoles** situés en France, sous réserve d'exonération prévue par la loi.

Elle est annuelle et due par toutes les **personnes physiques propriétaires** ou **usufruitiers** au 1er janvier de l'année d'imposition. Elle est calculée comme suit :

Revenu cadatral de l'immeuble × Taux fixé par les collectivités locales

Le revenu cadastral correspond à la valeur locative cadastrale diminuée d'un abattement forfaitaire de 20 %.

La valeur locative cadastrale désigne la valeur, estimée par l'administration fiscale, de l'habitation du contribuable. Elle permet de déterminer le montant de la taxe foncière ou de la taxe d'habitation. Elle est actualisée et revalorisée chaque année.

L'AVIS DE L'EXPERT

Il est possible de contester la valeur locative attribuée à votre propriété non bâtie, pour en demander la réduction.
Une réclamation, avec les justificatifs, doit être déposée à votre centre des impôts fonciers jusqu'au 31 décembre de l'année qui suit celle de la mise en recouvrement.
Par exemple, l'imposition établie pour 2020 peut ainsi être contestée jusqu'au 31 décembre 2021.

Voici les propriétés non bâties **exonérées** :
- de la part régionale et départementale, les propriétés agricoles (les terres, vergers et cultures fruitières d'arbres et arbustes, les vignes, etc.) ;
- de la part communale, sous certaines conditions, les prés, prairies naturelles, herbages et pâturages, marais, landes, terrains vagues, etc. ;
- de la taxe, les propriétés agricoles qui se situent en Corse ;
- de 20 % de la part communale et intercommunale, les propriétés agricoles.

Il existe également des **exonérations temporaires**, par exemple pour les terrains qui ont été ensemencés, plantés ou replantés. Ces exonérations valent pendant 50 ans pour les feuillus et bois autres que les résineux, qui bénéficient d'exonérations d'une durée de 30 ans à compter de la plantation ou de la replantation.

Des **exonérations temporaires ou permanentes sont possibles sur décision des municipalités**. Elles sont relatives aux terrains plantés en oliviers et en arbres truffiers, à ceux exploités en mode biologique, ou encore à ceux arboricoles ou viticoles. Elles sont accordées à compter du 1er janvier de l'année suivant celle de l'achèvement des travaux de plantation.

Des **dégrèvements** de la taxe sont également prévus :

- sur réclamation du propriétaire en cas de **disparition de son immeuble non bâti** ou de la **perte de ses récoltes sur pied** à la suite d'un événement extraordinaire, comme une inondation ou la grêle, ou de la perte de bétail à la suite d'une épidémie ; le dégrèvement est **total** ou **proportionnel à la perte subie ;**
- pour l'**installation des jeunes agriculteurs** et pour une durée de cinq années ; le dégrèvement s'élève à 50 % de plein droit pour ceux qui bénéficient de la dotation d'installation ou de prêts à moyen terme spéciaux, ou pour **ceux** qui **ont souscrit** à un contrat territorial d'exploitation ; le surplus peut entrer dans le dégrèvement sur décision des collectivités territoriales.

Le paiement de la taxe peut soit s'échelonner sur tous les mois de l'année, soit en deux acomptes avec versement du solde en fin d'année. Le règlement de la totalité de la taxe peut aussi avoir lieu en fin d'année.

La taxe foncière sur les propriétés bâties (articles 1382 à 1387 du CGI)

Champ d'application et calcul

Sauf exonérations prévues par la loi, toutes les propriétés bâties **situées en France** sont soumises à la taxe sur les propriétés bâties. Il s'agit des propriétés fixées au sol, qu'il est impossible de déplacer sans les démolir, ou des aménagements qui font corps avec elle. Les **appartements, maisons, constructions**, installations ou bâtiments commerciaux ou industriels (par exemple, un hangar) remplissent ces conditions.

Cette taxe est **annuelle** et due par toutes les **personnes physiques propriétaires** ou **usufruitiers** du **1er janvier de l'année d'imposition**, et est calculée comme suit :

Revenu cadastral de l'immeuble × Taux fixé par les collectivités locales

Le revenu cadastral est donc la base d'imposition : il correspond à la valeur locative cadastrale diminuée d'un abattement de 50 %. L'abattement forfaitaire de 50 % permet de prendre en compte les frais de gestion, d'assurance, d'amortissement, d'entretien et de réparation.

L'AVIS DE L'EXPERT

Si, en cours d'année, vous apportez des modifications à votre habitation, la potentielle augmentation de sa valeur locative n'est pas prise en compte immédiatement. Elle n'intervient qu'au 1er janvier de l'année suivante, aux fins de calcul de la taxe foncière.

Les exonérations

Les exonérations attachées au propriétaire

Certaines **personnes** bénéficient d'une **exonération au titre de leur résidence principale**. Il s'agit des personnes âgées de plus de 75 ans ou en situation de handicap dont les revenus sont modestes, ou encore des titulaires d'une allocation supplémentaire du Fonds national de solidarité (FNS).

Les exonérations attachées à la construction

Des exonérations existent si la **construction est nouvelle**. Elles s'appliquent à compter du 1er janvier de l'année suivant celle de son achèvement, sous réserve d'une demande formulée dans les 90 jours après l'achèvement des travaux au centre des impôts dont dépend le logement. La durée de l'exonération varie selon l'habitation :

- Elle est de longue durée, soit 10 à 25 ans, pour les logements sociaux et affectés à l'habitation principale, et sous certaines conditions tenant aux prêts.
- Elle est de courte durée, soit deux ans, sur les parts communales et départementales, pour les autres immeubles à usage d'habitation et occupés ou non par leur propriétaire. L'exonération n'est que partielle sur la part départementale si l'immeuble est affecté à un usage industriel ou commercial par exemple. Les parts communale et intercommunale restent dues.

Parmi les immeubles **exonérés**, on trouve :

- les logements sociaux à usage locatif, bénéficiant d'une exonération totale ou partielle pour une durée déterminée ; ce sont les collectivités locales qui décident de ces exonérations, lesquelles sont généralement soumises à conditions ;

- les logements situés en zone franche urbaine, qui peuvent se voir appliquer une exonération d'une durée de cinq ans sous conditions ;
- les logements économes en énergie qui ont été achevés avant le 1er janvier 1989 et pour lesquels le propriétaire a engagé au minimum 10 000 € de dépenses d'équipement qui ouvrent droit au crédit d'impôt en faveur du développement durable ; l'exonération est valable cinq ans à hauteur de 50 % ou 100 % ;
- les logements achevés depuis 2009 présentant une performance énergétique globale élevée ;
- les logements situés dans des zones de prévention de risques miniers ;
- les logements situés dans des zones à risques technologiques ;
- certains établissements de tourisme situés dans les zones de revitalisation rurale (ZEE) ;
- les immeubles situés dans des zones de restructuration de la défense (ZRD) ;
- les logements affectés à la résidence principale et issus de la transformation de bureaux, qui ont bénéficié d'une exonération temporaire à compter de la taxe foncière due de l'année 2017 ; elle s'est appliquée pendant cinq ans à compter de l'année qui a suivi celle de l'achèvement des travaux de transformation.

Les dégrèvements

Des **dégrèvements** sont également prévus. Ils concernent notamment les taxes foncières au titre de la résidence principale des personnes de plus de 65 ans et dont les revenus sont modestes. Le dégrèvement est également possible en cas d'inexploitation ou de vacances pendant au minimum trois mois d'un immeuble à usage locatif ou à usage commercial et/ou industriel, et qui était occupé par le redevable de la taxe foncière. Dans ce dernier cas, le dégrèvement n'est pas accordé d'office. Il faut en faire la demande au service des impôts des non-résidents au plus tard le 31 décembre de l'année suivant celle au cours de laquelle les locaux ont été inoccupés pendant au moins trois mois.

La taxe foncière peut également être plafonnée en fonction d'un plafond de revenus (article 1417, II du CGI) des propriétaires lorsqu'elle porte sur leur résidence principale. Ce dispositif permet un dégrèvement des cotisations de taxe foncière supérieure à 50 % des revenus.

Les déclarations

Une déclaration doit être faite dans les 90 jours suivant la fin de la nouvelle construction ou de la reconstruction. Le modèle de déclaration dépend de la nature de cette dernière : modèle H1 si la déclaration concerne une maison isolée, ou H2 s'il s'agit d'un appartement et d'une dépendance dans un immeuble collectif.

Par ailleurs, en cas de transformation, restauration ou aménagement d'une construction existante, il faut déclarer, avec le modèle IL, ce changement de consistance dans les 90 jours suivant la fin des travaux.

Le paiement

Le paiement de la taxe peut soit s'échelonner sur tous les mois de l'année, soit être effectué en deux acomptes avec versement du solde en fin d'année. Le règlement de la totalité de la taxe peut aussi avoir lieu en fin d'année.

2. LA TAXE D'HABITATION

La taxe d'habitation est un impôt local dépendant des caractéristiques du logement, de sa localisation et de la situation personnelle (revenus, composition du foyer, etc.) au 1er janvier de l'occupant. Elle est abordée aux articles 1407 et suivants du CGI.

Que ce soit en la qualité de propriétaire ou de locataire du contribuable, ou encore en sa qualité d'occupant à titre gratuit, la taxe d'habitation est exigée dès lors qu'il occupe une habitation meublée à titre privatif.

> **ACTUALITÉ**
> À partir de 2023, cette taxe doit normalement être supprimée pour l'ensemble des foyers fiscaux, quel que soit leur niveau de revenus. Cette exonération ne concerne cependant que la résidence principale.

Il convient donc de déterminer deux composantes pour l'application de cette taxe :

- la nature des locaux imposables ;
- la qualité des occupants.

La nature des locaux imposables

Les locaux meublés à usage d'habitation

Il s'agit de tous les locaux disposant d'un **ameublement suffisant**, même sommaire, qui permet leur **occupation effective**. La jurisprudence a eu l'occasion de se prononcer à plusieurs reprises sur la **composition mobilière nécessaire** du logement.

EXEMPLE

Dès lors qu'il ne résulte pas de l'instruction qu'une maison est dépourvue du mobilier permettant de s'y coucher, il a été considéré que son occupant est passible de la taxe si elle est équipée d'installations raccordées à l'eau et à l'électricité, permettant au contribuable de se laver et de prendre ses repas. Un local utilisé comme dépôt de meubles et qui ne peut être utilisé comme une habitation, ou encore une maison avec des pièces vides qui peuvent, par leur disposition, faire l'objet d'une location séparée, ne sont ainsi pas soumis à la taxe.

Pour l'établissement de la taxe, il est aussi tenu compte des **dépendances**, à savoir de tout local ou terrain pouvant être considéré comme une **annexe de la partie principale du local**, compte tenu de sa situation, de son aménagement ou de sa destination (par exemple, un garage, un parc, un jardin d'agrément).

Leur évaluation dépend de plusieurs facteurs, notamment de la **proximité avec l'habitation** ou de leur **caractère individuel ou collectif**, ainsi que de leur **affectation précise** ou non à un occupant.

EXEMPLE

Si les garages et parkings sont situés loin du domicile du contribuable, ils ne peuvent être considérés comme une dépendance et échappent à la taxe d'habitation (article 1409 du CGI). Selon l'administration, il en est ainsi lorsqu'ils sont à plus d'un kilomètre de distance du domicile.

Les locaux à usage mixte

Il s'agit des locaux utilisés à **usage personnel et professionnel**. Ils sont imposables alors même qu'ils sont soumis à la CFE. En revanche, si les locaux sont exclusivement à usage professionnel, ils échappent à la taxe d'habitation.

Les locaux meublés donnés en location par les particuliers

Cette situation concerne les particuliers qui mettent en **location meublée une résidence** dans laquelle ils **habitent le reste de l'année**. Ici, l'activité ayant un **caractère habituel**, elle est imposable à la **CFE**. Par ailleurs, le propriétaire est également imposable à la **taxe d'habitation**, puisqu'il se réserve la **jouissance de ce logement une partie de l'année**.

Les locaux meublés à usage privatif des sociétés, associations ou organismes privés non soumis à la CFE

Pour que ces locaux soient soumis à la taxe d'habitation, trois conditions doivent être remplies :

- Ils doivent être meublés en **conformité avec leur destination**.
- Leur occupation doit l'être à **titre privé par la collectivité** qui en a la disposition. Les locaux auxquels le public a librement accès ne sont pas concernés.
- Les personnes qui en ont la disposition ne doivent **pas être soumises à la CFE sur ces locaux**.

Les logements vacants depuis plus de deux années

Ces locaux doivent disposer d'un accès qui leur est propre et constituer une unité d'habitation autonome.

Seules les communes où la taxe sur les logements vacants n'est pas applicable peuvent décider d'assujettir ce type de logement à la taxe d'habitation. Les dispositions de l'article 1408 du CGI adaptent l'assujettissement à la taxe d'habitation des logements vacants. Ces dispositions prévoient que la taxe d'habitation est établie aux noms de personnes qui ont la disposition ou la jouissance des locaux imposables. Pour rappel, si un logement est suffisamment meublé, et donc habitable, c'est la taxe d'habitation qui s'applique ; lorsque ce n'est pas le cas et que le logement est vacant, c'est la taxe sur les logements vacants qui est due.

Les locaux à usage d'habitation principale

Dans ce cas, à compter des cotisations établies en 2023, ces locaux seront exonérés totalement de la taxe d'habitation. Cette qualité s'apprécie au 1er janvier de l'année d'imposition.

Les personnes imposables

Toute personne qui a la jouissance ou la disposition de locaux imposables est redevable de la taxe d'habitation. Celle-ci est établie au nom de ces personnes au 1er janvier de l'année d'imposition, quel que soit leur titre.

EXEMPLES

Si un logement loué meublé en saisonnier est occupé par son propriétaire en dehors des périodes de location, alors le locataire échappe à cette taxe. Le propriétaire demeure donc ici redevable de la taxe d'habitation.

En revanche, si le propriétaire ne s'en réserve pas l'occupation et qu'il n'y séjourne pas effectivement, il n'est pas redevable de la taxe.

Un logement loué à un étudiant par bail pour une durée d'au moins neuf mois continus, et à titre de résidence principale, ne constitue pas une location saisonnière. C'est le locataire qui est redevable de la taxe au titre de l'article 1408 du CGI.

La disposition personnelle de tels locaux est établie si le contribuable peut à tout moment les occuper en ayant la jouissance privative, même s'il ne les occupe pas effectivement. C'est par exemple le cas du contribuable qui a la libre disposition d'un logement meublé, même s'il réside ailleurs. Autrement dit, il s'agit pour lui d'une résidence secondaire. Dans cette hypothèse, il demeure redevable de la taxe.

Dans le cas d'une société de pluripropriétés, si les statuts prévoient que les impôts locaux sont dus par elle, l'administration fiscale établit la taxe d'habitation au nom de la société pour tous les logements à la disposition de ses membres.

S'il s'agit d'époux, ils sont solidairement débiteurs de la taxe. Si l'un d'eux quitte le domicile, la responsabilité solidaire est limitée à la durée effective de cohabitation.

EXEMPLE

Si les époux vivent sous le même toit au 1er janvier N, mais que l'un des deux quitte le domicile le 1er juillet N, ce dernier n'est solidaire au paiement de la taxe que sur les six premiers mois de l'année. Les six mois restants doivent être payés par l'époux gardant le domicile.

Si la propriété est indivise, l'administration fiscale peut assujettir l'ensemble, plusieurs ou un seul des propriétaires indivis, en fonction des conditions dans lesquelles ils disposent du logement. La taxe doit cependant être supportée par l'ensemble des coïndivisaires en proportion de leurs droits dans l'indivision, en tant que dépense de conservation de l'immeuble indivis.

Si des partenaires de pacs font une déclaration commune au titre de l'impôt sur le revenu, alors ils font l'objet d'une imposition commune de la taxe d'habitation de leur résidence principale.

Les exonérations

Les locaux exonérés

Les locaux à **usage professionnel soumis à la CFE** sont exonérés de taxe d'habitation. S'ils sont à **usage mixte, l'exonération n'est cependant pas applicable**.

En revanche, cette exonération n'est valable que **si la CFE est acquittée par les occupants**. En d'autres termes, les locataires de logements meublés ne peuvent pas être exonérés de la taxe d'habitation sous prétexte que leur bailleur paie la CFE.

Les personnes exonérées

Parmi les personnes bénéficiant de l'exonération, on trouve les contribuables **âgés de plus de 60 ans ou veufs** remplissant certaines conditions – notamment s'il s'agit de leur résidence principale –, et dont le **montant des revenus n'excède pas une limite** posée par l'article 1417, I du CGI. Cette exonération concerne aussi les contribuables **infirmes ou invalides** remplissant certaines conditions, dont le handicap les empêche de subvenir aux nécessités de l'existence par le travail et dont les revenus n'excèdent pas une limite (article 1414, I-3° du CGI).

Les dégrèvements

Il existe des dégrèvements de la **totalité** de la taxe d'habitation, par exemple pour les contribuables relogés à la suite de la démolition de leur logement dans le cadre du programme national de rénovation urbaine.

Un dégrèvement d'un nouveau genre a été créé en vue de **préparer la suppression de la taxe d'habitation sur les résidences principales**. Au titre de 2020, 80 % des foyers ne dépassant pas un revenu fiscal de référence ont ainsi pu être dispensés du paiement de cette taxe. Les personnes concernées par ce dégrèvement sont celles qui ne sont pas exonérées ou dégrevées totalement de la taxe afférente à l'habitation principale. Par ailleurs, celles qui sont passibles de **l'impôt sur la fortune immobilière (IFI)** ne peuvent **pas bénéficier** de ce dégrèvement.

Le revenu du contribuable ne doit pas dépasser un certain montant pour une part de quotient familial. Ce montant est majoré pour chaque demi-part supplémentaire et est revalorisé chaque année. Le revenu fiscal de référence est calculé à partir du **revenu net imposable**, auquel on ajoute le montant de certaines charges déductibles, et abattements, et des revenus exonérés ou soumis à des prélèvements et versements libératoires.

L'AVIS DE L'EXPERT

Il est intéressant de noter que si vous vivez avec des personnes dans un logement qui est également leur résidence principale, sans que ces personnes fassent partie de votre foyer fiscal, et que la taxe d'habitation est aussi établie à leurs noms, leurs revenus sont également pris en compte pour le calcul de la taxe (contrairement à l'impôt sur le revenu).
C'est par exemple le cas des concubins ayant opté pour l'imposition conjointe de la taxe.

Le dégrèvement est **linéaire** pour les contribuables ne dépassant pas un montant de revenu fiscal de référence. Pour être calculé, le taux de dégrèvement de l'année en cause doit être multiplié par la cotisation de la taxe d'habitation de l'année d'imposition.

Afin d'éviter les effets de seuil, les contribuables dont les revenus excèdent la limite prévue pour l'application du taux de droit commun bénéficient d'un **dégrèvement dégressif**.

L'AVIS DE L'EXPERT

En principe, les contribuables qui en relèvent doivent d'office obtenir le dégrèvement. Toutefois, si l'administration fiscale omet de vous l'appliquer, vous pouvez former une réclamation au service des impôts. Vous trouverez l'adresse sur votre avis d'imposition. Vous pouvez le faire jusqu'au 31 décembre de l'année suivant celle de la mise en recouvrement de l'imposition établie à tort.

À compter de 2023, la taxe d'habitation sera supprimée lorsqu'elle porte sur la résidence principale du contribuable. À compter de janvier 2021, l'exonération touche également les contribuables faisant partie des 20 % les plus favorisés, dont le seuil de revenus, prévu à l'article 1417, II, bis-2, est dépassé. Ils peuvent bénéficier d'une exonération de 30 % en 2021 et d'une exonération de 65 % en 2022, avant la suppression de la taxe en 2023.

Dès lors, dès 2023, la taxe d'habitation sera limitée aux **locaux meublés affectés à l'habitation autre que la résidence principale**, ainsi qu'aux **locaux meublés occupés à titre privatif par des personnes morales.**

Il faut noter que ces locaux pourront, dès 2023, encore faire l'objet de la **majoration sur la résidence secondaire** si une délibération est adoptée en ce sens. Plusieurs villes ont déjà voté une telle majoration, et il ne serait pas surprenant que l'idée se développe en France, afin de compenser les pertes liées à la suppression de la taxe d'habitation applicable sur les résidences principales.

Les propriétaires des locaux entrant dans le champ d'application de la taxe d'habitation devront chaque année souscrire une déclaration avant le 1er juillet. S'ils s'en réservent la jouissance, elle devra contenir les informations relatives à la nature de leur occupation et, si les locaux sont occupés par des tiers, l'identité des occupants.

Les plafonnements des cotisations en fonction du revenu

Ce dispositif de plafonnement vise les contribuables qui n'ont **pas de mesure d'allègement de la taxe**, mais dont le **montant des revenus demeure modeste**. Ce dernier ne doit tout de même pas excéder une limite fixée par l'article 1417, II du CGI.

Le revenu de référence s'entend comme le **montant net des revenus et plus-values** qui ont été retenus pour l'établissement de l'impôt sur le revenu de l'année précédente. Ces revenus sont majorés de certains revenus exonérés et charges déductibles. Par ailleurs, un abattement leur est appliqué par part et demi-part supplémentaire de quotient familial.

Les limites de revenus pour bénéficier de ce plafonnement sont établies chaque année (articles 1414 A et 1417 II du CGI) et peuvent dépendre de plusieurs éléments, par exemple du fait que les cohabitants soient ou non imposés conjointement à la taxe d'habitation ou qu'il s'agit d'étudiants majeurs dont le lieu de résidence est différent de celui de leurs parents.

La base d'imposition

La base d'imposition est déterminée par la **valeur locative brute**, à laquelle on applique un **abattement pour charge de famille**.

Jusqu'en 2026, la détermination de la valeur locative des locaux d'habitation telle qu'elle résulte de la dernière révision ou actualisation des évaluations foncières est applicable. Au-delà, c'est la loi de finances pour 2020 qui détermine les modalités de la révision de ces valeurs effectives, par le biais d'une **grille tarifaire sectorisée** et mise à jour annuellement.

En ce qui concerne la valeur locative des locaux à loyers réglementés, elle est déterminée en fonction de la valeur locative cadastrale établie dans les conditions de droit commun.

Les abattements

Les abattements sont déterminés selon les délibérations des collectivités locales. Ils doivent être fixés avant le 1er octobre de l'année précédant celle au titre de laquelle ils sont applicables. Tant qu'une nouvelle décision n'est pas intervenue, ces abattements demeurent valables.

Il existe des abattements de différentes natures : l'abattement obligatoire pour charges de famille (selon la même définition que celle retenue pour le calcul de l'impôt sur le revenu) ou, à titre facultatif, des abattements généraux ou spéciaux, comme l'abattement spécial facultatif en faveur des personnes invalides, infirmes ou handicapées.

Ces abattements ne sont valables **qu'au titre de la résidence principale**, à savoir le lieu où le redevable réside habituellement et effectivement avec sa famille, ou qui est situé dans la commune où il dépose ses déclarations ou il exerce son activité professionnelle. Ils sont calculés par rapport à la valeur locative moyenne des habitations de la collectivité à laquelle on applique un taux déterminé par la collectivité locale dans des limites posées par la loi (article 1411 du CGI).

L'AVIS DE L'EXPERT

Depuis le 9 décembre 2005, il n'est plus nécessaire de déposer une déclaration spéciale au service des impôts pour bénéficier de l'abattement pour charges de famille (ord. n° 2005-1512 du 7 décembre 2005).

La qualité de résidence principale s'apprécie au 1er janvier de l'année d'imposition.

EXEMPLE

En matière de qualification de résidence principale, si un contribuable part temporairement à l'étranger ou dans une autre commune pour son activité professionnelle, mais conserve la disposition de son logement dans lequel sa famille continue de vivre de façon permanente, alors la base d'imposition doit tenir compte des abattements.

En ce qui concerne les résidences secondaires meublées, le montant de la taxe d'habitation est majoré différemment selon les communes.

Le paiement de la taxe

La taxe doit être acquittée par prélèvement automatique ou télérèglement, selon des seuils de montant d'imposition. Sur option, elle peut être payée mensuellement.

En cas d'erreur de la part du contribuable ou de l'administration quant aux omissions ou insuffisances d'imposition, elles peuvent être réparées jusqu'au 31 décembre de l'année suivant celle de l'imposition.

Les contribuables peuvent demander une réduction de leur impôt s'ils ont été surtaxés ou imposés à tort. Pour être recevables, les conditions de forme prévues par les articles R190-1 et suivants du Livre des procédures fiscales (LPF) doivent être respectées.

L'AVIS DE L'EXPERT

Si vous êtes soumis à la majoration pour résidence secondaire, vous pouvez en demander le dégrèvement par réclamation au plus tard le 31 décembre de l'année suivant celle de la mise en recouvrement, notamment si vous êtes contraint de vivre ailleurs que dans votre résidence principale pour des raisons professionnelles, ou si, pour une cause étrangère à votre volonté, vous ne pouvez affecter le logement à l'usage d'une habitation principale.

Par ailleurs, l'État perçoit un prélèvement assis sur ces mêmes valeurs locatives et abattements, dont le taux dépend du montant de la valeur locative et s'étend de 0,2 % à 1,7 %.

3. LA CONTRIBUTION ÉCONOMIQUE TERRITORIALE – CET (CFE ET CVAE)

La loi de finances pour 2010 a réformé la taxe professionnelle pour développer un nouvel impôt : la contribution économique territoriale (CET). Quasi identique à son prédécesseur, la CET se différencie tout de même sur un point, puisque l'activité de location ou de sous-location d'immeubles nus y est soumise. Elle est prévue à l'article 1447-0 du CGI.

La CET est divisée en deux branches :

- la cotisation foncière des entreprises (CFE) ;
- la cotisation sur la valeur ajoutée des entreprises (CVAE).

Toute personne, physique ou morale, qui exerce en France une activité professionnelle non salariée à but lucratif et à titre habituel est redevable de la CET. Si une partie de son activité est effectuée en dehors de la France, elle n'est passible de la CET que sur son activité exercée en France.

Les activités imposables

Les **activités non salariées** concernées sont celles, par exemple, d'experts judiciaires, de gérants de tutelle ou encore d'avocats collaborateurs.

L'ensemble des activités de location ou de sous-location d'immeubles entrent dans le champ d'application de la CFE. Concernant la location nue, l'activité est soumise à la CFE lorsqu'un montant minimum de 100 000 € de recettes brutes hors taxes ou de chiffre d'affaires est tiré de l'activité. Pour estimer ce montant, il faut, le cas échéant, l'ajuster pour qu'il puisse correspondre à une **année pleine**. Il doit en outre être apprécié **au niveau du redevable** de la CFE, indépendamment du nombre d'établissements ou d'immeubles dont il dispose.

Les activités de location ou de sous-location portant sur des immeubles nus à usage d'habitation sont placées hors du champ d'application de la CFE, uniquement si elles relèvent de la gestion d'un patrimoine privé.

Les recettes à retenir sont le montant des **loyers**, les **dépenses** qui incombent normalement à l'assujetti mais mises à la charge du locataire par convention, **les subventions ou indemnités** qui financent les charges déductibles de l'impôt sur le revenu et des **recettes** issues de la location du droit de chasse ou d'affichage, de la concession du droit d'exploitation des carrières, de redevances tréfoncières ou autres redevances analogues ayant l'origine dans le droit de propriété ou d'usufruit.

Le chiffre d'affaires pour la majorité des entreprises regroupe les différentes ventes, redevances, plus-values de cession et refacturations de frais.

L'AVIS DE L'EXPERT

Si votre structure existait déjà au 1er janvier 2010 et que vous y exerciez une activité de location vous faisant entrer dans le champ d'application de la CFE, ou bien que vous dépassiez le seuil pour la soumission à la CFE, cela ne vaut pas comme une création d'établissement. Il n'est donc pas possible d'y appliquer la réduction de base de moitié pour création d'établissement et il faut déposer la déclaration 1447-M (article 1478, II, alinéa 3 du CGI).

Les exonérations permanentes

L'ensemble des exonérations permanentes qui étaient applicables à la taxe professionnelle le sont à la CET.

Les activités de l'État et des collectivités et leurs établissements publics

Il s'agit ici des activités à caractère culturel, éducatif, sanitaire, social, sportif ou encore touristique. L'exonération s'étend aux activités qui constituent le prolongement indispensable de celles énoncées ci-dessus.

Si ces activités ont un caractère annexe, elles ne sont pas concernées par l'exonération.

Le secteur agricole

L'exonération vise ici les exploitants agricoles. Les producteurs de graines, semences et plantes sont en revanche imposés si ces activités sont effectuées par l'intermédiaire de tiers. L'exonération peut également être temporaire et déterminée par les collectivités locales.

Les groupements d'employeurs, s'ils sont constitués d'exploitants individuels agricoles ou de sociétés civiles agricoles, bénéficient de l'exonération. C'est le cas par exemple des groupements d'intérêt économique (GIE) constitués entre exploitants agricoles, ainsi que d'autres organismes agricoles, comme les associations syndicales ayant un objet exclusivement agricole ou les syndicats professionnels agricoles.

L'exonération est accordée, pour l'essentiel, aux entreprises nouvelles pour une durée de deux à cinq ans, aux jeunes entreprises innovantes et universitaires pendant sept ans, ou encore aux jeunes avocats pendant deux ans, par exemple.

Les activités artisanales et assimilées

L'exonération concerne ici les activités artisanales et le travail à façon, les chauffeurs de voiture, les sociétés coopératives d'artisans ou de patrons bateliers, ainsi que les pêcheurs, inscrits maritimes et les sociétés coopératives maritimes.

Les activités liées au spectacle

L'exonération vise les entreprises de spectacle, les établissements de spectacles cinématographiques, ainsi que des activités diverses, comme les activités non commerciales, les activités à caractère social ou celles liées à la santé.

Les exonérations temporaires

La plupart des exonérations temporaires qui étaient applicables à la taxe professionnelle le sont à la CET.

Les exonérations liées au statut du contribuable

Les avocats bénéficient d'une exonération d'une durée de deux ans à compter de l'année qui suit le début de leur exercice.

Les exonérations liées à la localisation de l'entreprise

L'exonération concerne par exemple les entreprises établies dans les zones de redynamisation urbaines, les zones franches urbaines de première, deuxième ou troisième génération, ou encore les activités commerciales situées dans des communes rurales isolées.

La cotisation foncière des entreprises (CFE)

La CFE est due par des **personnes physiques, morales** ou les **structures non dotées de la personnalité morale**, qui exercent une **activité professionnelle non salariée à titre habituel**.

Pour l'administration fiscale, les **activités de location ou de sous-location** sont imposables à la CFE, **qu'elles soient opérées à titre principal ou secondaire**. Par conséquent, si le montant seuil de chiffre d'affaires est atteint, le propriétaire du bien bailleur tout comme le locataire intermédiaire (en cas de sous-location) sont imposables à la CFE. Pour ce qui concerne les locations ou sous-locations de garage ou d'emplacement de stationnement constituant une dépendance de l'habitation, sans prestations de services supplémentaires, elles ne sont pas réputées professionnelles au sens de la CFE.

Quelle que soit la profession exercée, la CFE est due pour l'année entière par la personne qui exerce l'activité imposable au 1er janvier. La base d'imposition est uniquement constituée de la valeur locative des immobilisations à la disposition du redevable durant la période de référence. En principe, il s'agit de l'avant-dernière année précédant celle de l'imposition.

Les **valeurs locatives retenues pour la CFE sont les mêmes que pour la taxe foncière**. À cet égard, on distingue deux types d'immeubles : les locaux commerciaux et les locaux industriels. Tous deux disposent de règles propres pour l'évaluation de leur valeur locative. Pour les locaux commerciaux, il faut se référer à l'article 1498 du CGI ; pour les locaux industriels à l'article 1499 du CGI.

Les entreprises ne sont imposables qu'à raison des biens qui sont librement à leur disposition.

L'AVIS DE L'EXPERT

Le Conseil d'État a précisé à plusieurs reprises en quoi consistait la libre disposition d'un bien.
Par exemple, il a pu affirmer qu'une société qui met gratuitement à disposition des biens à des tiers qui n'en sont pas locataires ou sous-locataires fait entrer lesdits biens dans l'assiette de la taxe professionnelle de la société propriétaire dès lors qu'elle en dispose pour son activité imposable à cette taxe (CE, 26 mars 2008, n° 296625, SA Tornier).
Autrement dit, il n'est pas forcément nécessaire qu'un versement de loyer intervienne pour que le bien entre dans le champ de l'imposition.

Les redevables qui réalisent au moins 5 000 € de chiffre d'affaires (CA) sont redevables d'une cotisation minimum. Elle est calculée sur une base fixée par le conseil municipal ou l'EPCI, et varie selon le chiffre d'affaires ou les recettes du redevable.

CHIFFRE D'AFFAIRES OU RECETTES	BASE MINIMUM (CFE DUE AU TITRE DE 2020)
Entre 5 001 € et 10 000 €	Entre 221 € et 526 €
Entre 10 001 € et 32 600 €	Entre 223 € et 1 061 €
Entre 32 601 € et 100 000 €	Entre 223 € et 2 229 €
Entre 100 001 € et 250 000 €	Entre 223 € et 3 716 €
Entre 250 001 € et 500 000 €	Entre 223 € et 5 307 €

Montant de la CFE en fonction du chiffre d'affaires ou des recettes

Les biens exclus des bases d'imposition

Certains **biens d'équipement spécialisés** sont exonérés. Il s'agit d'immobilisations rattachées au sol à perpétuelle demeure et qui sont spécifiques à l'activité exercée par le redevable de la cotisation. Elles sont intégrées directement et matériellement au sein de la fabrication, de la transformation ou de la manutention, et servent à ladite activité.

Il s'agit par exemple d'installations devant abriter des biens ou des personnes, ou servant à stocker des produits.

L'AVIS DE L'EXPERT

Pour savoir si vous avez des biens qui relèvent de cette catégorie, l'administration fiscale a fourni une liste indicative des immobilisations pouvant être qualifiées d'équipements spécialisés (BOI-IF-TFB-10-50-30, n° 160 et s.) :

- les ouvrages édifiés pour la distribution d'eau potable ;
- les édifices affectés à l'exercice du culte ;
- les abris contre les bombardements aériens ;
- les immeubles appartenant aux associations syndicales de propriétaires sinistrés ;
- les bâtiments provisoires édifiés par l'État à la suite de la guerre de 1939-1945 ;
- les outillages et autres moyens matériels d'exploitation des établissements industriels ;
- les locaux des missions diplomatiques et consulaires et des organismes internationaux ;
- les immobilisations destinées à la production d'électricité d'origine photovoltaïque.

La réduction des bases d'imposition

On trouve des réductions des bases d'imposition de différents ordres, à savoir, et sans être exhaustif :

- la réduction globale pour les aéroports et les installations antipollution : 1/3, 50 % ou 100 % de réduction, selon les cas ;
- la réduction pour les installations de manutention portuaire : 100 %, 75 %, 50 % ou 25 %, selon l'année entrée dans la base d'imposition du cessionnaire ;
- la réduction pour les bâtiments affectés à la recherche : 50 % ;
- la réduction pour les établissements nouveaux : 50 % ;
- la réduction pour les établissements industriels : 30 %.

L'établissement de la CFE

La CFE est due dans **la commune où se situent les locaux ou terrains du contribuable** ou sur le lieu du **principal établissement en cas d'activités de remplacement**. Il peut s'agir du domicile du contribuable, puisque c'est l'adresse mentionnée sur la déclaration de résultat qui est prise en compte.

Pour ce qui est des **contribuables non sédentaires**, s'ils ne disposent pas de locaux ou de terrains, ils sont redevables de la cotisation minimum au lieu de la commune de rattachement retrouvée sur le récépissé de consignation ou, à défaut, au lieu de la résidence principale.

La période de référence à retenir correspond à l'avant-dernière année précédant l'année d'imposition ou le dernier exercice de 12 mois clos s'il ne coïncide pas avec l'année civile.

Cependant, **toute création d'un nouvel établissement est exonérée** de CFE au titre de l'année de sa création. La jurisprudence s'est prononcée à plusieurs reprises sur ce que peut être un nouvel établissement.

EXEMPLE

On considère qu'une usine acquise par un contribuable en janvier, ayant embauché du personnel en février pour la mise en installation, et qui commence ses fabrications en novembre, a commencé son activité en février (CE, 12 janvier 1987, n° 46.227).

Des règles particulières sont également appliquées en cas de changement d'exploitant (articles 1477 et 1478), de cessation d'activité ou de suspension d'activité (article 310 HT de l'annexe II au CGI).

La déclaration à souscrire est la 1447 C lors d'une création ou d'un changement d'exploitation, ou la 1447 M en cas de variation de la consistance des locaux ou de modification d'un des éléments de la déclaration déposée précédemment (qu'il s'agisse de la CFE, de la CVAE ou de l'imposition forfaitaire sur les entreprises de réseaux).

Le paiement

Le paiement de la CFE a lieu par voie **dématérialisée** au moment de la déclaration en mai. Il existe une possibilité de **paiement en deux temps** si la taxe due est supérieure à 3 000 €, avec un premier acompte au 15 juin. Dans ce cas, et si le contribuable ne verse pas d'acompte, c'est au 15 décembre au plus tard que le solde doit être réglé. Par ailleurs, il est possible d'opter pour un **prélèvement mensuel** sur option et pour l'année restant, si elle est exercée avant le 30 juin, ou dès le 1er janvier à défaut.

Il est seulement possible d'acquitter la cotisation par **virement** dans certains cas, par exemple pour les non-résidents ou les entreprises relevant de la direction des grandes entreprises, dans certaines situations.

L'AVIS DE L'EXPERT

Il est possible de réduire vos acomptes si vous estimez que votre base d'imposition sera réduite au minimum de 25 % et si vous prévoyez la cessation de votre activité au cours de l'année.
Il faut alors remettre une déclaration datée et signée au comptable public en charge du recouvrement de cette cotisation du lieu d'imposition 15 jours avant l'exigibilité de l'acompte.
Tout retard de paiement engendre une majoration de 5 %, avec une possibilité d'appliquer des intérêts de retard par mois de retard.

Le droit de reprise par l'administration (article L174 du LPF)

Pour rappel, le droit de reprise désigne le temps dont l'administration dispose pour réparer les erreurs ou omissions constatées dans l'assiette et le recouvrement d'impôt. Au-delà de ce temps, qui est légalement prévu, l'administration n'est plus en droit d'opérer des redressements sur les impositions concernées, même en cas d'erreur ou d'omission de la part du contribuable.

Ce droit de reprise **expire au 31 décembre de la troisième année suivant celle au cours de laquelle l'imposition est due**. Si le contribuable exerce une activité occulte, ce délai est étendu à dix ans.

En application des nouvelles dispositions, et pour limiter les conséquences liées à un changement de méthode de détermination de la valeur locative d'un bâtiment ou d'un terrain industriel, le droit de reprise a été aménagé pour les contribuables de bonne foi.

La procédure de rectification (voir Thème 13) n'est pas applicable à la CFE. Cependant, pour le Conseil d'État et en application du principe général des droits de la défense, l'administration doit envoyer au contribuable un courrier pour l'informer de la rectification qu'elle envisage. Ce courrier doit comprendre le détail du calcul de la rectification, ainsi que le délai dont il dispose pour présenter ses observations. Cette obligation ne doit être respectée que dans le cas où l'administration entend mettre à la charge du contribuable des bases qui excèdent celles déclarées par lui.

Les réclamations

Les réclamations doivent être présentées au plus tard le 31 décembre de l'année suivant celle de la mise en recouvrement du rôle. Il n'existe **aucun formalisme particulier** : un papier libre suffit, avec l'avis d'imposition de la CFE litigieuse.

La cotisation sur la valeur ajoutée des entreprises (CVAE)

La CVAE est due par les entreprises dont le **chiffre d'affaires est supérieur à 152 500 € HT**. Toutes les entreprises sont donc concernées, y compris celles qui ont une activité en matière immobilière. La CVAE est égale à **1,5 % de la valeur ajoutée (VA) produite pour un exercice de 12 mois clos durant l'année d'imposition**.

Les redevables

Les redevables sont les personnes qui exercent une activité imposable à la CFE au 1er janvier de l'année d'imposition, et qui réalisent un **CA supérieur à 152 500 € HT**. Le montant de la CVAE ne peut être inférieur à 250 € pour ceux réalisant un CA consolidé supérieur à 500 000 €.

La CVAE n'est **pas applicable pour ceux dont l'activité est exonérée de la CFE de plein droit**. Ceux qui bénéficient d'une exonération facultative de CFE peuvent, sur demande, être exonérés de CVAE.

Il existe un cas particulier d'imposition concernant les étrangers qui exercent une activité immobilière en France. Si les contribuables n'emploient aucun salarié en France et n'ont pas d'établissement en France, mais possèdent une activité de location ou de vente d'immeubles, ils se doivent de remplir la déclaration de valeur ajoutée avec l'adresse des immeubles loués ou vendus, et leur déclaration liquidative au même lieu que leur déclaration de résultat.

Détermination et correction du CA

Seul le CA de l'entreprise **afférant à ses activités** est pris en compte pour l'application du seuil, **que ces activités soient imposées ou exonérées**.

D'après l'administration, les CA afférents aux activités **hors champ ne sont cependant pas pris en compte**.

Le CA permet de déterminer la **base d'imposition** et le **dégrèvement** de cotisation sur la valeur ajoutée auquel le redevable peut prétendre.

Pour la définition la plus précise possible du CA, on opère une distinction entre la généralité des entreprises, les établissements de crédit, les entreprises de gestion d'instruments financiers, les GIE de financement et les entreprises d'assurances.

Nous n'aborderons que la définition ayant trait à la généralité des entreprises : le CA est égal à la somme des ventes de produits, prestations de services et marchandises, des redevances pour concessions, brevets, licences, marques, procédés, logiciels, droits et valeurs similaires, des plus-values de cession d'éléments d'immobilisations corporelles et incorporelles lorsqu'elles se rapportent à une activité normale et courante, ainsi que des refacturations de frais inscrites au compte de transfert de charge.

Il a été jugé que les **sociétés d'investissements immobiliers cotées**, dont l'activité consiste en la construction d'immeubles ou leur acquisition en vue de leur location, doivent inclure au sein de leur CA les plus-values tirées des cessions d'immeubles réalisées en conformité avec une stratégie économique impliquant une rotation du patrimoine immobilier de façon régulière, et ce même si le nombre annuel de cessions et leur montant sont bas par rapport aux résultats de la société.

En ce qui concerne le **CA des titulaires de revenus fonciers**, il est composé des recettes brutes perçues par le propriétaire, et par conséquent augmenté des dépenses qui lui incombent normalement, mais qui ont été mises à la charge du locataire par une convention, ainsi que toute subvention ou indemnité étant destinée à financer les charges déductibles.

Dans le cas d'une société civile immobilière (**SCI**) **qui n'a pas opté pour l'IS**, l'administration distingue deux situations :

- Si tous les associés de la SCI sont imposés à l'IR, le CA est calculé en application des **règles de l'article 29 du CGI.**
- Si certains ou tous les associés de la SCI sont imposés à l'IS, le CA est calculé comme si elle-même était **passible de l'IS**.

La correction du CA

Une correction sur le CA est appliquée pour la détermination du seuil d'assujettissement à la CVAE et pour le calcul de son dégrèvement. Le CA est corrigé pour qu'il puisse **correspondre à une année entière**.

> **EXEMPLE**
>
> Une entreprise clôture son exercice d'une durée de 12 mois le 30 juin 2020, et un exercice de 18 mois le 31 décembre 2021.
>
> Afin de déterminer son assujettissement et de calculer son dégrèvement de CVAE 2021, il faut retenir le CA réalisé entre le 1er juillet 2020 et le 31 décembre 2021, et le ramener à une période de 12 mois.
>
> Admettons que son CA réalisé entre le 1er juillet 2020 et le 31 décembre 2021 s'élève à 18 millions d'euros. Afin de calculer son dégrèvement, on ramène ce CA à 12 mois par le calcul suivant : 18 M€ × 12/18 = 12 millions d'euros.

Plusieurs cas particuliers :

- **Si aucun exercice n'est clôturé au cours de l'année d'imposition :** la CVAE est établie à partir du CA réalisé entre le premier jour qui suit la fin de la période retenue pour le calcul de la CVAE de l'année passée et le 31 décembre de l'année d'imposition.
- **Si l'entreprise est créée en cours d'année :** la période retenue est celle entre la date de création et le 31 décembre de l'année d'imposition. Dans ces deux cas, le CA est corrigé pour qu'il corresponde à une année pleine.
- **Si plusieurs exercices sont clôturés au cours d'une année :** la CVAE est établie à partir des CA des différents exercices clos, peu importe leur durée respective.

On ne tient cependant pas compte des fractions de CA d'exercices clos ayant déjà été retenues pour l'établissement de la CVAE due au titre d'années précédant celle d'imposition.

> **EXEMPLE**
>
> Une entreprise clôt son exercice le 31 mars 2021, un exercice de six mois ayant débuté le 1er octobre 2020 et un second exercice le 31 décembre 2021, d'une durée de neuf mois. Le CA cumulé des deux exercices est de 800 000 €. Le CA à retenir pour la CVAE 2021 est de 800 000 × 12/15, soit 640 000 €.

La définition de la valeur ajoutée

Il existe autant de définitions du CA en fonction des catégories d'entreprise que de définitions de la valeur ajoutée. Ici, nous allons notamment nous intéresser à celle attribuée à la **majorité des entreprises**.

La valeur ajoutée des entreprises est la **somme du CA et de certains produits, à laquelle on enlève certaines charges**.

Valeur ajoutée = (CA + Certains produits) – Charges déductibles

Les **produits** à prendre en compte sont ceux de la **gestion courante, sauf ceux déjà pris en compte dans le CA**, et les quotes-parts de résultat sur opération faite en commun. La **production immobilisée** est à retenir à hauteur des seules charges qui ont concouru à sa formation et qui sont déductibles du CA. C'est aussi le cas des subventions d'exploitation, ainsi que de celles enregistrées dans un autre compte, si elles permettent à l'entreprise de compenser l'insuffisance de produits d'exploitation ou de faire face aux charges d'exploitation. D'après l'administration fiscale, les abandons de créances ne doivent pas être retenus.

On retient également dans le calcul de la valeur ajoutée les rentrées sur créances amorties si elles se rapportent au résultat d'exploitation, même si elles sont inscrites dans les produits exceptionnels. Les transferts de charges déductibles de la valeur ajoutée doivent être retenus s'ils ne sont pas déjà pris en compte dans le CA. On exclut cependant les transferts de charges non déductibles de la valeur ajoutée.

Les **charges** à prendre en compte sont celles des comptes 601 à 609 du plan comptable général (PCG) – sauf le compte 603 –, diminuées des rabais, remises et ristournes obtenus sur achats. La variation négative des stocks s'entend comme le solde débiteur des comptes 603 et 713 du PCG.

Dans les charges déductibles, il ne faut pas retenir les loyers ou redevances de biens corporels qui ont été pris en location ou en sous-location d'une durée de plus de six mois, ou en crédit-bail, ni les redevances afférentes aux biens si elles résultent d'une convention de location-gérance. On considère comme des loyers les sommes versées dans le cadre de l'application d'une convention dont l'objet principal est la mise à disposition d'emplacements en vue de l'exploitation d'immobilisations qui s'y trouvent. Il faut que le preneur en ait la jouissance exclusive pendant plus de six mois, même si leur accès est limité par des horaires d'ouverture. Par ailleurs, le fait que ces sommes varient en fonction du CA du preneur ne leur enlève en rien leur qualité de loyers. On ne considère toutefois pas comme des conventions de location, sous-location ou de location-gérance celles de mise à disposition gratuite des biens, ou les conventions de location et de sous-location qui stipulent une option d'achat.

Il est intéressant de préciser que le Conseil d'État s'est prononcé sur le traitement des charges locatives dans deux arrêts. Selon les juges, les charges locatives normalement à la charge du propriétaire, mais mises contractuellement à la charge du locataire, sont considérées comme des compléments de loyers non déductibles, contrairement aux dépenses de la catégorie des charges locatives incombant au locataire, qui sont, elles, déductibles.

En ce qui concerne les dotations aux amortissements pour dépréciation, leur déduction est possible à condition qu'elles soient afférentes aux biens corporels mis en location ou sous-location pendant plus de six mois, qui ont été donnés en crédit-bail ou qui font l'objet d'un contrat de location-gérance, et en proportion de la seule période de location, sous-location, crédit-bail ou location-gérance. Dès lors, si la période de référence n'est pas complètement couverte par la période de location, alors la déduction doit se faire au prorata de la période de location.

EXEMPLE

Une entreprise de location a un exercice qui correspond à une année civile. Elle a en location un bien du 1er janvier de l'année N jusqu'au 31 octobre de la même année. Du 1er novembre au 31 décembre de cette même année, le bien n'est pas loué. Sur l'exercice de l'année N, l'entreprise a loué le bien 10 mois. Elle a enregistré, pour cette année, une dotation aux amortissements de ce bien d'un montant de 1 200 €.

La fraction de dotation aux amortissements déductible de la valeur ajoutée correspond à celle afférente à la période de location, soit 1 200 × 10/12, donc 1 000 € de dotation aux amortissements déductible de la valeur ajoutée.

Le bailleur peut également déduire ces dotations, même si le sous-locataire n'est pas assujetti à la CFE.

Calculer la valeur ajoutée (VA) lorsque les revenus sont imposables dans la cédule des revenus fonciers

Dans ce cas, la VA est égale à : Valeur ajoutée – Charges de la propriété

Parmi ces charges, on compte les dépenses de réparation et d'entretien, les primes d'assurance, les dépenses supportées pour le compte du locataire, les dépenses d'amélioration, les provisions pour dépenses, les frais de gestion qui n'incombent pas à l'occupant (sauf les impositions), ainsi que les intérêts des dettes contractées par la conservation, l'acquisition, la réparation, la construction ou l'amélioration des propriétés.

La valeur ajoutée ne peut excéder : 80 % du CA si le CA < ou égal à 7,6 M€ ; 85 % du CA si le CA > 7,6 M€.

Pour calculer cette limite, **la période de référence pour le CA retenu est la même que celle pour la valeur ajoutée.** La correction du CA de l'article 1586 quinquies du CGI, et consistant à ramener le CA sur 12 mois, n'est dans ce cas pas applicable.

L'administration opère une distinction, eu égard à l'identité des détenteurs du capital social de la société :

- Si tous les associés sont soumis à l'IR, les règles applicables aux titulaires de revenus fonciers sont applicables à la société.
- Si des associés sont soumis à l'IS, il faut appliquer les règles adéquates aux entreprises soumises à l'IS.

La période de référence pour le calcul de la valeur ajoutée

En principe, dans certains cas, pour le calcul de la cotisation, la valeur ajoutée prise en compte n'est pas corrigée.

EXEMPLE

Si une entreprise ouvre un exercice le 30 septembre N et le clôt le 31 décembre N + 1, la CVAE N + 1 est établie avec la valeur ajoutée produite sur les 15 mois d'exercice.

Si, au cours d'une année civile, aucun exercice n'a été clos, la CVAE due au titre de cette année est établie à partir de la valeur ajoutée produite du premier jour qui suit la fin de la période retenue pour le calcul de la CVAE de l'année précédente au 31 décembre de l'année d'imposition. En cas de création d'entreprise durant l'année d'imposition, la période retenue est celle allant de la date de création au 31 décembre de l'année d'imposition. En revanche, selon l'administration, une entreprise n'ayant aucun exercice au 1er janvier de l'année d'imposition et clôturant son premier exercice au 31 décembre de cette même année n'est pas imposée à la CVAE. Si elle clôture son premier exercice après le 1er janvier de l'année suivant celle de sa création, la CVAE est alors due.

EXEMPLE

Une entreprise créée le 1er mars N clôture son exercice le 31 décembre de la même année. Dans ce cas, la CVAE n'est pas due au titre de cette année. En revanche, si elle clôture son premier exercice le 1er mars N + 1, la CVAE N + 1 est due au titre de ce premier exercice.

En présence de plusieurs exercices au cours d'une même année, la valeur ajoutée est établie en fonction de celle réalisée au cours des différents exercices clos, peu importent leurs durées respectives. On ne tient pas compte des fractions d'exercice déjà prises en compte pour une période retenue pour l'établissement de l'impôt qui a été dû au titre d'une ou plusieurs années précédant celle d'imposition.

EXEMPLE

Une entreprise a clôturé deux exercices au cours d'une année, le premier s'étalant du 1er mars N au 30 avril N + 1, et le second du 1er mai N + 1 au 31 décembre N + 1. La CVAE N + 1 est calculé en cumulant les valeurs ajoutées des deux exercices clos, auquel il faut retrancher celle afférente à la période s'étalant du 1er mars N au 31 décembre N, si elle a déjà été retenue pour le calcul de la CVAE de l'année N.

Le calcul et l'établissement de la CVAE

La CVAE est calculée comme suit : Valeur ajoutée × 1,5 %

Il existe un plafond pour les contribuables dont le CA est inférieur ou égal à 7,6 millions d'euros. Dans ce cas, la valeur ajoutée ne peut excéder 85 % du CA (article 1586 sexies du CGI). Un dégrèvement est possible sur demande, au moment de la liquidation de l'impôt. Il est variable en fonction du CA de l'entreprise.

CA	TAUX
Inférieur à 152 000 €	0,00 €
Entre 152 000 € et 500 000 €	Dégrèvement
Entre 500 000 € et 2 000 000 €	Taux progressif, mais dégrèvement majoré de 1 000 € ; la CVAE due est au minimum de 250 €.
Au-delà de 2 000 000 €	Dégrèvement déterminé par application du barème.
Au-delà de 50 000 000 €	Dégrèvement non applicable ; la CVAE est égale à 1,5 % de la valeur ajoutée.

Tableau de calcul de la CVAE

Il existe également des cas d'exonération pour la fraction taxée au profit de la collectivité territoriale, en application d'une délibération d'une collectivité territoriale et à la demande de l'entreprise. La demande doit avoir lieu au plus tard à la date prévue pour la déclaration de la CFE. La CVAE est due par le redevable qui, au 1er janvier de l'année d'imposition, exerce l'activité.

Étonnamment, en cas de création d'entreprise en cours d'année, la valeur ajoutée retenue pour le calcul de la CVAE est celle réalisée entre la date de création et le 31 décembre de l'année d'imposition.

Le paiement de la CVAE

Le paiement de la CVAE a lieu au moment de sa déclaration, en mai. Il existe une possibilité de paiement en deux temps si la taxe due est supérieure à 3 000 € : le premier acompte doit alors être versé au plus tard le 15 juin, et le second au plus tard le 15 septembre. Une dispense de l'acompte existe si son montant est inférieur à 500 €.

Par ailleurs, les entreprises peuvent moduler leur acompte pour que celui-ci ne soit pas supérieur à la cotisation effectivement due. Si l'acompte versé est supérieur à la cotisation due, l'excédent, après la déduction des autres impôts dus, est restitué dans les 60 jours suivant le deuxième jour ouvré suivant le 1er mai.

Le paiement par télérèglement est obligatoire pour la CVAE (article 1681 septies du CGI). Si cette obligation n'est pas respectée, elle entraîne une majoration de 0,20 % du montant des droits de la déclaration déposée selon un autre procédé.

En cas de retard de paiement, des intérêts de retard peuvent être appliqués et s'élèvent à 0,20 % par mois. Une majoration de 5 % du montant des acomptes dont le paiement a été irrégulièrement différé intervient si, à la suite de la liquidation définitive de l'impôt, il apparaît que les versements effectués sont inexacts de plus du dixième. Les sanctions en cas de défaut ou de retard de paiement sont identiques.

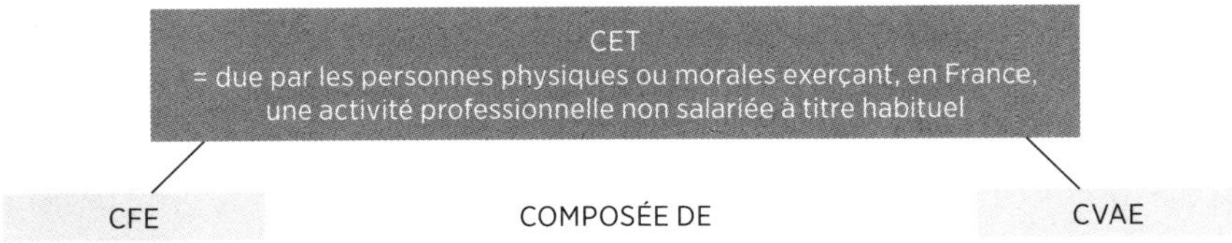

La contribution économique territoriale (CET) : récapitulatif

	CHAMP D'APPLICATION	CALCUL
CFE	Elle concerne toute personne physique ou morale exerçant une activité professionnelle non salariée : - à titre professionnel ; - à titre habituel ; - ne donnant pas lieu au versement d'un salaire. Il s'agit notamment des locations (ou sous-locations) meublées et nues autres que pour l'habitation, et des propriétés bâties et non bâties. L'article 1449 à 1449 F du CGI propose une liste des exonérations.	Elle doit être payée dans toutes les communes où l'entreprise possède des terrains ou locaux. Il existe une cotisation minimum, sauf pour les entreprises avec un CA inférieur ou égal à 5 000 €. Son taux est déterminé par les communes, selon la valeur locative des biens. Des abattements existent (de 25 à 50 %).
CVAE	Seules les personnes physiques ou morales redevables de la CFE et réalisant un chiffre d'affaires hors taxes supérieur à 500 000 € sont redevables de la CVAE.	Elle est calculée selon la valeur ajoutée produite par les entreprises et le chiffre d'affaires. Son barème est progressif, allant de 0 % à 1,5 %.

Pour rappel, la CET (CFE + CVAE) est plafonnée à 3 % de la valeur ajoutée des entreprises.

4. LA TAXE SUR LES SURFACES COMMERCIALES

La taxe sur les surfaces commerciales (Tascom) se fonde sur les surfaces de vente des magasins de commerce de détail qui dépassent 400 m^2, peu importe la forme juridique de l'entreprise exploitant l'établissement qui y est assujetti.

On considère qu'un commerce de détail effectue au moins 50 % de son CA par des ventes à des consommateurs pour un usage domestique. À défaut, il est considéré comme un établissement de commerce de gros. L'activité de dépôt-vente est incluse dans la définition de commerce de détail.

La Tascom ne s'applique qu'aux commerces de détail ouverts depuis le 1er janvier 1960 et dont le CA annuel est supérieur à 460 000 €. Récemment, le Conseil d'État a par exemple considéré que l'espace de livraison d'un concessionnaire automobile est inclus dans l'assiette, même s'il n'est accessible au public que sur invitation. Les professionnels du commerce doivent donc prendre en compte l'espace de livraison pour calculer leur Tascom, même si le public n'y circule pas librement (CE, 10 mars 2021, n° 435095, SDA).

La condition de superficie n'a pas besoin d'être remplie lorsque plusieurs établissements sont contrôlés par une même personne de façon directe ou indirecte et qu'ils sont exploités sous une même enseigne et que la surface de vente cumulée de tous ces établissements dépasse 4 000 m². On peut par exemple citer en ce sens les établissements de la grande distribution.

CHIFFRE D'AFFAIRES	TAUX
< 3 000 €	5,74 € par mètre carré de surface
Entre 3 000 € et 12 000 €	5,74 € + [0,00315 × (CA/S – 3 000)] €
> 12 000 €	34,12 € par mètre carré de surface

Le calcul du taux de la Tascom

Le taux peut être majoré dans certaines situations, par exemple lorsque l'établissement a aussi une activité de vente au détail de carburant, ou quand sa superficie est supérieure à 5 000 m², avec un CA HT supérieur à 3 000 € par mètre carré.

Les activités qui requièrent une surface de vente anormalement élevée, comme la vente de meubles meublants ou de véhicules automobiles, bénéficient d'une réduction de 30 % du taux de la Tascom.

La Tascom est payée par l'exploitant en place au 1er janvier de l'année au titre de laquelle elle est due. Son paiement peut faire l'objet d'aménagements, comme le versement d'acomptes selon les cas. L'État fait également un prélèvement de 1,5 % sur le montant de la taxe pour couvrir les frais d'assiette et de recouvrement.

CE QU'IL FAUT RETENIR

Dans ce tableau récapitulatif, nous avons fait le choix de ne mettre que les principales impositions, susceptibles de concerner le plus grand nombre de contribuables.

	Taxe foncière sur les propriétés non bâties	Taxe foncière sur les propriétés bâties	Taxe d'habitation	Cotisation foncière des entreprises (CFE)
Champ d'application	Terrains	Bâtiments et terrains industriels	Logements et locaux assimilés	Bâtiments professionnels
Redevable	Propriétaire au 1er janvier	Propriétaire au 1er janvier	Occupant au 1er janvier	Entreprise
Base imposable	80 % de la valeur locative cadastrale	50 % de la valeur locative cadastrale	Valeur locative cadastrale	50 % de la valeur locative cadastrale
Principales exonérations	Propriétés publiques, reboisements	Propriétés publiques, bâtiments ruraux	Bureaux des fonctionnaires publics, bâtiments ruraux	Collectivités publiques, organismes HLM

ENTRAÎNEZ-VOUS !

Plusieurs réponses possibles

1. Qui peut être exonéré de taxe foncière ?

❑ Les plus de 60 ans et les veufs sous conditions de revenus.
❑ Les plus de 75 ans et handicapés sous conditions de revenus.
❑ Les titulaires du Fonds national de solidarité.

2. À quoi les locaux à usage mixte (d'habitation et professionnel) sont-ils soumis ?

❑ À la CFE. ❑ À la taxe d'habitation. ❑ Aux deux.

3. Pour qui la taxe d'habitation ne sera-t-elle pas supprimée ?

❑ Pour les résidences secondaires.
❑ Pour les foyers les plus aisés.
❑ Pour les assujettis à l'IFI.

4. La CET a remplacé la taxe professionnelle. Quelle est la principale différence ?

❑ La prise en compte du secteur agricole.
❑ La prise en compte de la location et sous-location meublée.
❑ Il n'y a pas de différence.

5. Qui est exonéré de CET ?

❑ Le secteur agricole.
❑ Les sous-locations nues.
❑ Les avocats collaborateurs.

6. Sur combien d'années l'administration fiscale est-elle en droit de redresser les assujettis à la CFE ?

❑ 3 ans. ❑ 6 ans. ❑ 10 ans.

7. Par qui est due la CVAE ?

❑ Les entreprises ayant un CA supérieur à 90 000 €.
❑ Les entreprises ayant un CA supérieur à 152 500 €.
❑ Les entreprises ayant un CA supérieur à 170 500 €.

8. Quel est le seuil (de m^2) d'assujettissement de la Tascom ?

❑ 400 m^2. ❑ 500 m^2. ❑ 1 000 m^2.

13

COMMENT SE DÉROULE UN **CONTRÔLE FISCAL** ET COMMENT RÉAGIR ?

OBJECTIFS À ATTEINDRE

1. Comprendre le fonctionnement d'un contrôle fiscal en France.
2. Savoir comment réagir en cas de contrôle fiscal.
3. Connaître les pouvoirs de l'administration fiscale, mais également les cas dans lesquels aucune action ne peut être envisagée.
4. Connaître les droits dont vous disposez en tant que contribuable pendant un contrôle fiscal.

Le contrôle fiscal est le pendant du système fiscal français déclaratif. La bonne foi des contribuables est présumée et ceux-ci sont réputés souscrire des déclarations sincères et complètes (article 170 du CGI).

Le contrôle fiscal permet à l'administration de s'assurer que les contribuables se sont correctement acquittés de leurs obligations, et éventuellement de réparer le préjudice causé au Trésor le cas échéant.

La Direction générale des finances publiques dispose d'un pouvoir de contrôle des éléments déclarés, qui vise à déceler les contribuables défaillants. Pour mener à bien cette mission, plusieurs techniques de contrôle peuvent être mises en œuvre et sont même susceptibles de se cumuler. Les contribuables possèdent, eux, certaines garanties.

La phase préparatoire du contrôle commence par un contrôle formel. Il s'agit de l'analyse de l'ensemble des documents produits par le contribuable contrôlé. L'objectif est d'identifier, puis de rectifier le cas échéant, toutes les erreurs matérielles, dans le but d'éviter les aberrations et le blocage de la procédure d'imposition en cours. C'est le préalable à l'exploitation informatique des déclarations.

1. QUELS SONT LES POUVOIRS DE L'ADMINISTRATION FISCALE ?

Pour assurer la recherche des infractions et exercer son droit de reprise, l'administration dispose de pouvoirs.

La demande de renseignements

Dans ce cadre, l'administration peut demander au contribuable visé des **justifications** et **éclaircissements** en relation avec les **déclarations et actes déposés**. Les questions peuvent porter sur **tous points des déclarations** et **tous les impôts**.

Le contribuable n'a **aucune obligation de répondre**. Le défaut de réponse n'est donc **pas sanctionné**. Pour autant, en l'absence de réponse, le risque d'approfondissement de la part de l'administration est évidemment accru.

Notons ici que, généralement, une réponse claire et précise du contribuable à une demande de renseignements permet à la « procédure » de s'arrêter. L'administration étant satisfaite, elle n'a plus aucune raison de continuer à demander des informations au contribuable.

La demande d'éclaircissements ou de justifications

Ici, seul l'**impôt sur le revenu** est concerné. Il peut ainsi s'agir d'une demande de justifications relative à la situation et aux charges de famille, aux éléments servant à la détermination des revenus fonciers, ou encore aux plus-values immobilières réalisées.

Cette demande présente un **caractère contraignant**. Le contribuable se doit donc de répondre aux questions de l'administration fiscale dans un **délai de deux mois**. Un manque de réponse peut ainsi entraîner des conséquences au niveau de la procédure. Si la réponse est insuffisante, l'administration fiscale peut demander au contribuable de préciser sa réponse dans un délai de 30 jours.

Là encore, si le contribuable répond clairement aux demandes, apportant toutes les réponses souhaitées, il est fort probable que l'administration fiscale s'en contente et n'aille pas plus loin.

Le droit de communication

Le droit de communication permet à l'administration d'obtenir des informations. Dans certains cas, cette dernière ne peut pas se contenter des informations fournies par le contribuable. De ce fait, en plus de ces informations, elle peut en obtenir d'autres ailleurs, c'est-à-dire auprès de tiers.

Les articles 82 et suivants du Livre des procédures fiscales énoncent la liste des personnes tenues de communiquer avec l'administration, ainsi que tous les documents que celles-ci se doivent de transmettre. Il s'agit globalement des entreprises privées, des employeurs, des administrations publiques ou encore de certaines professions libérales. Toutefois, pour des questions de libertés notamment posées par la CNIL, seules les données relatives à la mission de l'administration fiscale doivent être communiquées.

Le droit de communication permet à l'administration de prendre connaissance de nouvelles informations, d'en faire copie et de les exploiter pour le contrôle. Si l'administration décide de se fonder sur ces découvertes pour pratiquer un rehaussement d'impôt, elle doit informer le contribuable de l'origine des documents obtenus et de leur contenu. Le contribuable est d'ailleurs en droit de demander les documents avant la mise en recouvrement.

EXEMPLES

L'administration fiscale peut obtenir les montants des sommes déclarées versées par un tiers à titre d'honoraires ou de commissions, les documents comptables et financiers ou encore tout document permettant de justifier le montant des recettes ou des dépenses (CE, 11 avr. 2014, req. 354314, Senaux, RJF 2014, comm. 705).

En ce qui concerne les informations détenues par les banques et organismes financiers, le droit de communication porte seulement sur les documents de service. Il s'agit des pièces dont la nature permet d'établir un droit ou d'apporter la preuve d'un fait se rapportant à l'exécution des tâches qu'elles ont en charge.

L'administration dispose également d'un droit de communication s'appliquant aux personnes soumises à une obligation de vigilance au regard du blanchiment et du financement du terrorisme. Par ailleurs, dans des cas où le secret professionnel doit être respecté, l'administration ne peut pas communiquer les documents au contribuable vérifié sans l'accord du professionnel qui disposait des documents en question.

L'AVIS DE L'EXPERT

Selon la Cour de cassation, l'administration se doit de communiquer les informations au contribuable même s'il en avait déjà connaissance, dès lors qu'ils servent de fondement aux rectifications (Cass. Com., 20 juin 2009, n° 08-14.806, FS-P+B, DGFiP c/Le Saux, Procédures 2009, 8, note Ayrault, comm. 297).

Si cette garantie n'est pas respectée, elle constitue une erreur substantielle qui entache d'irrégularité la procédure et entraîne la décharge des impositions. Concrètement, l'administration fiscale ne pourra pas redresser le contribuable.

Le droit d'enquête

Le droit d'enquête ne fait pas partie intégrante d'une procédure de vérification. Il peut être utilisé en amont. L'administration procède alors à une recherche d'informations.

Toutefois, il convient de préciser que les informations et constatations recueillies durant l'enquête ne peuvent être utilisées que dans le cadre d'une procédure de vérification. Autrement dit, l'administration ne peut pas les utiliser en dehors de la procédure.

Pourquoi utiliser le droit d'enquête ?

L'enquête est strictement réservée au domaine de la TVA, et plus précisément aux obligations de facturation de la TVA. L'administration fiscale vérifie donc :

- si les entreprises n'ont pas omis de factures ;
- si les factures sont conformes (présence des mentions obligatoires) ;
- s'il existe des factures fictives, qui ne correspondent à aucune opération ;
- si les factures comportent des faux noms ou fausses adresses.

Les constatations réalisées peuvent conduire à mettre en œuvre une **procédure de visite ou de saisie**, dans le cadre d'une procédure de vérification.

Où se déroule l'enquête ?

L'enquête peut se dérouler dans les locaux professionnels ou dans les véhicules affectés au transport professionnel (elle implique aussi leur contenu). En aucun cas, elle ne peut se dérouler dans des locaux d'habitation ou locaux mixtes (professionnel + habitation).

L'enquête peut être inopinée, mais doit respecter des heures précises :

- pas de visite avant 8 heures du matin ;
- plus de visite possible après 20 heures.

À la fin de l'enquête, un procès-verbal est établi. L'administration fiscale décide alors d'exploiter ou non les informations dans le cadre d'une procédure de vérification.

Le droit de visite et de saisie

Les agents des impôts peuvent chercher des preuves d'**agissements frauduleux** en cas de **présomption de fraude** montrant que le contribuable avait pour but de se soustraire à l'établissement ou au paiement de l'impôt. Il est possible de chercher ces preuves au domicile du contribuable ou au domicile ou dans les locaux professionnels d'un tiers susceptible de détenir des documents en lien avec les agissements du contribuable (Cass. Com., 18 juill. 1989, n° 1159).

C'est une ordonnance du juge des libertés et de la détention qui examine l'existence de **présomptions suffisantes d'agissements frauduleux**. Elle détermine la **pertinence** ainsi que le caractère **proportionné** d'une visite domiciliaire en rapport avec les éléments fournis par l'administration fiscale.

Il est possible de contester cette autorisation devant le premier président de la cour d'appel dans un délai de 15 jours à compter de la notification de l'ordonnance. La décision rendue par celui-ci sera elle-même contestable dans un délai de 15 jours devant la Cour de cassation.

La visite peut se dérouler à partir de 6 heures du matin, même en l'absence du contribuable, si deux témoins sont présents, avec des agents des finances publiques et un officier de police judiciaire. Un procès-verbal des pièces saisies est établi et celles-ci devront être restituées sous six mois à compter de la visite. Il est également possible de former des recours contre le déroulement de la visite : s'ils présentent des irrégularités, les documents saisis ne pourront pas être utilisés dans le cadre de la procédure de redressement dans laquelle la visite s'inscrit.

L'assistance administrative internationale

L'assistance administrative internationale permet à l'administration d'obtenir des informations en sollicitant les **administrations fiscales des autres États**, ce qui permet d'obtenir certains éléments nécessaires à l'imposition du contribuable ou à la procédure. C'est par le biais de **conventions fiscales internationales**, qui contiennent des **clauses d'assistance réciproque**, qu'il est possible d'échanger des informations de façon spontanée ou sur demande.

Cette procédure ne s'inscrit pas forcément dans le cadre d'un contrôle. Les informations reçues n'ont donc **pas nécessairement besoin d'être communiquées** au contribuable. Dans le cas contraire, afin de respecter le principe du contradictoire, elles doivent lui être communiquées.

La flagrance fiscale

Cette procédure concerne le contribuable qui exerce une activité professionnelle imposable dans la catégorie des **bénéfices industriels et**

commerciaux (BIC), des **bénéfices non commerciaux (BNC)** ou des **bénéfices agricoles (BA)**, pour les **sociétés relevant de l'impôt sur les sociétés**, ou encore pour la **TVA**.

Cette procédure s'applique dans les situations dans lesquelles l'exercice n'a pas été déclaré auprès d'un centre de gestion des entreprises ou au greffe du tribunal de commerce, en cas de faits retirant toute valeur probante à la comptabilité, de travail dissimulé ou de délivrance de factures irrégulières. Elle ne peut être déclenchée que dans les cas où les obligations déclaratives ne sont pas encore échues. À cet égard, l'administration doit apporter la preuve que les circonstances menacent le recouvrement de l'impôt. Cette procédure ne peut d'ailleurs s'inscrire que dans le cadre de procédures limitativement énumérées par la loi, comme le droit de visite et de saisie.

La flagrance fiscale a une incidence sur le régime d'imposition qui sera défavorable au contribuable, ainsi que sur la procédure de contrôle qui ira en faveur de l'administration fiscale.

Pour s'y opposer, le contribuable peut former un **recours en référé** contre le procès-verbal de flagrance sous huit jours après sa réception, voire interjeter appel devant le tribunal administratif, puis potentiellement porter l'affaire devant le Conseil d'État pour obtenir son annulation.

2. LA PROCÉDURE DE REDRESSEMENT

Il existe plusieurs procédures de rectification pour le redressement du contribuable. Quoi qu'il en soit, la procédure doit être engagée lorsque l'administration constate une **insuffisance**, une **inexactitude**, une **omission** ou une **dissimulation** dans les éléments qui servent de point de départ au calcul des impôts, des taxes, des redevances ou des sommes quelconques dus au regard du CGI.

Dans le cadre d'une procédure de rectification, devant respecter les limites liées aux périodes prescrites, le vérificateur rédige une proposition de rectification permettant au contribuable visé d'être informé des redressements en respectant des règles législatives bien précises. C'est ensuite que les sommes notifiées sont recouvrées.

Les procédures de rectification

Selon le **civisme fiscal** du contribuable concerné, la procédure de rectification employée varie. Si le contribuable a respecté ses obligations déclaratives ou justificatives, c'est la **procédure de rectification contradictoire** qui est suivie. Dans le cas contraire, c'est la **procédure d'imposition d'office** qui est employée.

La procédure de rectification contradictoire

Cette procédure permet d'assurer un **débat contradictoire (c'est-à-dire des échanges) entre l'administration et le contribuable** et débute avec la réception d'une proposition de rectification par le contribuable. Un délai de 30 jours s'ouvre alors pour le contribuable, au cours duquel il doit adresser une réponse. Ce délai peut être prolongé de 30 jours sur demande expresse, que le contribuable doit formuler avant l'expiration du premier délai.

La procédure est close si le contribuable **ne répond pas** ou s'il **exprime expressément son accord** sur les rehaussements.

Le dialogue débute si le contribuable est en **désaccord total ou partiel**, et l'administration fiscale répond aux observations de ce dernier sous 60 jours, en l'informant qu'il lui est possible de demander la saisine de la Commission départementale des impôts directs et des taxes sur le chiffre d'affaires.

Si cette dernière est saisie, elle notifie au contribuable sa décision et les sommes qu'elle a maintenues. Une fois la réponse de la commission obtenue, la procédure est **close** et les sommes sont **mises en recouvrement**. Si le contribuable ne saisit pas la commission, la procédure est close et les sommes qui ont été notifiées sont mises en recouvrement.

La procédure d'imposition d'office

La procédure d'imposition d'office est employée lorsque le contribuable n'a **pas respecté ses obligations déclaratives ou justificatives** ou qu'il s'est **opposé à un contrôle fiscal**. Elle doit être motivée par l'administration, puisqu'elle **ne permet pas d'engager un débat contradictoire entre les deux parties**.

Deux procédures existent dans cette hypothèse :

- la **taxation d'office**, pour ce qui concerne l'assiette et le calcul de l'impôt ;
- l'**évaluation d'office**, relative aux déclarations catégorielles ou aux déclarations annexes.

L'administration peut également recourir à la procédure permettant l'évaluation forfaitaire des éléments du train de vie du contribuable.

Les procédures en cas de défaillance déclarative

La taxation d'office

La taxation d'office est applicable si le contribuable n'a **pas déposé de déclaration** de revenus au titre de l'impôt sur le revenu, de plus-values, d'impôts sur les sociétés, d'impôts sur la fortune, des droits d'enregistrement ou de TVA.

Sauf en ce qui concerne la TVA, une mise en demeure doit être envoyée au contribuable en lui demandant de fournir sa déclaration sous 30 jours. S'il ne le fait pas, la procédure de taxation d'office peut commencer.

L'évaluation d'office

L'évaluation d'office est applicable si le contribuable n'a **pas déposé, dans les 30 jours suivant la mise en demeure,** sa déclaration concernant les revenus relevant des BIC, BNC ou BA, ou, dans le cadre du régime microentreprise, en cas de constat de discordances.

Le cas de défaillance justificative

Si le **contribuable ne répond pas à la demande contraignante de justification et d'éclaircissement** de l'administration, celle-ci peut exercer son droit de reprise selon la procédure d'imposition d'office.

Le cas particulier de l'opposition à un contrôle fiscal

L'opposition à un contrôle fiscal peut se présenter dans le cadre des opérations de contrôle effectuées par les agents de l'administration fiscale. Si une opposition aux opérations de vérification se présente, l'administration fiscale peut procéder à une **imposition d'office** (article

L 74 du LPF). Cette opposition peut se manifester quand le vérificateur est **empêché d'exercer la procédure de contrôle** en raison du comportement du contribuable concerné ou de tiers, comme le refus de fournir des documents, ou encore par un comportement passif, en ne répondant pas aux sollicitations de l'administration.

Il suffit d'une seule opposition pour déclencher la procédure, dont l'administration doit apporter la preuve en cas de contestation de l'engagement de la procédure de l'évaluation d'office. L'opposition individuelle à un contrôle fiscal est punie d'une amende fiscale de 25 000 € ; si l'opposition est collective, la sanction s'élève à six mois d'emprisonnement et 7 500 € d'amende. Des intérêts de retard peuvent être appliqués, ainsi qu'une pénalité de 100 % du montant de l'imposition.

> *L'opposition individuelle est celle du contribuable lui-même. L'opposition collective est caractérisée dès lors qu'une ou plusieurs personnes étrangères à l'entreprise vérifiée s'opposent au contrôle.*

L'évaluation forfaitaire d'après les éléments du train de vie

C'est le cas lorsque l'on constate une disproportion importante entre les revenus déclarés par le contribuable et les revenus pouvant être évalués au regard des éléments de son train de vie. Cette évaluation forfaitaire peut viser tout contribuable, peu importe la nature ou l'origine de ses revenus, même en l'absence de déclaration d'ensemble des revenus pour l'année d'imposition.

L'administration utilise alors un barème qu'elle applique aux éléments du train de vie du contribuable visé, ce qui permet de déterminer le revenu correspondant à cette situation. La base d'imposition résulte donc de l'application de ce barème fixé par la loi, et est notifiée au contribuable par une lettre à laquelle il peut répondre sous 30 jours pour y présenter ses observations.

La proposition de rectification doit être motivée et doit contenir les éléments qui ont servi pour cette nouvelle base d'imposition. Pour contester l'évaluation effectuée par l'administration fiscale, le contribuable peut par exemple justifier son train de vie par l'utilisation de son patrimoine et d'emprunts contractés. S'il ne parvient à justifier qu'une partie de la disproportion constatée par l'administration, la procédure reste applicable sur la partie des revenus qui ne seraient pas justifiés.

L'AVIS DE L'EXPERT

Avec le développement des réseaux sociaux, l'administration fiscale a une visibilité accrue sur le train de vie des contribuables, et utilise désormais des algorithmes pouvant la conduire à identifier des incohérences entre les déclarations réalisées et le train de vie d'un contribuable.

3. LES ÉLÉMENTS PERMETTANT D'ÉCHAPPER AU CONTRÔLE OU AU REHAUSSEMENT

a. La prescription

Le pouvoir de rectification de l'administration est limité dans le temps. Ce sont des garanties qui vont en faveur du contribuable puisque les rectifications ne peuvent être opérées sur des années couvertes par la prescription. C'est-ce que l'on appelle le « délai de reprise ». Il existe différentes prescriptions, selon la nature des impôts ou les agissements des contribuables.

Le délai de droit commun (article L 186 du LPF) s'applique dans tous les cas où une prescription plus courte ou plus longue n'est pas prévue par les textes. Ce délai est de **six ans à compter du fait générateur de l'impôt**, précisément jusqu'au 31 décembre de la sixième année suivant le fait générateur. Toutefois, le délai de six ans ne s'applique que très peu, puisqu'il existe de nombreux délais spéciaux.

Les délais spéciaux

Une **prescription triennale** (trois ans) s'applique pour l'impôt sur le revenu, l'impôt sur les sociétés, la cotisation foncière des entreprises (CFE) et la cotisation sur la valeur ajoutée des entreprises (CVAE), la taxe sur la valeur ajoutée (TVA), les droits d'enregistrement, les droits de timbre et l'impôt sur la fortune immobilière (IFI).

Le point de départ de la prescription commence l'année au titre de laquelle l'imposition est due et le délai de reprise s'étend jusqu'au 31 décembre de la troisième année qui suit celle au titre de laquelle l'imposition est due. En pratique, le délai est calculé à partir de la date de notification de la proposition de rectification, pour déterminer les exercices pouvant faire l'objet d'un contrôle et d'une rectification.

En ce qui concerne les impôts relevant des BIC, de l'impôt sur les sociétés (IS) ou de la TVA, le point de départ est le premier jour de l'exercice clos en N – 3 si l'exercice comptable ne coïncide pas avec l'année civile. Dans le cas où l'exercice comptable coïncide avec l'année civile (1er janvier-31 décembre), le point de départ est le 1er janvier N – 3 et la dernière déclaration qui peut être contrôlée est la dernière déclaration déposée avant l'expiration du délai légal de dépôt.

EXEMPLE

Si l'on décide de contrôler la TVA le 13 novembre 2021 :

- le point de départ est le 1er janvier 2018 ;
- la dernière déclaration qui peut être contrôlée est celle de septembre 2021 (celle d'octobre 2021 doit être déposée entre le 15 et le 24 novembre 2021 et n'est donc pas comptabilisée dans le contrôle).

En ce qui concerne **l'IFI et le droit de timbre (impôt perçu notamment lors de l'établissement d'actes juridiques ou de documents d'identité)**, le point de départ est la date d'enregistrement de l'acte ou de la déclaration, ou encore le fait générateur de l'impôt pour le droit de timbre par exemple. Le point d'arrivée est le 31 décembre de la troisième année qui suit celle du point de départ.

En ce qui concerne la **CFE et la CVAE**, le point de départ est le 1er janvier N + 3 et le point d'arrivée la dernière année au titre de laquelle la déclaration est déposée.

En matière de **taxe foncière et de taxe d'habitation**, le délai est d'une année. Il expire donc au 31 décembre de l'année qui suit celle au titre de laquelle l'impôt est établi.

Un délai de reprise rallongé ou raccourci selon le comportement du contribuable

Le délai de reprise est rallongé de deux ans lorsque le contribuable s'est soumis à des agissements frauduleux, quels que soient les impôts concernés.

En matière d'impôt sur le revenu (IR), de TVA, d'IS, de CFE ou de CVAE, il est porté à dix ans en cas d'activité occulte, de flagrance fiscale ou de fraude fiscale qui implique un paradis fiscal. On parle d'activité occulte lorsque l'activité est exercée de manière clandestine, ou sous couvert d'un prête-nom ou d'une société fictive par exemple.

Le délai est aussi rallongé en cas de recours à l'assistance étrangère. En effet, lorsque l'administration a besoin d'utiliser son assistance administrative internationale pour demander des renseignements fiscaux à une ou plusieurs administrations étrangères, le délai est rallongé pour permettre la coopération :

- jusqu'à la fin de l'année suivant celle de la réponse de l'autorité étrangère ;
- au plus tard jusqu'au 31 décembre N + 3 suivant la fin du délai initial de reprise.

Le délai est raccourci pour certains revenus imposables et peut s'exercer jusqu'à la fin de la deuxième année suivant celle au titre de laquelle l'imposition est due si le contribuable est adhérent à un centre de gestion agréé ou à une association agréée, et que l'administration fiscale a reçu copie du compte rendu de mission dudit organisme.

Interruption de la prescription

La prescription est interrompue lorsque l'administration fiscale envoie la proposition de rectification. En effet, la réception de la proposition de rectification a pour objet principal de figer les délais de prescription. Toutefois, seules les impositions concernées et mentionnées dans la proposition de rectification ont une prescription interrompue.

Pour que l'interruption s'enclenche, il faut que le contribuable reçoive l'acte régulier sur le fond et la forme le dernier jour au plus tard de l'expiration du délai de prescription. Lorsque la proposition de rectification est envoyée, un nouveau délai de même nature et de même durée (trois ans) commence, afin de permettre à l'administration fiscale d'établir des impositions supplémentaires et au contribuable d'engager un recours contentieux.

Les motifs invoqués par l'administration dans la proposition de rectification peuvent évoluer en cours de procédure.

Les erreurs de procédure

Les erreurs substantielles

Les erreurs substantielles, où il est porté **atteinte aux droits du contribuable**, induisent un vice de procédure. Dans ce cas, un juge doit obligatoirement prononcer la nullité de la procédure.

Parmi les erreurs substantielles, il est possible de trouver l'emport illégal de documents par l'administration, une proposition de rectification qui n'a pas été suffisamment motivée, l'insuffisance voire l'absence de débat contradictoire, le non-respect du délai de vérification par le vérificateur, l'absence de la mention sur l'avis de vérification de la capacité pour le contribuable de se faire assister d'un conseil, ou encore l'absence de la mention de la charte du contribuable vérifié.

> *La charte du contribuable vérifié est un document énonçant tous les droits et toutes les garanties dont bénéficie un contribuable lorsqu'il est vérifié. Auparavant, cette charte devait être jointe à l'avis. Désormais, dans un objectif de dématérialisation, il est simplement nécessaire de préciser sur l'avis l'endroit où les contribuables peuvent la consulter.*

Les erreurs non substantielles

Les erreurs non substantielles pouvant fragiliser la procédure sont appréciées par le juge en fonction de leur gravité. La nullité de la procédure est prononcée si le juge estime que l'erreur est suffisamment grave.

Les erreurs non substantielles peuvent relever de l'absence de signature de la proposition de rectification ou encore de l'erreur matérielle relative à la date ou l'adresse. Il se peut aussi que des erreurs se manifestent sur les avis de vérification. À ce titre, on en trouve de plusieurs ordres : la confusion entre deux procédures, la mention sur les années vérifiées, celle relative à la faculté d'être assisté par un avocat, ou celle relative aux supérieurs hiérarchiques de l'agent vérificateur.

D'autres erreurs peuvent concerner le déroulement de la procédure de vérification. C'est par exemple le cas lorsque l'interdiction de toute intervention après la dernière intervention sur place n'est pas respectée, que la durée des opérations de contrôle a été dépassée, ou encore que le débat oral et contradictoire n'a pas été respecté.

Il existe aussi des erreurs relatives à la proposition de rectification, comme la motivation insuffisante de cette dernière.

4. LA CONTESTATION DE L'IMPOSITION

Il existe plusieurs manières de contester l'impôt supplémentaire mis à la charge d'un contribuable par l'administration fiscale.

Pour contester le bien-fondé de l'imposition, le contribuable peut commencer par un recours hiérarchique, qui permet de saisir les supérieurs hiérarchiques du vérificateur. Le recours peut également être contentieux, c'est-à-dire que le contribuable peut contester la décision administrative devant l'autorité à l'origine de celle-ci. Il s'agit de l'étape préalable à la saisine du juge compétent (le plus souvent, le juge administratif). Enfin, si le contribuable ne conteste pas le bien-fondé de l'imposition (c'est-à-dire qu'il accepte le redressement), mais qu'il souhaite obtenir l'aménagement de son imposition, un recours gracieux peut être formé.

La réclamation contentieuse préalable

L'objet de la réclamation contentieuse préalable est de contester l'imposition devant l'autorité à son origine. L'objectif, ici, est de réparer certaines erreurs, qu'elles soient matérielles ou qu'il s'agisse d'une mauvaise interprétation des textes, que l'erreur provienne d'une partie ou de l'autre.

Dès lors, il est possible de passer par cette réclamation pour demander le bénéfice d'un droit concernant des impositions qui ont été régulièrement établies, mais qu'un événement est venu remettre en cause, ou encore pour demander la restitution d'un impôt versé parce qu'il avait été fondé sur une règle de droit non conforme.

Ainsi, la nature de la réclamation dépend de l'objectif recherché et de l'impôt concerné. Si l'impôt a été spontanément payé, il s'agit d'une demande en restitution ; si la contestation provient de la notification d'une proposition de rectification, il s'agit d'une demande en décharge ou en réduction de l'impôt contesté.

C'est le contribuable destinataire de la proposition de rectification qui doit formuler la réclamation contentieuse à la direction à l'origine du contrôle et de la notification des impositions supplémentaires.

La demande du contribuable doit respecter certains délais. À défaut, la réclamation n'est pas valable et la contestation n'est pas possible. Le contribuable doit donc saisir le juge.

Cette réclamation n'ayant pas d'effet suspensif, le contribuable peut demander un **sursis de paiement** dans le cadre de cette réclamation contentieuse. Autrement dit, il demande à ne pas régler la somme demandée pendant la durée de la procédure, en attendant la solution retenue. Dès lors, l'action en recouvrement est suspendue de plein droit et se prolonge jusqu'à la décision du tribunal. Pour que le sursis de paiement soit accepté, le contribuable doit présenter certaines garanties si les droits contestés sont supérieurs à 4 500 €. Par ailleurs, le juge peut prendre des mesures conservatoires. Enfin et surtout, la réclamation contentieuse doit être régulière sur le fond et sur la forme.

Si cette demande fait l'objet d'un refus, celui-ci est contestable devant le juge des référés, avec une procédure de référé-suspension.

Cette procédure se clôt par une décision contentieuse. Plusieurs issues peuvent se présenter :

- **Elle se solde par une compensation.** Il s'agit de remplacer l'imposition supplémentaire contestée par une autre imposition, qui n'a pas été notifiée dans ladite proposition de rectification. Cela arrive lorsque l'administration reconnaît le bien-fondé de la demande du contribuable au regard d'une imposition qui ne serait pas entièrement justifiée, mais qui utilise la réponse apportée avec la réclamation contentieuse pour notifier une imposition supplémentaire qui provient d'une erreur du contribuable n'ayant pas été mentionnée dans la proposition de rectification.
- **L'administration procède à une substitution de base légale.** Cela consiste en une modification de la motivation juridique des rehaussements notifiés dans la proposition de rectification.
- **Le dégrèvement d'office facultatif peut être prononcé.** C'est le cas quand les arguments du contribuable sont valides et permettent de remettre en question l'imposition, notamment en cas de changement de législation ou de doctrine administrative.

Si **l'administration ne répond pas au contribuable dans les six mois**, sa réponse est considérée comme négative. De ce fait, un délai de saisine du tribunal administratif commence. Si **l'administration rejette totalement**

ou partiellement la réclamation, elle est dans l'obligation de motiver en fait et en droit sa décision.

Les recours gracieux

Dans l'objectif d'obtenir une réduction de l'imposition, le contribuable qui subit des rehaussements peut demander à bénéficier d'une transaction ou former un recours gracieux faisant état de son état de gêne ou d'indigence.

La transaction

Avant toute mise en recouvrement, il est possible que le contribuable demande la mise en place d'une transaction. Celle-ci consiste, pour l'administration et le contribuable, à fixer des obligations réciproques. Le contribuable s'engage ainsi à payer l'impôt dû et à renoncer à toute voie de recours. Quant à l'administration, elle s'engage à réduire lesdites impositions.

Pour ce faire, l'administration envoie au contribuable un contrat de transaction en deux exemplaires, mentionnant le nouveau montant de l'impôt et de la pénalité, ainsi que les engagements du contribuable. Ce dernier doit se prononcer sous 30 jours, en signant les contrats. Une lettre d'approbation est alors envoyée au contribuable, à laquelle il doit répondre pour finaliser le projet de transaction.

La demande gracieuse

Ici, il ne s'agit pas de contester le bien-fondé de l'imposition, mais de faire état de la gêne ou de l'indigence du contribuable. L'objectif est d'obtenir la diminution de l'imposition, la remise des pénalités ou la décharge de responsabilité (articles L 247 et L 247 A du LPF). En pratique, les éléments qui permettent la recevabilité de la demande sont notamment une perte imprévisible de revenus (chômage), des circonstances exceptionnelles (décès du conjoint, séparation, invalidité, etc.) ou encore un décalage entre l'importance du montant à payer et le niveau de revenus.

Ce recours n'est possible qu'en matière d'impôts directs pour la demande de diminution de l'imposition, mais l'abandon de pénalités peut concerner tous les impôts, à condition que les pénalités soient définitives. Pour former ce recours, le contribuable doit rédiger une demande ayant le caractère d'une demande gracieuse et devant mentionner l'imposition, son montant et l'année concernée, en joignant un document attestant l'imposition.

L'AVIS DE L'EXPERT

En pratique, l'administration est souple avec ce type de recours. Elle accepte les demandes orales, qu'elle formalise elle-même par écrit ensuite. Par ailleurs, aucun délai n'est imposé pour former ce recours, si ce n'est avoir déjà reçu la proposition de rectification (article R 247-1 du LPF).

Le silence de l'administration après deux mois à compter de la demande doit être interprété comme un refus. Si elle accepte, la réponse est envoyée par courrier.

Le recours hiérarchique

En cas de contestation de la proposition de rectification, le contribuable peut la porter devant le supérieur hiérarchique du vérificateur. Des entretiens sont alors organisés avec les supérieurs hiérarchiques pour amorcer un dialogue avec le contribuable et tenir compte de ses arguments ou des éléments nouveaux rapportés.

Le recours est également possible devant le conciliateur fiscal départemental. Créé en 2003, celui-ci a vocation à améliorer les relations entre l'administration fiscale et les contribuables. Il possède un pouvoir décisionnel permettant de revoir une décision prise par les services fiscaux pour trouver un accord avec le contribuable.

Dans une moindre mesure, le recours peut aussi être présenté devant le médiateur. N'ayant qu'une voix consultative, sa décision ne peut pas s'imposer à l'administration fiscale.

En cas de saisine simultanée du conciliateur et du médiateur, ce dernier doit s'abstenir de répondre en attendant une décision du conciliateur, puisqu'elle s'imposera à l'administration fiscale. Le médiateur tient compte de l'avis formulé par cette première autorité.

Le recours juridictionnel

Si le contribuable a épuisé les voix précontentieuses et contentieuses et qu'il n'est toujours pas satisfait, il peut entamer une procédure juridictionnelle. C'est le tribunal administratif qui est le plus souvent compétent pour traiter les contentieux fiscaux. Le juge judiciaire est quant à lui compétent pour les impôts sur le patrimoine et les contributions indirectes.

Le contribuable, et dans de rares cas l'administration, commence la procédure avec l'envoi d'un mémoire introductif d'instance, auquel la partie adverse répond par un mémoire en défense. La procédure est écrite. Les parties échangent des mémoires contenant des arguments et c'est le tribunal qui se charge de transmettre les mémoires aux parties. Ces dernières peuvent échanger des mémoires jusqu'à la clôture de l'instruction.

La saisine du tribunal

À compter de la notification du rejet de sa réclamation par l'administration fiscale, le contribuable a deux mois pour saisir le tribunal. Si l'administration ne formule pas de réponse, le contribuable doit attendre six mois à partir de la date d'envoi de la réclamation pour saisir le tribunal. Dans ce cas-là, il peut former un recours à la fin de ces six mois, et ce sans être contraint de le présenter dans un délai maximal (*a contrario* de l'hypothèse précédente).

Le mémoire introductif doit contenir suffisamment d'éléments sur les impôts concernés et la motivation en fait et en droit, afin de préciser le litige. Il est fourni par le contribuable ou par le professionnel qui l'accompagne dans la procédure.

Le contribuable peut demander des intérêts moratoires, qui représenteraient la rémunération du temps au cours duquel il n'a pas pu disposer des sommes indûment réclamées. Les intérêts moratoires permettent de réparer un préjudice subi par l'octroi d'une somme d'argent.

L'échange de mémoires

L'administration dispose de six mois pour répondre au mémoire introductif d'instance. Elle peut demander un rallongement du délai de réponse pour des cas complexes. L'absence de réponse de sa part vaut acquiescement.

L'administration examine la requête sur le fond et sur la forme, et joue donc un rôle très important dans le démarrage de la procédure juridictionnelle. Elle peut, grâce à cette analyse, solliciter la condamnation du contribuable pour recours abusif, par exemple s'il a produit des demandes injustifiées ou répétées. L'administration rédige ensuite son mémoire en défense, impôt par impôt et année par année, avec le détail des faits, de la loi applicable et en finissant par sa conclusion. Elle peut conclure au rejet de la requête sur la forme ou sur le fond, ou encore à une admission totale ou partielle.

L'AVIS DE L'EXPERT

Si vous avez entamé une procédure amiable avec l'administration qui n'est pas encore achevée et que vous voulez vous assurer de respecter les délais pour un éventuel recours juridictionnel dans le cas où la procédure amiable n'irait pas dans votre sens, vous pouvez saisir le tribunal pour vous assurer de respecter les délais.
Si la procédure amiable finit par aboutir, vous pourrez vous désister de l'instance pendante devant le tribunal. L'administration fiscale acquiescera alors du désistement du contribuable.

Commence ensuite les mémoires en réplique, qui sont les réponses au mémoire de la partie adverse. Les parties analysent les arguments et, si cela est nécessaire, elles y répondent.

Pour forger son avis, le juge peut demander l'intervention d'un expert sur les points qu'il juge nécessaires. Il peut également demander la visite des lieux, une vérification des écritures, etc.

L'instruction est clôturée à la date fixée par le tribunal. La date a été communiquée dès le début de la procédure. En pratique, ce délai est souvent d'un mois. Si aucune date de clôture n'est communiquée, il faut se référer à la date fixée de l'audience, qui doit être communiquée aux parties au moins sept jours avant sa tenue. L'instruction est clôturée trois jours avant l'audience.

L'audience et sa conclusion

Une fois arrivé à l'audience, le juge ne peut que se prononcer sur les conclusions des parties. Il ne peut pas aller au-delà ou se substituer à l'administration fiscale. Par ailleurs, certaines questions ne relèvent parfois que de la compétence du juge judiciaire ou du juge de la Cour de justice de l'Union européenne. Dans ce cas, le juge saisi doit poser une question préjudicielle au juge compétent et surseoir à statuer jusqu'à l'obtention de la réponse. En d'autres termes, il met le procès en « pause », le temps d'interroger la juridiction compétente et d'obtenir une réponse.

Si, à l'issue du contentieux, le contribuable obtient le remboursement des sommes versées au Trésor, des intérêts moratoires peuvent lui être versés, sans même qu'il en fasse la demande, notamment s'il n'a pas bénéficié du sursis de paiement. Les intérêts moratoires peuvent également être versés par le contribuable à l'administration s'il a pu bénéficier d'un sursis de paiement et que le juge a rendu une décision qui lui est défavorable.

Les recours d'urgence

Le référé-suspension

Le recours à cette procédure d'urgence permet au juge des référés de se prononcer sur la suspension d'une décision administrative, et ce dans un délai très rapide.

Pour bénéficier de cette procédure, plusieurs conditions doivent être remplies : la situation doit notamment avoir un caractère d'urgence et être examinée concrètement et objectivement. Ce référé peut notamment intervenir dans le cas où le contribuable n'a pas fait, au moment de la réclamation contentieuse, de demande de sursis de paiement.

Très concrètement, une procédure en référé peut être entamée lorsque la situation a un caractère d'urgence pour le contribuable. Ce dernier a besoin que la décision administrative prise soit suspendue le temps de la procédure.

EXEMPLE

Ce référé peut être introduit en immobilier, notamment pour suspendre l'exécution d'un permis de construire. En effet, si un permis de construire fait l'objet d'un recours, le bénéficiaire peut toutefois démarrer les travaux. Si un référé-suspension est introduit et que le juge l'accepte, les travaux sont suspendus tant que le juge ne prononce pas la légalité dudit permis.

L'AVIS DE L'EXPERT

Les conditions d'obtention du sursis de paiement sont plus souples que celles du référé-suspension qui, s'il est refusé, est insusceptible de recours. La demande de sursis de paiement doit donc être privilégiée.

Le référé-liberté

Il s'agit d'une procédure d'urgence qui permet de demander au juge de prendre les mesures nécessaires pour la sauvegarde d'une liberté fondamentale. Cette procédure demeure rare en matière fiscale.

Les voies de recours

Il existe plusieurs recours devant le juge administratif.

Lorsqu'une partie est mécontente de la décision rendue en première instance par le juge administratif, elle peut la contester devant la Cour administrative d'appel puis le Conseil d'État.

La **Cour administrative d'appel** saisie doit rejuger l'affaire, et le contribuable doit obligatoirement être représenté par un avocat (contrairement à l'administration). La date de l'audience est communiquée aux parties au moins sept jours avant sa tenue et est publique. La décision de la Cour doit être prononcée en audience publique et être motivée avec certaines mentions obligatoires. Plusieurs recours sont possibles à la suite de l'arrêt rendu par la Cour administrative d'appel, comme le recours en interprétation en cas d'arrêt rendu obscur ou ambigu, ou la tierce opposition si un arrêt porte préjudice aux droits d'un tiers.

Si l'une des parties estime que le droit a mal été appliqué par les deux juridictions précédentes, le **Conseil d'État** peut être saisi. Il ne s'agit pas d'un troisième degré de juridiction puisqu'il juge uniquement en droit, et non les faits, contrairement aux deux juridictions précédentes (la Cour administrative d'appel et la décision rendue en première instance par le juge administratif). Il apprécie la légalité de la décision rendue par les juges du fond si la procédure préalable d'admission confirme la recevabilité de la demande.

Le contribuable doit être assisté d'un avocat au conseil. Le Conseil d'État peut quant à lui décider d'un non-lieu à statuer, se désister, relever d'office des moyens d'ordre public ou maintenir la décision attaquée. Il ne peut pas se prononcer au-delà des conclusions des parties.

S'il prononce la cassation de la décision qui a été déférée devant lui, il peut renvoyer l'affaire devant la même juridiction dans une formation différente, ou renvoyer devant une autre cour. Si la bonne administration de la justice le justifie, il peut régler l'affaire au fond.

Aucun recours n'est possible pour contester une décision du Conseil d'État ou de la Cour de cassation. En revanche, il est possible que le juge administratif au sens large soit amené à interpréter ses décisions ou à les reformer en cas de recours en révision, en rectification d'erreur matérielle, en opposition ou en tierce opposition.

CE QU'IL FAUT RETENIR

En France, nous sommes dans un **système déclaratif**. Les contribuables doivent donc déclarer leurs revenus, de manière sincère et complète. De ce fait, l'administration bénéficie de différents pouvoirs afin de contrôler et de régulariser les mauvaises déclarations ou les absences de déclaration.

Ces pouvoirs relèvent notamment de :

- la demande de renseignements au contribuable ;
- la demande d'éclaircissements ou de justifications, pour laquelle une réponse doit intervenir dans les deux mois ;
- un droit de communication exercé auprès des tiers ;
- un droit d'enquête portant sur la TVA (avec la possibilité de visites inopinées) ;
- un droit de visite et de saisie ;
- une assistance administrative et internationale ;
- la flagrance fiscale pour les BIC, BNC, BA, IS et TVA en cas d'activité non déclarée, de travail dissimulé ou encore de facturation irrégulière.

Il existe deux sortes de procédures engagées par l'administration :

- la procédure contradictoire, dans le cas où le contribuable a respecté ses obligations de déclaration ;
- la procédure d'office dans le cas contraire.

L'administration peut opérer des **contrôles** et **rectifications**, mais seulement dans le délai qui lui est imparti, c'est-à-dire pendant le délai de reprise. Il est de six ans, mais la majorité des impositions bénéficient d'un délai spécial de trois ans (IR, IS, TVA, droits d'enregistrement, etc.). Au-delà de ce délai, l'administration ne peut pas opérer de redressements.

Ce délai est interrompu lorsque l'administration fiscale envoie une proposition de rectification régulière.

Suite à ces procédures, le contribuable peut contester les impositions de différentes manières :

- par une réclamation contentieuse préalable devant l'administration ;
- par un recours gracieux : une transaction ou une demande gracieuse ;

- par un recours hiérarchique devant le supérieur hiérarchique du vérificateur ;
- par un recours juridictionnel dans les deux mois suivant la réponse de l'administration (ou six mois après l'absence de réponse de cette dernière, sans limites de temps).

Notons, enfin, qu'il existe des recours d'urgence tels que le référé-suspension et le référé-liberté.

ENTRAÎNEZ-VOUS !

1. Quel pouvoir permet à l'administration de demander des informations à des tiers sur le contribuable ?

❑ La demande de renseignements.
❑ Le droit de communication.
❑ La demande d'éclaircissements ou de justifications.

2. Est-il possible de recevoir une visite de manière inopinée à 7 h du matin ?

❑ Oui. ❑ Non.

3. Quelle procédure est mise en place pour un contribuable qui n'a pas déclaré correctement ?

❑ La procédure contradictoire.
❑ La procédure d'office.

4. Quelle procédure d'office est utilisée pour un BIC qui n'a pas été déclaré malgré une mise en demeure ?

❑ La procédure contradictoire.
❑ L'évaluation d'office.
❑ La taxation d'office.

5. Quel est le délai de droit commun dont l'administration dispose pour procéder à un contrôle ?

❑ 1 an. ❑ 3 ans. ❑ 6 ans.

6. En 2021, en matière d'IR, l'administration peut contrôler toutes les années jusqu'à :

❑ 2020. ❑ 2018. ❑ 2015.

7. En 2021, en matière de taxe foncière, l'administration peut contrôler toutes les années jusqu'à :

❑ 2020. ❑ 2018. ❑ 2015.

8. En cas de recours juridictionnel, à partir de quelle date un contribuable peut-il saisir le juge lorsque l'administration n'a pas donné de réponse pour une réclamation envoyée le 1er juin 2021 ?

❑ 1er août 2021. ❑ 1er novembre 2021. ❑ 1er décembre 2021.

14

J'AI DES REVENUS EN FRANCE ET À L'ÉTRANGER : COMMENT SUIS-JE IMPOSÉ ?

OBJECTIFS À ATTEINDRE

1. Comprendre le fonctionnement de votre fiscalité si vous avez des revenus de source française, mais également des revenus de source étrangère.
2. Connaître le rôle des conventions fiscales internationales et être en mesure de s'y référer dans certains cas.
3. Savoir quel droit appliquer en présence d'une situation internationale, notamment si vous percevez des revenus locatifs issus d'autres pays que la France.

Lorsque des particuliers ou des entreprises sont dans des situations qui les exposent au droit national de deux États, les sources du droit qui leur sont applicables sont **nationales** et/ou **internationales**. C'est par exemple le cas lors de **flux transfrontaliers de revenus et de capitaux**, notamment lorsque des individus travaillent, détiennent un bien immobilier, ou bénéficient d'un héritage dans un autre État que celui de leur résidence. En d'autres termes, il arrive régulièrement qu'un contribuable ait des intérêts dans plusieurs pays.

Ces situations peuvent conduire à la nécessité de coordonner l'**application exclusive ou concomitante d'impôts** de plusieurs pays qui pourraient concerner une même période, une même matière imposable et un même contribuable (on parle alors de double imposition juridique). Autrement dit, il est nécessaire, en présence de situations impliquant plusieurs pays, d'étudier comment chaque État souhaite pratiquer sa fiscalité et si cela ne conduit pas à une double imposition, qui serait injuste pour le contribuable.

C'est notamment par le biais des **conventions fiscales bilatérales** que ce problème est résolu. Ces conventions traitent notamment de la **lutte contre la fraude et l'évasion fiscales** et des **cas de double non-imposition**. Elles indiquent, dans une situation où deux États sont impliqués, lequel des deux a le droit d'imposer. Parfois, elles prévoient même que les deux États peuvent imposer le contribuable : dans cette hypothèse, une méthode est justement prévue pour que l'imposition des deux États ne se cumule pas, car elle serait sinon excessive pour le contribuable concerné.

Dans le cas d'une situation impliquant deux États, il existe un **principe de subsidiarité** des conventions fiscales. Ce principe signifie qu'il convient d'abord d'analyser le droit fiscal interne (c'est-à-dire national) de chaque État, pour vérifier que l'imposition en question est fondée. Si tel est le cas, il faut examiner **si la convention fiscale signée entre les deux pays y fait ou non obstacle**. En effet, si le droit interne n'a pas prévu d'imposer un revenu, une convention ne peut pas non plus permettre de l'imposer (CE, 31 juill. 2009, n° 296471).

Pour prendre un exemple très simple, supposons qu'un contribuable a sa résidence fiscale en France et travaille en Allemagne. Il perçoit donc des revenus de source allemande. Il faut alors vérifier, en droit français et en droit allemand, qu'une imposition est prévue pour les salaires perçus. Si tel est bien le cas, alors il faut s'en remettre à la convention signée entre la France et l'Allemagne pour voir comment ce contribuable est effectivement imposé. C'est ce que nous allons apprendre à faire dans les développements qui suivent : identifier dans quel État tel ou tel revenu doit être imposé.

1. LE DROIT INTERNE

Les règles relatives à l'impôt sur le revenu

Lorsqu'un contribuable est **domicilié fiscalement en France**, il est imposable en France sur ses revenus de source mondiale, c'est-à-dire aussi bien de source française que de source étrangère. C'est ce que l'on appelle le **principe de mondialité** de l'impôt sur le revenu. Le contribuable doit ainsi déclarer annuellement l'intégralité de ses revenus sur sa déclaration de revenus.

En revanche, s'il est **domicilié fiscalement hors de France**, il n'est imposable en France que sur ses **revenus de source française**, limitativement énumérés par la loi (article 164 B du CGI). Surtout, le contribuable disposant de revenus imposés en France par l'application d'une disposition d'une convention est soumis à l'impôt sur le revenu, qu'il ait ou non son domicile fiscal en France.

Par ailleurs, si un contribuable est **reconnu domicilié fiscalement dans deux États** par application de leur droit interne respectif, la convention fiscale, pour résoudre ce conflit, attribue la domiciliation fiscale uniquement à l'un des deux États.

> Il est possible que deux États estiment qu'un contribuable a son domicile fiscal en son sein. Cela s'explique aisément par le fait que les critères de définition du domicile fiscal sont volontairement larges, pour permettre d'englober un maximum de contribuables.
> Dans cette hypothèse, c'est la convention fiscale existant entre les deux États qui tranche, à l'aide de plusieurs critères et/ou indices, pour déterminer dans quel État le contribuable a in fine sa résidence fiscale.

Il est toutefois possible pour un contribuable domicilié fiscalement en France, en l'absence de convention fiscale avec le pays de source des revenus, de **déduire de l'assiette imposable l'impôt payé dans ledit pays**, dès lors que ce **revenu est aussi imposable en France**. C'est ainsi que le droit français permet régulièrement, de façon unilatérale, de supprimer la double imposition.

Dans certains cas, les conventions internationales permettent, elles, de déduire l'impôt acquitté à l'étranger par un **crédit d'impôt**, en le plafonnant à l'impôt qui aurait été dû en France sur ces mêmes revenus.

EXEMPLE

J'ai payé un impôt de 2 000 € en Italie.
En application de la convention, la France m'impose également, pour un montant de 6 000 €.
Je peux potentiellement bénéficier d'un crédit d'impôt égal au montant de l'impôt déjà payé à l'étranger, soit 2 000 €.
Le coût effectif de l'impôt en France est donc de 4 000 €.

L'AVIS DE L'EXPERT

Le raisonnement pris dans l'exemple n'est là que pour illustrer le propos. Évidemment, en fonction de l'État concerné (ici l'Italie), il faut vérifier la convention fiscale entre la France et ce pays, pour s'assurer qu'elle prévoit un crédit d'impôt égal au montant de l'impôt déjà payé dans ce pays.

Les règles relatives à l'impôt sur la fortune immobilière (IFI) et aux droits de mutation à titre gratuit

Lorsqu'une personne est **domiciliée fiscalement en France**, tous les actifs immobiliers, quelle que soit leur situation géographique, entrent dans le champ d'application de l'IFI (article 964, 1° du CGI). Afin d'éviter les situations de double imposition juridique, le droit interne prévoit que l'impôt sur la fortune payé à l'étranger est imputé sur l'IFI dans la limite de l'impôt payé et afférant aux biens et droits immobiliers situés à l'étranger, ou sur la valeur des parts ou des actions représentatives de ces biens (article 980 du CGI).

Si une personne est **domiciliée fiscalement hors de France**, elle n'est imposable que sur les biens et droits situés en France ou sur des parts et actions de sociétés ou organismes à hauteur de la fraction de leur valeur représentative de droits ou biens immobiliers situés en France et selon les mêmes règles applicables aux résidents.

En ce qui concerne les **droits de mutation à titre gratuit**, les personnes domiciliées fiscalement en France sont également passibles de ces droits suivant le **principe de mondialité**.

Que le défunt ou le donateur (celui qui donne) soit domicilié fiscalement en France ou non, l'imposition a lieu en France dans tous les cas, sauf si l'héritier ou le donataire (celui qui reçoit) est domicilié à l'étranger et que les biens concernés sont aussi situés à l'étranger.

À moins qu'une convention fiscale n'en dispose autrement, **les droits acquittés hors de France sur des biens situés à l'étranger** sont **imputables sur l'impôt dû en France** et dans la limite de ce dernier (article 784 A du CGI).

EXEMPLE

J'ai payé des droits de 10 000 € en Allemagne.
Je suis soumis en France à des droits de 12 000 €.
Je bénéficie donc d'un crédit d'impôt égal au montant de l'impôt déjà payé à l'étranger, soit 10 000 €.
Je ne suis donc imposé effectivement en France qu'à hauteur de 2 000 €.

Les règles relatives à l'impôt sur les sociétés (IS)

Les entreprises qui n'ont **pas leur siège en France** sont **imposables en France** si elles y exploitent une entreprise ou qu'elles génèrent des revenus et profits immobiliers de source française, par exemple (article 209, I du CGI).

Pour les sociétés imposées à l'IS, les revenus imposables en France sont :

- ceux des **immeubles situés en France** ;
- ceux dont **l'imposition est attribuée à la France par une convention fiscale ;**
- les bénéfices réalisés dans des **entreprises exploitées en France**.

La jurisprudence a défini cette notion d'« entreprise exploitée en France », caractérisée par l'exercice habituel d'une activité en France par l'un des trois modes d'exploitation suivants :

- un établissement autonome qui est une installation professionnelle dotée d'un caractère de permanence et à l'autonomie propre ;
- un représentant indépendant sans personnalité professionnelle ;
- la réalisation, en France, d'opérations formant un cycle commercial complet.

Prenons le cas particulier des **entreprises disposant d'un siège en France**.

Le siège est en principe celui indiqué sur les statuts. S'il est fictif, il faut retenir le **siège réel**, c'est-à-dire le lieu où sont **concentrés les organes de direction, d'administration et de contrôle de la société**. Ainsi, sous réserve de l'application des conventions fiscales internationales, une entreprise dont les bénéfices sont réalisés par une entreprise ayant son siège en France n'est pas imposable en France si ces bénéfices résultent de **l'exercice habituel d'une activité hors de France**.

Par ailleurs, les entreprises françaises possédant un **établissement hors de France** ne sont pas imposables à l'IS en France sur les bénéfices provenant dudit établissement. Les charges afférentes ne sont pas non plus déductibles de l'IS dû en France. Si cette même entreprise exerce personnellement une **activité habituelle hors de France**, c'est-à-dire que ses opérations sont réalisées pour son compte et par ses préposés, alors les bénéfices correspondants ne sont pas soumis à l'IS, à moins que ces opérations ne soient organisées, contrôlées et gérées par le siège de l'entreprise situé en France.

Dans le cas de l'entremise d'un **intermédiaire hors de France**, dont la personnalité est distincte de l'entreprise, cette dernière est considérée comme n'exerçant personnellement aucune activité à l'étranger. Dans ce cas, les bénéfices tirés de ces opérations sont considérés comme réalisés en France et soumis à l'IS en France.

Pour ce qui est des opérations formant un **cycle commercial complet hors de France**, si elles sont détachables des autres opérations de l'entreprise, par leur nature ou leur exécution, alors elles **échappent à l'IS en France**. Lorsque les opérations considérées ne sont **pas détachables d'autres opérations de l'entreprise**, comme des opérations commerciales réalisées à l'étranger depuis la France – où elles sont décidées, traitées et contrôlées –, elles sont **imposables en France**.

Ainsi, lorsqu'une activité est exercée **conjointement en France et à l'étranger**, les bénéfices doivent être **répartis pour déterminer la part imposable en France**. Outre les cas où l'activité réalisée à l'étranger est identifiable et fait l'objet d'une comptabilité séparée, il est nécessaire de ventiler ces bénéfices.

Deux méthodes existent :

- **la répartition proportionnelle**, selon laquelle on applique un coefficient aux résultats globaux de l'entreprise, qui tient compte du rapport des chiffres d'affaires du siège et de l'établissement ;
- **la répartition par comparaison**, selon laquelle on compare l'établissement à une autre entreprise similaire et qui fonctionne selon les mêmes conditions et avec la même participation au processus économique.

Les règles relatives aux retenues à la source et aux prélèvements

La loi française prévoit un certain nombre de retenues à la source et de prélèvements pour les **revenus réalisés en France par des entreprises non résidentes**.

EXEMPLE

Les plus-values réalisées sur des biens immobiliers ou sur des actions ou parts de sociétés à prépondérance immobilière en France sont imposées à 33,33 %.

Les règles relatives aux droits d'enregistrement (autres que les droits de mutation à titre gratuit)

Les droits d'enregistrement ne sont exigibles, en principe, **que pour les actes passés en France et pour les biens qui y sont situés**. Les mutations à titre onéreux d'immeubles, de droits au bail, de fonds de commerce situés en France sont imposables en France, sans considération du lieu où l'acte a été établi.

Lorsque l'acte est passé en France, mais qu'il porte sur une mutation d'un immeuble situé à l'étranger, il ne doit être soumis à la formalité que dans le cas où il s'agit d'un acte notarié, judiciaire ou extrajudiciaire.

Les règles relatives à la cotisation foncière des entreprises (CFE)

Il est possible qu'une personne étrangère soit assujettie à la CFE lorsqu'elle est soumise en France à l'IR ou l'IS si son activité relève du champ d'application de cette taxe (article 1447, III du CGI).

EXEMPLE

Une société étrangère soumise à l'IS en France et donnant en location des immeubles en France est soumise à la CFE.

Elle est soumise à la cotisation minimale au lieu de situation de l'immeuble dont, au 1er janvier de l'année d'imposition, la valeur locative foncière est la plus élevée.

Par ailleurs, les stipulations des conventions fiscales bilatérales ne valent que pour les impôts qui relèvent de son champ d'application.

EXEMPLE

Prenons la convention fiscale conclue entre la France et la Nouvelle-Calédonie. Celle-ci ne visant que l'IR et l'IS, une société qui serait exonérée d'un de ces deux impôts selon cette convention peut tout à fait rester soumise au paiement de la CFE.

2. LES CONVENTIONS FISCALES BILATÉRALES

La France possède un des réseaux conventionnels les plus étendus, avec plus de 100 pays avec lesquels elle est liée. Généralement, ces conventions reprennent le modèle établi par l'Organisation de coopération et de développement économiques (OCDE), avec quelques différences tirées de la particularité du système fiscal français.

L'OCDE est une organisation internationale qui vise à promouvoir des politiques prospères. Elle réalise notamment des analyses et des statistiques, afin d'établir de nouvelles normes internationales ou encore des accords. Elle compte actuellement 38 membres. En matière fiscale, elle propose un modèle de convention entre États et formule parfois des recommandations. Si elle n'a pas de pouvoir de sanctions, les États membres sont très attentifs à ses avis et recommandations.

Outre les points d'attention liés à l'articulation entre le droit interne et le droit conventionnel ou l'interprétation de ces conventions, que nous n'aborderons pas ici, il est nécessaire de se pencher sur les grandes lignes que prévoient les conventions. Comme évoqué précédemment, ce sont elles qui vont permettre de régler la fiscalité applicable à une situation dans laquelle un élément international existe pour un contribuable.

L'élimination de la double imposition

Nous l'avons vu, les conventions fiscales ont notamment pour objet l'élimination des situations de double imposition entre deux États. À cet égard, le droit fiscal international repose sur les notions d'État de source et d'État de résidence.

L'État de source est l'État duquel provient le revenu. Il peut être le lieu de situation du bien qui génère ce revenu, celui dans lequel l'activité est exercée ou encore le lieu de résidence du débiteur de ce revenu. L'État de résidence est le lieu de domicile, de résidence ou le siège de direction effectif du bénéficiaire de ce revenu.

La convention répartit le droit d'imposer entre ces deux États, soit en accordant à l'un un **droit exclusif d'imposer**, soit en reconnaissant **ce droit aux deux États**, avec la mise en place d'un crédit d'impôt pour l'impôt payé dans un des États et qui est imputable sur l'impôt dû dans l'autre État.

Extrait de la convention fiscale internationale franco-italienne
Article 24 : Dispositions pour éliminer les doubles impositions

La double imposition est évitée de la manière suivante :
1. Dans le cas de la France :
→ Les dispositions expliquent d'abord le cas d'un résident fiscal français percevant des revenus de source italienne.

a) Les bénéfices et autres revenus positifs qui proviennent d'Italie et qui y sont imposables conformément aux dispositions de la Convention, sont également imposables en France lorsqu'ils reviennent à un résident de France. L'impôt italien n'est pas déductible pour le calcul du revenu imposable en France.
→ Si les revenus de source italienne sont imposables en Italie mais également en France, il n'est pas possible de déduire l'impôt déjà payé en Italie pour calculer le montant de l'impôt dû en France. Autrement dit, dans un premier temps, on fait comme si le contribuable n'avait pas été imposé en Italie pour calculer son imposition en France.

Mais le bénéficiaire a droit à un crédit d'impôt imputable sur l'impôt français dans la base duquel ces revenus sont compris. Ce crédit d'impôt est égal :
- pour les revenus visés aux articles 10, 11, 12, 16 et 17 et au paragraphe 8 du Protocole annexé à la Convention au montant de l'impôt payé en Italie, conformément aux dispositions de ces articles. Il ne peut toutefois excéder le montant de l'impôt français correspondant à ces revenus ;
➔ Quand on se réfère à la convention, les articles 10, 11, 12, 16 et 17 traitent des dividendes, des intérêts, des redevances, des rémunérations des dirigeants de société et membres des conseils d'administration ou de surveillance, et des rémunérations des artistes et des sportifs. Le crédit d'impôt est « total ». Pour ces revenus, il est donc prévu un crédit d'impôt ne pouvant pas excéder le montant de l'impôt français dû sur ces revenus. Autrement dit, si l'imposition a été de 15 en Italie, et de 10 en France, le crédit d'impôt est de 10.

- pour tous les autres revenus, au montant de l'impôt français correspondant. Cette disposition est également applicable aux rémunérations visées aux articles 8, 13 paragraphe 3, et 19.
➔ Il s'agit des autres rémunérations ainsi que de celles provenant de la navigation maritime et aérienne, des gains provenant de l'aliénation de navires ou aéronefs, ou des rémunérations de la fonction publique. Ici, le but est d'éliminer l'imposition française puisque le crédit d'impôt accordé correspond au montant de l'impôt payé pour ces rémunérations.

b) Les résidents de France qui possèdent de la fortune imposable en Italie conformément aux dispositions des paragraphes 1 à 3 de l'article 23 et du paragraphe 11 a et b du Protocole annexé à la Convention sont également imposables en France à raison de cette fortune. L'impôt français est calculé sous déduction d'un crédit d'impôt égal au montant de l'impôt sur la fortune payé en Italie. Ce crédit ne peut toutefois excéder l'impôt français correspondant à la fortune imposable en Italie.
➔ Le principe est le même que précédemment. Si un contribuable paye un impôt sur la fortune en Italie, il est également imposé en France si un impôt sur la fortune existe (c'est le cas). En France, il peut bénéficier d'un crédit d'impôt égal au montant de l'impôt dû en France.

2. Dans le cas de l'Italie :
➔ Ici, les dispositions sont applicables pour un résident fiscal italien percevant des revenus de source française.

Lorsqu'un résident d'Italie reçoit des éléments de revenus qui sont imposables en France, l'Italie, en établissant ses impôts sur le revenu visés à l'article 2 de la présente Convention, peut comprendre dans la base imposable desdits impôts ces éléments de revenu à moins que des dispositions déterminées de la présente Convention ne s'y opposent.
Dans ce cas, l'Italie doit déduire des impôts ainsi établis l'impôt sur les revenus payé en France, mais le montant de la déduction ne peut pas dépasser la quote-part d'impôt italien imputable auxdits éléments de revenu dans la proportion où ces éléments participent à la formation du revenu total.
Toutefois aucune déduction ne sera accordée dans le cas où l'élément de revenu est assujetti en Italie à l'impôt par voie de retenue à la source libératoire sur demande du bénéficiaire du revenu, conformément à la législation italienne.
➔ Le principe est le même que celui vu dans la section 1, avec une exception mentionnée à la fin du texte.

La qualité de sociétés de personnes

Pour la France, les sociétés de personnes doivent pouvoir **bénéficier des dispositions conventionnelles**. En effet, dans une société de personnes, ce sont les associés qui sont imposés directement sur les résultats réalisés par la société. C'est la raison pour laquelle on estime que ces sociétés **doivent être considérées comme des résidentes** et être visées dans cette catégorie.

Réciproquement, l'administration fiscale admet, sous certaines conditions, de reconnaître la transparence fiscale des sociétés de personnes de l'autre État partie à la convention.

EXEMPLE

Convention bilatérale entre la France et le Luxembourg – Article 4 « RÉSIDENT », 4.

4. L'expression « résident d'un État contractant » comprend, lorsque cet État contractant est la France, toute société de personnes, groupement de personnes ou autre entité analogue :

a) dont le siège de direction effective est en France ;

b) qui est assujetti à l'impôt en France ;

c) et dont tous les porteurs de parts, associés ou membres sont, en application de la législation fiscale française, personnellement soumis à l'impôt à raison de leur quote-part dans les bénéfices de ces sociétés de personnes, groupements de personnes ou autres entités analogues.

Les opérations immobilières

La fiscalité immobilière internationale repose sur le **principe de l'imposition au lieu de situation des immeubles**. Cela signifie que c'est l'endroit où se trouve le bien immobilier qui constitue le lieu d'imposition, notamment des revenus locatifs ou de la plus-value immobilière réalisée à la vente. Cela n'exclut cependant pas le droit pour l'État de résidence d'imposer également la somme en question puisque l'on peut considérer qu'un immeuble est une **composante importante du patrimoine de son résident**. Dès lors, ne pas imposer ce revenu ou ce capital serait contraire à l'équité.

Au sein des conventions, des indications sont données non seulement concernant l'imposition des revenus locatifs produits par les biens immobiliers, mais également concernant l'éventuelle plus-value qui serait réalisée au moment de la revente.

Comment les revenus des immeubles sont-ils imposés ?

Dans les conventions dites « modèle OCDE »

Pour l'application des conventions fiscales sur les revenus immobiliers, l'OCDE considère que ceux-ci correspondent aux revenus des biens immobiliers. La notion de bien immobilier, pour les conventions de type « modèle OCDE », est **définie par référence au droit de l'État partie où les biens se situent**. L'expression comprend notamment la définition des droits auxquels les dispositions de droit privé s'appliquent concernant la propriété foncière, ainsi que l'usufruit de biens immobiliers.

Par ailleurs, la conception du revenu immobilier est entendue largement, peu importe si le propriétaire est une personne morale ou physique, si le mode d'exploitation est de la location meublée ou nue ou une exploitation directe, etc.

Dans toutes les conventions fiscales signées par la France, **le droit d'imposer est attribué à l'État où se situe le bien immobilier**, même en l'absence d'établissement stable dans cet État. En revanche, il n'existe pas de précision sur les modalités d'imposition de ces revenus. Dans une grande majorité des cas, les conventions n'ont pas d'incidence sur les modalités d'imposition, sauf si le principe de non-discrimination s'applique, puisqu'il interdit les discriminations fiscales entre les non-nationaux et les nationaux lorsque leurs situations sont égales.

L'AVIS DE L'EXPERT

Notez l'expression « nationaux et non-nationaux ». Vous remarquerez alors que ce principe de non-discrimination ne s'applique pas dans le cas des résidents et non-résidents qui sont, de facto, dans des situations différentes, puisqu'ils ont dans les deux cas des liens plus étroits avec l'un ou l'autre des États.
La non-discrimination concerne donc sans discussion aucune le traitement fiscal réservé à deux personnes de nationalité différente. Ces deux personnes doivent nécessairement être traitées de la même manière. La nationalité n'est donc pas un élément prépondérant en matière fiscale (sauf exception).

Ainsi, la convention existe simplement pour répartir le droit d'imposer entre les deux États concernés. Une fois que l'État auquel la convention attribue le droit d'imposer est identifié, c'est le droit de cet État qui s'applique. La convention n'a pas à se mêler de la manière dont est imposé le revenu concerné.

Pour la convention modèle OCDE, que les revenus de biens immobiliers proviennent de l'exploitation de biens qui servent à l'exercice d'une profession indépendante ou qu'ils proviennent d'une entreprise, ils sont considérés comme des **revenus immobiliers**.

Le droit d'imposer n'est pas forcément exclusif pour un État. La **méthode du crédit d'impôt** ou du **taux effectif** peut être applicable pour l'un des États lorsqu'ils ont tous les deux le droit d'imposer un même revenu.

*La **méthode du crédit d'impôt** consiste à accorder au contribuable résident d'un État et percevant des revenus de source étrangère un crédit d'impôt égal :*

- *soit au montant de l'impôt payé dans l'État de la source, afin de « maîtriser » la double imposition ;*
- *soit au montant de l'impôt dû dans l'État de résidence sur les revenus de source étrangère.*

*La **méthode du taux effectif** consiste à ne pas imposer les revenus provenant de l'étranger, mais simplement à les prendre en compte pour déterminer le taux d'imposition applicable dans l'État de résidence du contribuable.*

TROIS PRÉCISIONS IMPORTANTES

1. Lorsqu'un bien immobilier est **détenu par le biais de sociétés**, certaines questions peuvent être soulevées. En effet, même lorsque l'actif de la société est composé exclusivement de biens immobiliers, les parts ou actions sont considérées juridiquement comme des **biens meubles**. Il faut donc regarder dans la convention comment sont imposés les revenus issus de la vente de biens meubles pour connaître le traitement fiscal en cas de cession des parts.
2. Lorsqu'une **société transparente** est en cause, l'imposition est conservée par la **France** lorsque le bien immobilier détenu par la société s'y situe, puisque les porteurs de parts sont considérés comme les **propriétaires privatifs des biens immobiliers**. Les revenus qui en sont tirés sont donc des revenus de biens immobiliers.
3. Lorsqu'une **société immobilière non transparente** est en cause, le plus souvent une SCI, les porteurs de parts et actions ne sont **pas considérés fiscalement comme des propriétaires privatifs des immeubles détenus**

par la société. C'est la société qui est imposable sur ces revenus, même si la modalité de recouvrement de ceux-ci passe par l'imposition au nom de chaque associé à hauteur de ses droits.
En d'autres termes, la qualification du revenu et le statut de la personne qui le perçoit sont des éléments essentiels pour déterminer quel texte de la convention doit s'appliquer. Une fois le texte identifié, il suffit de relever si c'est l'État de la résidence ou l'État de la source qui dispose du droit d'imposer.

Dans les conventions qui ne reprennent pas le « modèle OCDE »

Il arrive également que des conventions possèdent des dispositifs plus complets que la convention modèle de l'OCDE.

EXEMPLE

La convention franco-algérienne du 17 octobre 1999 précise que si une personne morale est établie dans un des deux États, et qu'est donnée aux propriétaires des actions/parts ou autres droits la jouissance de biens immobiliers détenus par la personne morale, les revenus qu'elle tire de l'utilisation directe, de la location ou de l'usage de son droit de jouissance sous toute autre forme sont imposables dans l'État de situation des biens.
Supposons une société établie en France ou en Algérie, dont les parts sont détenues par un résident fiscal français ou algérien. Le texte nous dit donc que peu importe que la société soit en France ou en Algérie, et peu importe que le titulaire des parts soit résident fiscal français ou algérien, les revenus qu'il tire de la location du bien immobilier détenu par la société sont imposables à l'endroit où se trouve le bien.
Plus largement, la convention précise qu'il n'est pas fait obstacle à l'application des dispositions du droit français lorsque sont en cause des parts, actions ou autres droits dans une société immobilière ou une société immobilière dotée de la transparence fiscale de l'article 1655 ter du CGI, et des sociétés de multipropriété de l'article 239 octies du CGI.
Il faut donc en conclure que, lorsque ces sociétés possèdent des biens immobiliers en France, les revenus que les propriétaires de parts, actions ou autres en tirent sont imposables en France.

Traitement fiscal des revenus locatifs

Les **personnes physiques** qui mettent en location nue un bien immobilier situé en France sont nécessairement imposées dans la catégorie des **revenus fonciers, quelle que soit leur résidence fiscale**. Dans la même logique, les personnes physiques qui mettent en location meublée un bien immobilier situé en France sont nécessairement imposées dans la catégorie des BIC, quelle que soit leur résidence fiscale.

Pour les biens détenus par des **SCI et loués en meublé**, les sociétés étant passibles de l'IS, le **porteur de parts non résident** ne paît des impôts que par la voie de la **retenue à la source sur les dividendes** versés par la société.

Les revenus doivent être déclarés à l'administration pour leurs montants nets après l'imputation des frais et charges déductibles, dans les mêmes conditions que pour les personnes domiciliées fiscalement en France. Le sort des déficits est le même que pour les résidents.

Le revenu est soumis au **barème progressif** sans que le taux d'imposition ne puisse être inférieur à 20 % (ou 30 % passé un certain seuil), sauf si le contribuable prouve que le taux moyen qui résulterait de l'application de l'impôt français sur son revenu global français et étranger serait inférieur à 20 %.

Comment les plus-values immobilières sont-elles imposées ?

Les plus-values tirées de la cession d'immeubles sont imposables, de manière générale, dans **l'État où les immeubles sont situés si le droit interne des États le prévoit**. Les conventions étant silencieuses sur la manière dont les gains en capital doivent être calculés, les **États sont libres d'appliquer les règles de droit interne**.

Lorsque les conventions ne font pas référence aux parts et actions de sociétés immobilières, **seuls les titres de sociétés transparentes peuvent être imposés comme des biens immobiliers**. Dans les autres cas, la cession de telles parts ou actions relève du régime d'imposition des biens mobiliers, ce qui conduit généralement à attribuer le droit d'imposer à l'État de résidence.

Si les conventions visent les sociétés immobilières, cela étend l'imposition de la plus-value immobilière aux sociétés à prépondérance immobilière.

EXEMPLE

La convention franco-néerlandaise du 16 mars 1973 énonce que « *les gains provenant de l'aliénation des parts ou de droits analogues dans une société dont l'actif est composé principalement de biens immobiliers sont imposables dans l'État où ces biens sont situés* ».
En d'autres termes, une personne qui vendrait les parts qu'elle possède dans une société, laquelle détiendrait majoritairement des biens situés en France, payerait l'impôt sur sa plus-value de cession de valeurs mobilières en France.

Encore une fois, lorsqu'une convention retire le droit d'imposer à un État, plusieurs méthodes peuvent être employées pour éviter les doubles impositions, comme l'exonération, ou encore l'application du taux effectif ou du crédit d'impôt.

EXEMPLE

Si un résident français réalise une plus-value sur la cession d'un immeuble en Espagne, cette plus-value est également imposable en France, mais on y applique un crédit d'impôt égal au montant de l'impôt payé en Espagne.

Les impôts locaux

Mis à part de rares cas, les impôts locaux ne sont pas couverts par les conventions fiscales bilatérales.

3. LES AUTRES SOURCES INTERNATIONALES

Les conventions fiscales bilatérales ne sont pas les seules sources internationales de droit fiscal. S'y ajoutent le droit de l'Union européenne, de l'Organisation mondiale du commerce (OMC), des accords internationaux particuliers comportant des dispositions fiscales, ou encore celui des conventions bilatérales ou multilatérales d'assistance administrative et fiscale.

Par ailleurs, l'OCDE a mis en place un plan d'action ayant pour but de lutter contre l'érosion de l'assiette imposable et la délocalisation des bénéfices. Il s'agit du fameux projet *Base Erosion and Profit Shifting* (BEPS).

Pour mettre en œuvre certaines mesures qu'il propose, une **convention multilatérale** a été mise au point.

> Ainsi que le précise très clairement l'OCDE, l'érosion de la base d'imposition et le transfert de bénéfices font référence aux stratégies mises en place par les contribuables, qui exploitent les failles et les différences entre les règles fiscales des différents États, afin de faire « disparaître » tout ou partie des bénéfices imposables, ou de les transférer dans des pays ou territoires où l'entreprise n'exerce aucune activité réelle, mais qui jouissent d'un taux d'imposition beaucoup plus faible.

Près de 100 pays ont signé cette convention multilatérale et elle est entrée en vigueur pour certains, notamment pour la France, depuis le 1er janvier 2020. Cet instrument marque, selon l'OCDE, « *un tournant dans l'histoire des conventions fiscales* », puisqu'il a pour objet la modification des conventions fiscales, sans qu'il ne soit nécessaire d'entreprendre des négociations entre les parties.

Pour ce qui est de son contenu, il met en place des normes minimums, afin de prévenir les utilisations abusives de conventions fiscales et d'en améliorer les mécanismes de règlements des différends. Des mesures sont obligatoires, modifiant le préambule des conventions ou insérant une clause anti-abus de portée générale par exemple, alors que d'autres stipulations sont optionnelles, c'est-à-dire que les États peuvent émettre des réserves ou des options selon leur réseau conventionnel et leur politique relative à ces conventions fiscales.

Pour boucler la boucle, les États n'ont pas l'obligation de fournir de version consolidée des conventions fiscales applicables. Parvenir à trouver le texte conventionnel applicable n'est pas toujours chose facile.

Tous ces différents engagements viennent compléter les sources du droit fiscal et sont susceptibles d'avoir une incidence sur les conventions fiscales bilatérales. Par exemple, le droit de l'Union européenne prévaut sur les conventions fiscales bilatérales.

CE QU'IL FAUT RETENIR

» En cas de **domiciliation fiscale en France**, le contribuable est imposable en France sur les revenus de source mondiale (principe de mondialité).

» En cas de **domiciliation fiscale hors de France**, le contribuable n'est imposable que sur les revenus de source française limitativement énumérés par la loi.

» Il existe trois hypothèses pour l'imposition de revenus de deux pays différents :
- imposition dans l'État de source ;
- imposition dans l'État de résidence ;
- imposition dans les deux États.

Dans le troisième cas, les **conventions fiscales** permettent d'éliminer **la double imposition**, notamment par deux mécanismes :
- **le crédit d'impôt :** l'État de résidence taxe le revenu en prenant en compte ce qui a déjà été payé à l'étranger ;
- **l'exemption :** il y a une exonération dans l'État de résidence, mais le revenu est tout de même pris en compte pour calculer le taux d'imposition des revenus perçus et imposés dans l'État de résidence (règle du taux effectif).

La convention fiscale n'a donc pas vocation à créer une imposition, car c'est la compétence exclusive du législateur national. Elle a pour rôle de répartir l'imposition entre les pays.

ENTRAÎNEZ-VOUS !

Plusieurs réponses possibles

1. Les conventions fiscales...

❑ ...gèrent la répartition de l'imposition entre deux pays.
❑ ...créent des impositions.
❑ ...attribuent la domiciliation en cas de double domiciliation.

2. En matière d'IFI, que se passe-t-il si les biens français sont détenus par un résident fiscal étranger ?

❑ Tous les biens, français comme étrangers, sont imposés en France.
❑ Seuls les biens français sont imposés en France.
❑ Tous les biens, français comme étrangers, sont imposés à l'étranger.

3. Qu'est-ce qui est pris en compte en cas de siège fictif d'une société ?

❑ Le siège fictif puisqu'il est inscrit dans les statuts.
❑ Le lieu de direction, d'administration et de contrôle de la société.
❑ Ni l'un ni l'autre.

4. Qui établit des modèles de convention ?

❑ L'ODCE.
❑ L'Union européenne.
❑ L'OCDE.

5. Quelles sont les deux méthodes de répartition quand les deux États ont le droit d'imposer ?

❑ La méthode du crédit d'impôt.
❑ La méthode du taux effectif.
❑ La méthode de la réduction d'impôt.

15

QUELLES SONT **MES OBLIGATIONS DÉCLARATIVES** EN FRANCE ?

OBJECTIFS À ATTEINDRE

1. Connaître l'ensemble des déclarations fiscales qui existent en France et identifier celles qui vous concernent, en fonction de votre situation.
2. Comprendre l'importance de ces obligations déclaratives, eu égard à l'objectif de transparence fixé par l'ensemble des responsables publics.
3. Apprendre à remplir convenablement les bonnes cases de ses déclarations, et maîtriser les cas particuliers qui vous concernent ou pourraient potentiellement vous concerner un jour.

La France, en matière fiscale, dispose d'un **système déclaratif.** Il revient donc à chaque contribuable de déclarer ses revenus. Cette exigence s'inscrit dans un objectif général de **transparence fiscale**. Comme évoqué précédemment, les contribuables domiciliés fiscalement en France sont soumis à une obligation fiscale illimitée. De ce fait, ils doivent déclarer tous leurs revenus, de source française, mais aussi de source étrangère.

La déclaration se fait par **foyer fiscal**. Cette notion renvoie à l'ensemble des membres composant le foyer, ce qui signifie qu'une seule déclaration est réalisée par et pour le déclarant, son partenaire ou conjoint, ses enfants et/ou encore toute personne à charge. Cependant, s'il s'agit certes, en principe, d'une seule déclaration par foyer, il faut parfois remplir plusieurs types de déclarations, selon le type de revenus. Notons également que tous les contribuables doivent souscrire une déclaration, même s'ils ne perçoivent aucun revenu.

Concrètement, l'administration fiscale transmet au contribuable une déclaration préremplie. Celle-ci comprend les informations que l'administration fiscale possède déjà. Il s'agit généralement du montant des salaires ou des informations transmises par les établissements bancaires. Le contribuable doit vérifier l'exactitude de ces informations, les corriger et les mettre à jour en cas de changement.

Depuis 2019, les déclarations sont **dématérialisées**. Chaque contribuable est donc tenu de faire ses déclarations en ligne. Dans le cas contraire, si le contribuable ne souscrit pas la déclaration dématérialisée, l'administration fiscale le sanctionne par une amende de 15 € par déclaration non souscrite en ligne. Certains contribuables peuvent échapper à cette obligation : il s'agit notamment de ceux qui ne disposent pas de connexion à Internet ou encore des personnes âgées ne maîtrisant pas toujours l'outil informatique. Dans le cas d'une première déclaration, il n'est pas possible de la faire en ligne : de ce fait, il faut utiliser le format papier.

Depuis le 1er janvier 2019, la France a mis en œuvre le **prélèvement à la source**. Désormais, vos impôts sont, dans la plupart des cas, prélevés directement à la source du revenu. Néanmoins, il est toujours obligatoire de remplir la déclaration de revenus. Celle-ci permet d'ajuster les taux de prélèvement à la source, mais aussi de déclarer les réductions ou crédits d'impôt : son utilité est donc toujours réelle.

Le contribuable court des risques en cas de **mauvaise déclaration** ou d'**absence de déclaration**. Ainsi, afin que l'administration puisse traiter toutes les déclarations, il existe des dates limites de dépôt. Dans le cas où la déclaration est déposée tardivement, le contribuable s'expose à des intérêts de retard de 0,20 % par mois de retard. Le contribuable peut également faire l'objet de majorations :

- 10 % lorsque le contribuable rectifie lui-même son erreur ;
- 20 % en cas de dépôt tardif dans les 30 jours suivant une mise en demeure ;
- 40 % lorsque le contribuable n'a pas déposé de déclaration dans les 30 jours suivant la mise en demeure ;
- 80 % en cas d'activité occulte.

En cas d'absence de déclaration ou de dépôt tardif, l'administration fiscale est en droit d'utiliser la procédure de **taxation d'office**. Dans ce cas, le fisc constitue lui-même une base d'imposition, liée notamment au train de vie du contribuable. Précisons que toutes les déclarations doivent être signées pour être valables.

1. LES DIFFÉRENTES DÉCLARATIONS LIÉES À L'IMMOBILIER

DÉCLARATIONS	CONTRIBUABLES CONCERNÉS
2042	Tous les contribuables
2042 C	Contribuables ayant une situation particulière, dont les informations ne peuvent pas figurer dans la 2042
2042 C PRO	Contribuables exerçant une profession non salariée et/ou percevant des revenus locatifs meublés
2042 RICI	Contribuables susceptibles de bénéficier de crédits d'impôt ou de réductions d'impôt (salarié à domicile, garde d'enfants, etc.)
2044	Contribuables percevant des revenus locatifs nus
2047	Contribuables résidents fiscaux français, mais percevant des revenus de source étrangère

La déclaration 2042

C'est la déclaration que tous les contribuables remplissent, même s'ils ne perçoivent pas de revenus. Elle permet essentiellement de mettre à jour la situation familiale et de signaler des situations particulières telles que l'invalidité ou le handicap. Dans la majorité des cas, cette déclaration suffit, puisqu'elle permet de déclarer la plupart des revenus.
Cependant, dans le cas d'investissements immobiliers, d'autres déclarations annexes doivent être souscrites.

www.lienmini.fr/5554-04
Formulaire en ligne

La déclaration 2042 C (« complémentaire »)

C'est une déclaration annexe à la déclaration 2042. Elle permet de déclarer des revenus qui ne figurent pas dans la déclaration 2042. Elle comportait majoritairement les différents dispositifs immobiliers avant la dernière campagne de déclaration (sur les revenus 2020). Désormais, ces dispositifs immobiliers se trouvent notamment dans la déclaration 2042 RICI.

www.lienmini.fr/5554-05
Formulaire en ligne

La déclaration 2042 C PRO

Elle permet de déclarer des revenus issus des professions non salariées. Elle est souscrite généralement par les artisans, les commerçants, les professions libérales ou encore les exploitants agricoles. On y retrouve notamment les revenus issus de la location meublée.

www.lienmini.fr/5554-06
Formulaire en ligne

La déclaration 2042 RICI

Cette déclaration, assez particulière, répertorie les avantages fiscaux dont le foyer peut bénéficier au titre de l'année d'imposition. Ici, le contribuable doit déclarer les sommes ouvrant droit aux réductions et crédits d'impôt. Notons néanmoins que certains dispositifs de réductions et crédits d'impôt se trouvent également dans les déclarations précédentes, lorsque ces dispositifs s'attachent à une catégorie particulière d'investissement.

www.lienmini.fr/5554-07
Formulaire en ligne

La déclaration 2044

C'est une déclaration qui permet de compléter la déclaration 2042. Il s'agit de déclarer tous les revenus fonciers perçus lorsque le contribuable a opté ou est soumis au régime réel. Cette déclaration permet de détailler toutes les charges déductibles.

Notons que, pour certains dispositifs immobiliers particuliers, il existe une déclaration **2044 SPÉCIALE**. C'est notamment le cas pour les dispositifs Robien, Périssol, Borloo, Besson, etc.

www.lienmini.fr/5554-08
Formulaire en ligne

La déclaration 2047

Cette déclaration contient tous les revenus perçus de source étrangère. Il peut s'agir de revenus issus de la location d'un bien possédé à l'étranger.

www.lienmini.fr/5554-09
Formulaire en ligne

L'AVIS DE L'EXPERT

Tous les formats papier des déclarations que nous allons examiner sont librement accessibles sur Internet. Le format numérique qui apparaît lorsque vous procédez à vos déclarations est sensiblement identique, et les numéros des cases à remplir sont les mêmes.

2. DÉCLARER LE FOYER ET LES CHANGEMENTS SURVENUS DURANT L'ANNÉE D'IMPOSITION

Pour le calcul de l'impôt, il est impératif de déclarer tous les membres du foyer fiscal. L'administration fiscale peut ainsi attribuer un certain nombre de parts, qui permettent une meilleure répartition de l'impôt. La **composition du foyer fiscal** doit être déclarée sur l'imprimé 2042 (page 2).

Il est également nécessaire de déclarer toutes les situations particulières, comme l'invalidité, le handicap ou encore le rattachement d'un enfant marié. Ces informations sont impératives pour le calcul de certains seuils de crédits d'impôt (le crédit d'impôt pour l'emploi d'un salarié à domicile, par exemple).

Lorsque votre situation personnelle change au cours de l'année, il convient de le signaler également. Cela peut être lié à votre habitation, comme un déménagement, ou à votre situation maritale, en cas de mariage ou de décès.

3. DÉCLARER DES REVENUS AUTRES QUE DES REVENUS ISSUS DE L'ACTIVITÉ IMMOBILIÈRE

La majeure partie des revenus perçus par les contribuables font l'objet d'une seule déclaration : la déclaration 2042. Il convient d'y déclarer les **salaires**, les **traitements** ou encore les **pensions de retraite** (en page 3). Ces informations sont généralement préremplies par l'administration fiscale, puisqu'elles sont communiquées par les employeurs ou les organismes. Néanmoins, il faut toujours vérifier si ces chiffres correspondent bien aux revenus réellement perçus.

Sur le même imprimé, on retrouve également tous les **revenus des valeurs mobilières** et les **capitaux mobiliers**. Ces informations sont transmises par les établissements bancaires. Comme précédemment, il est toujours nécessaire d'opérer une vérification. Notons que, dans ce cas, le contribuable a le choix entre deux régimes fiscaux. En effet, il peut être assujetti au prélèvement forfaitaire unique ou décider de soumettre ces revenus au barème progressif de l'impôt sur le revenu. Dans ce second cas, il doit cocher la case **2OP**.

Enfin, les gains de cession de valeurs mobilières, les droits sociaux et tous les gains assimilés doivent également être déclarés sur l'imprimé 2042.

Les revenus professionnels issus d'une activité non salariée font l'objet d'une autre déclaration : l'imprimé **2042 C PRO**.

Ici le contribuable doit déclarer :
- les revenus agricoles (BA) ;
- les revenus industriels et commerciaux professionnels et non professionnels (BIC) ;
- les revenus non commerciaux (BNC).

4. DÉCLARER DES REVENUS ISSUS DE LA LOCATION NUE

Lorsqu'un contribuable loue un bien de son patrimoine en location non meublée et perçoit donc des loyers, ces derniers sont imposés dans la catégorie des revenus fonciers. La déclaration de ces revenus dépend du régime foncier du contribuable.

Si le contribuable relève du régime **microfoncier**, une seule déclaration suffit. Le contribuable doit indiquer dans sa déclaration 2042, en case **4BE**, les loyers qu'il a perçus durant l'année d'imposition. Il est impératif de seulement noter le montant des revenus perçus. C'est l'administration fiscale qui procède à l'abattement forfaitaire de 30 % dont le contribuable bénéficie.

Notons que lorsque le contribuable perçoit des loyers issus d'une location à l'étranger, il doit potentiellement indiquer leur montant en case 4BK.

4 I REVENUS FONCIERS *Revenus des locations non meublées*

Micro foncier		
Recettes brutes sans abattement *n'excédant pas 15 000 €*	4BE	
– dont recettes de source étrangère ouvrant droit à un crédit d'impôt égal à l'impôt français	4BK	
Nom du locataire et adresse		

Imprimé 2042 – page 4 : déclaration des revenus issus d'une location nue pour le régime microfoncier

Si le contribuable relève de plein droit du **régime réel** ou qu'il a opté pour ce régime, il est nécessaire de souscrire la déclaration **2044**. Il convient tout d'abord de remplir les informations nécessaires quant à l'immeuble en location : l'identité du locataire, la date d'acquisition du logement et l'adresse (rubrique 200).

200 **Caractéristiques des propriétés** *(cochez, le cas échéant, les cases qui correspondent à votre situation et indiquez le taux applicable pour la déduction spécifique "Conventionnement Anah")*

	Dispositifs spécifiques				
			Conventionnement Anah		
	Besson ancien 26 %	Borloo ancien	Cosse	Taux de déduction applicable	Nom et prénom du locataire
Immeuble 1	☐	☐	☐		
Immeuble 2	☐	☐	☐		
Immeuble 3	☐	☐	☐		
Immeuble 4	☐	☐	☐		
Immeuble 5	☐	☐	☐		
Immeuble 6	☐	☐	☐		
Immeuble 7	☐	☐	☐		
Immeuble 8	☐	☐	☐		

Imprimé 2044 – page 2

Tous les loyers perçus durant l'année doivent être déclarés. Certaines autres recettes, comme les subventions de l'Agence nationale de l'habitat (Anah) ou des indemnités d'assurances, doivent également être inscrites (rubriques 210 à 215).

	Immeuble 1 Nombre de locaux	Immeuble 2 Nombre de locaux	Immeuble 3 Nombre de locaux
210 **Recettes**		*N'inscrivez pas les centimes*	
Immeubles donnés en location			
211 Loyers (ou fermages) bruts encaissés			
212 Dépenses mises par convention à la charge des locataires			
213 Recettes brutes diverses (y compris subventions ANAH et indemnités d'assurance)			
Immeubles dont vous vous réservez la jouissance			
214 Valeur locative réelle des propriétés dont vous vous réservez la jouissance			
215 **Total des recettes : lignes 211 à 214**			

Imprimé 2044 – page 2

Comme le contribuable relève du régime réel, il ne bénéficie pas de l'abattement forfaitaire mentionné précédemment. De ce fait, il a le droit de déduire certaines charges en rubriques 220 à 240. Rappelons qu'il existe un certain nombre de **charges déductibles** (voir Thème 4). On compte parmi les plus courantes :

- **les frais d'administration :** on peut indiquer ici les sommes versées à des concierges, par exemple ;
- **les autres frais de gestion :** c'est une somme forfaitaire accordée à tous les contribuables, qui s'élève à 20 € par immeuble ; il faut donc l'indiquer dans la déclaration ;
- **les primes d'assurance :** en principe, les compagnies d'assurances indiquent le montant à inscrire dans les charges déductibles ;
- **les dépenses de réparation, d'entretien et d'amélioration :** celles-ci doivent être détaillées dans la déclaration, en rubriques 400 et 500 ;
- **les taxes foncières et taxes annexes**.

Les **intérêts d'emprunt** sont également déductibles des revenus fonciers. Ils disposent d'une rubrique spéciale, la 250.

Enfin, après avoir réalisé le total des recettes et déduit les charges et intérêts, on retrouve le **total des revenus fonciers taxables** en rubrique 260. Lorsque cette donnée est positive, autrement dit lorsque le contribuable réalise un **bénéfice**, le montant doit être impérativement reporté dans la déclaration 2042 en case 4BA.

L'AVIS DE L'EXPERT

Si le report est souvent automatique lorsque l'on télédéclare, il convient de toujours vérifier les cases à remplir sur l'ensemble des déclarations car il est déjà arrivé que le report ne se fasse pas correctement. Il s'agit parfois simplement d'une difficulté informatique sur le site des impôts.

220	**Frais et charges**			
221	Frais d'administration et de gestion (Rémunérations des gardes et concierges ; rémunérations, honoraires et commissions versées à un tiers ; frais de procédure)			
222	Autres frais de gestion : **20 € par local**			
223	Primes d'assurance			
224	Dépenses de réparation, d'entretien et d'amélioration (remplir également la rubrique 400)			
225	Charges récupérables non récupérées au départ du locataire			
226	Indemnités d'éviction, frais de relogement			
227	Taxes foncières, taxes annexes de 2020 (Taxe d'enlèvement des ordures ménagères : voir notice)			
	Régimes particuliers			
228	Déductions spécifiques (sous certaines conditions : voir notice) 15 %, 26 %, 30 %, 40 %, 45 %, 50 %, 60 %, 70 % ou 85 % de **la ligne 215**			
	Immeubles en copropriété (uniquement pour les propriétaires bailleurs)			
229	Provisions pour charges payées en 2020			
230	Régularisation des provisions pour charges déduites au titre de 2019			
230 *bis*	Réintégration de 50 % du montant des travaux déductibles compris dans les provisions payées en 2019			
240	**Total des frais et charges : lignes 221 à 229 – ligne 230 – ligne 230 *bis***			
250	**Intérêts d'emprunt** (remplir également la rubrique 410)			
260	**Revenus fonciers taxables**			
261	Ligne 215 – ligne 240 – ligne 250			
262	Réintégration du supplément de déduction (voir notice)			
263	**Bénéfice (+) ou déficit (–) : ligne 261 + ligne 262**			

Imprimé 2044 – page 2

Dans le cas contraire, si le contribuable est en **déficit,** il est nécessaire de remplir le reste de la déclaration (rubriques 430 à 441). Certaines données sont à reporter dans la déclaration 2042. Une partie du déficit peut être **imputée directement sur le revenu global**, dans la limite de **10 700 €.** Il faut reporter le montant en case **4BC** de l'imprimé **2042**. L'excédent du déficit (dépassant 10 700 €) doit être reporté en case **4BB** de cette même déclaration.

Lorsqu'il existait déjà des déficits les années précédentes, il est nécessaire de les reporter en rubrique 450. Ils peuvent être imputés sur les revenus fonciers si ces derniers sont assez élevés, et, sinon, ils sont reportés d'une année, dans la limite de dix ans. Le montant doit également être indiqué en case **4BD** de l'imprimé **2042**.

Calcul du résultat foncier, répartition du déficit

420 **Résultat :** Bénéfice ou déficit total : case D + case I	€	**En cas de bénéfice, à reporter case 4BA de votre déclaration n° 2042**

Continuez les calculs ci-dessous (lignes 430 à 441) uniquement en cas de déficit

430 **Déficit de l'année : calcul de répartition**		
431 Total des revenus bruts : case A + case E + case H	€	
432 Total des intérêts d'emprunts : case C + case G	€	
433 Total des autres frais et charges : case B + case F	€	
434 *Si la ligne 432 est supérieure à la ligne 431*		
435 Report de la ligne 433 dans la limite de 10 700 € (1)	€	**À reporter case 4BC de votre déclaration n° 2042**
436 Report de la ligne 433 : montant dépassant 10 700 € (1)	€	
437 Report de la différence : ligne 432 – ligne 431	€	
438 Total : ligne 436 + ligne 437	€	**À reporter case 4BB de votre déclaration n° 2042**
439 *Si la ligne 432 est inférieure ou égale à la ligne 431*		
440 Report de la ligne 420 dans la limite de 10 700 € (1)	€	**À reporter case 4BC de votre déclaration n° 2042**
441 Report de la ligne 420 : montant dépassant 10 700 € (1)	€	**À reporter case 4BB de votre déclaration n° 2042**

(1) ou 15 300 € si le résultat d'au moins un des immeubles relevant du dispositif de déduction spécifique « Cosse » dans le cadre d'une convention conclue avec l'Anah est déficitaire (voir paragraphe 228 de la notice)

450 **Déficits antérieurs restant à imputer**

Reportez colonne A, pour chaque année concernée, la part des déficits non encore imputés sur vos revenus fonciers antérieurs

Années	Déficits rural et urbain non imputés au 31/12/2019 (Colonne A)	Si vous avez déclaré un bénéfice en ligne 420,* imputez ce bénéfice sur les déficits les plus anciens (Colonne B)	Déficits restant à reporter au 31/12/2020 (Colonne C = A – B)
2010	€	€	XXXXXXXXXXXX
2011	€	€	€
2012	€	€	€
2013	€	€	€
2014	€	€	€
2015	€	€	€
2016	€	€	€
2017	€	€	€
2018	€	€	€
2019	€	€	€
2020	XXXXXXXXXXXX	XXXXXXXXXXXX	€

451 Montant total des déficits antérieurs non encore imputés au 31 décembre 2019 € **À reporter case 4BD de votre déclaration n° 2042**

* (et/ou un revenu foncier exceptionnel ou différé déclaré en ligne ØXX de votre déclaration de revenus n° 2042 C)

Imprimé 2044 – page 4

Régime réel *Report du résultat déterminé sur la déclaration n° 2044*

Revenus fonciers imposables	4BA	
– dont revenus de source étrangère ouvrant droit à un crédit d'impôt égal à l'impôt français	4BL	
Déficit imputable sur les revenus fonciers	4BB	
Déficit imputable sur le revenu global	4BC	
Déficits antérieurs non encore imputés	4BD	

Vous ne percevez plus de revenus fonciers en 2021 4BN COCHEZ ☐ Vous souscrivez une déclaration n° 2044 spéciale 4BZ COCHEZ ☐

Imprimé 2042 – page 4

5. DÉCLARER DES REVENUS ISSUS DE LA LOCATION MEUBLÉE

Si vous avez le statut de loueur meublé professionnel

Lorsque le contribuable a le statut de **loueur meublé professionnel** (LMP), il doit déclarer les revenus issus de son activité locative dans la rubrique « **Revenus industriels et commerciaux professionnels** » inscrite dans la déclaration **2042 C PRO**. Les deux régimes figurent sur la déclaration.

Régime micro

Lorsque le contribuable relève du **régime micro**, il est nécessaire d'inscrire tous les revenus perçus en case **5KP**. S'il réalise des **plus-values ou moins-values à court ou long terme**, il convient également de les déclarer en case **5KX, 5KJ, 5KQ et 5KR**, selon l'opération réalisée.

Régime micro BIC			
Revenus nets exonérés *régimes zonés article 1417, IV, b du code général des impôts*	5KN	5LN	5MN
Revenus imposables : *chiffre d'affaires brut sans déduire aucun abattement*			
· ventes de marchandises et assimilées	5KO	5LO	5MO
· prestations de services et locations meublées	5KP	5LP	5MP
Plus-values nettes à court terme	5KX	5LX	5MX
Moins-values nettes à court terme	5KJ	5LJ	5MJ
Plus-values nettes à long terme	5KQ	5LQ	5MQ
Moins-values nettes à long terme	5KR	5LR	5MR

Imprimé 2042 C PRO – page 3

Régime réel

Lorsque le contribuable relève de plein droit du régime réel ou lorsqu'il souscrit cette option, il est nécessaire d'inscrire les résultats en case **5KC**. Une particularité est visible dans cette rubrique. Il convient d'inscrire les résultats dans la colonne **OGA/Viseur** lorsque le contribuable a choisi de faire appel à un organisme de gestion agréé (OGA). Dans le cas contraire, il faut inscrire les résultats dans la colonne « SANS ».

Rappelons que, lorsque le contribuable ne fait pas appel à un OGA, cela entraîne une majoration de 20 % des bénéfices imposables en 2020. Cependant, on peut s'attendre à quelques modifications dans la déclaration puisque la loi de finances pour 2021 va baisser cette majoration à 15 %, puis 10 % en 2022, pour ensuite la supprimer en 2023.

Enfin, si le contribuable réalise des plus-values à long terme, il doit indiquer ce montant en case **5KE**.

Régime du bénéfice réel	OGA/VISEUR	SANS	OGA/VISEUR	SANS	OGA/VISEUR	SANS
Revenus exonérés *régimes zonés article 1417, IV, b du code général des impôts*	5KB	5KH	5LB	5LH	5MB	5MH
Revenus imposables *cas général*	5KC	5KI	5LC	5LI	5MC	5MI
– dont plus-values à court terme, subventions d'équipement, indemnités d'assurance pour perte d'élément d'actif	5DK	5DL	5EK	5EL	5FK	5FL
– dont moins-values à court terme	5DM	5DN	5EM	5EN	5FM	5FN
Revenus de source étrangère avec crédit d'impôt égal à l'impôt français	5DF	5DG	5EF	5EG	5FF	5FG
Revenus nets de la cession ou concession de brevets et assimilés *taxables à 10 %*	5UI		5VI		5WI	
Déficits	5KF	5KL	5LF	5LL	5MF	5ML
Plus-values nettes à long terme	5KE		5LE		5ME	

Imprimé 2042 C PRO – page 3

Si vous avez le statut de LMNP

Lorsque le contribuable a le statut de loueur meublé non professionnel (LMNP), il doit déclarer les revenus issus de son activité locative dans la rubrique « **Revenus des locations meublées non professionnelles** » de cette même déclaration. Ici encore, la déclaration distingue les deux types de régimes : micro et réel.

Régime micro

Concernant le régime **micro BIC**, il convient d'être attentif à la qualification du logement : locations meublées générales ou locations de chambres d'hôtes et meublés de tourismes classés.

Il convient également d'établir une distinction lorsque les locations sont soumises aux contributions sociales par les organismes de sécurité. De ce fait, il faut inscrire les résultats issus de la location meublée dans la case correspondant à la location. Notons qu'il faut indiquer les recettes brutes, sans prendre en compte l'abattement autorisé par le régime micro.

Régime réel

La déclaration du **régime réel** s'organise de la même manière que pour les locations meublées professionnelles. Il convient d'inscrire les recettes issues de l'activité dans la colonne de gauche lorsque le contribuable est inscrit à un OGA, et, à l'inverse, à droite lorsqu'il n'en a pas.

REVENUS DES LOCATIONS MEUBLÉES NON PROFESSIONNELLES

Ces revenus seront automatiquement soumis aux prélèvements sociaux (à l'exception de ceux qui sont soumis aux contributions sociales par les organismes de sécurité sociale). Ne les reportez pas page 8.

	DÉCLARANT 1		DÉCLARANT 2		PERSONNE À CHARGE	
Durée de l'exercice : *nombre de mois si inférieur à 12 Sauf locations meublées saisonnières*	5CD		5DD		5FD	
Cession ou cessation d'activité en 2020	5CF COCHEZ		5CI COCHEZ		5CM COCHEZ	
Régime micro BIC *Recettes brutes sans déduire aucun abattement*						
Locations meublées *cas général*	5ND		5OD		5PD	
Locations de chambres d'hôtes et meublés de tourisme classés	5NG		5OG		5PG	
Locations soumises aux contributions sociales par les organismes de sécurité sociale :						
– locations meublées *cas général*	5NW		5OW		5PW	
– chambres d'hôtes et meublés de tourisme	5NJ		5OJ		5PJ	
Régime du bénéfice réel	OGA/VISEUR	SANS	OGA/VISEUR	SANS	OGA/VISEUR	SANS
Revenus imposables *cas général*	5NA	5NK	5OA	5OK	5PA	5PK
Revenus de source étrangère avec crédit d'impôt égal à l'impôt français	5EY	5EZ	5FY	5FZ	5GY	5GZ
Revenus soumis aux contributions sociales par les organismes de sécurité sociale	5NM	5KM	5OM	5LM	5PM	5MM
Déficits *cas général*	5NY	5NZ	5OY	5OZ	5PY	5PZ
Déficits relevant des organismes de sécurité sociale	5WE	5WF	5XE	5XF	5YE	5YF
	2010	2011	2012	2013	2014	2015
Déficits des années antérieures non encore déduits	5GA	5GB	5GC	5GD	5GE	5GF
	2016	2017	2018	2019		
	5GG	5GH	5GI	5GJ		
Adresse de la location						

Imprimé 2042 C PRO – page 5

6. DÉCLARER DES DISPOSITIFS IMMOBILIERS SPÉCIFIQUES

Pinel

Il est nécessaire de déclarer son dispositif Pinel l'année de l'achat du logement neuf ou l'année de l'achèvement des travaux en cas de vente en état futur d'achèvement. Lorsque l'on choisit la durée d'engagement, ce choix n'est pas révocable. Il est possible de prolonger l'engagement, mais pas de le réduire.

Le contribuable doit souscrire la déclaration **2044 EB**, qui permet de valider le dispositif Pinel et d'engager le contribuable à la location. Cette déclaration ne doit être souscrite que l'année de déclaration de l'investissement.

Lors de la première année de déclaration, il est également obligatoire de joindre une note justifiant le dispositif (modèle : BOI-LETTRE-00013). Certaines informations sont obligatoires, notamment :

- l'identité du demandeur ;
- des renseignements concernant le bien (adresse, date d'acquisition, surface et engagement) ;
- la date de la première location ;
- le montant des loyers pratiqués, ainsi que l'avis d'imposition (N – 2) du locataire ;
- avant le 31 décembre 2014, l'engagement de ne pas louer à un ascendant ou descendant ; après le 31 décembre 2014, seulement l'engagement de ne pas louer à un membre de son foyer fiscal ;
- les modalités de calcul de la réduction d'impôt.

Il convient ensuite de remplir la déclaration **2042 RICI**.

Le choix de la case dépend de l'année de l'investissement Pinel, de la localisation du bien et de la durée d'engagement. Cette inscription n'est à souscrire que pour la première année. À partir de la deuxième année, il convient d'indiquer seulement le montant de la réduction d'impôt accordée au titre de l'année dans la rubrique « Reports concernant les investissements des années antérieures ».

Enfin, les **revenus locatifs** doivent être déclarés dans les déclarations **2042** pour le régime **microfoncier** et **2044** pour le **régime réel**.

Denormandie

Lors d'une acquisition ou de l'achèvement d'un bien sous le dispositif Denormandie, il est nécessaire de déclarer celui-ci pour la première fois dans la déclaration **2044 EB**. Elle sert principalement à vérifier l'éligibilité du bien aux conditions d'attributions du dispositif.

C'est à ce moment-là que le contribuable choisit sa durée d'engagement : six ans ou neuf ans.

Cette déclaration ne se souscrit qu'une seule fois.

Le contribuable perçoit des **revenus fonciers** qui doivent être reportés dans la déclaration **2042** en cas de régime **microfoncier** ou **2044** en cas de **régime réel**. Enfin, le dispositif Denormandie permet de bénéficier d'un avantage fiscal. Pour son octroi, le contribuable doit remplir la déclaration **2042 RICI**.

Il convient de renseigner le prix de revient du bien dans la case correspondant à la localisation du bien (métropole ou outre-mer) et à la durée d'engagement (six ou neuf ans). C'est l'administration fiscale qui calcule elle-même la réduction d'impôt. Cette déclaration, tout comme la déclaration des revenus fonciers, doit avoir lieu chaque année.

INVESTISSEMENTS LOCATIFS DENORMANDIE ANCIEN

Investissements pour lesquels l'achèvement des travaux *(ou l'acquisition, pour un logement acquis après transformation ou amélioration)* **est intervenu en 2020**

À remplir uniquement la première année de demande de la réduction d'impôt. Indiquez le montant de l'investissement.

Investissements réalisés en 2019

- en métropole avec engagement de location de : 6 ans **7NA** ..... 9 ans **7NB**
- outre-mer avec engagement de location de : 6 ans **7NC** ..... 9 ans **7ND**

Investissements réalisés en 2020

- en métropole avec engagement de location de : 6 ans **7NE** ..... 9 ans **7NF**
- outre-mer avec engagement de location de : 6 ans **7NG** ..... 9 ans **7NH**

Vous êtes fiscalement domicilié à l'étranger et vous avez réalisé un investissement Denormandie lorsque vous étiez fiscalement domicilié en France ..... **7QF** COCHEZ

Reports concernant les investissements des années antérieures

À remplir à partir de la deuxième année d'application de la réduction d'impôt. Indiquez la fraction de réduction d'impôt à reporter.

Investissements achevés en 2019

- en métropole :
  - avec engagement de location de 6 ans : report de 1/6 de la réduction d'impôt **7JA**
  - avec engagement de location de 9 ans : report de 1/9 de la réduction d'impôt **7JB**
- outre-mer :
  - avec engagement de location de 6 ans : report de 1/6 de la réduction d'impôt **7JC**
  - avec engagement de location de 9 ans : report de 1/9 de la réduction d'impôt **7JD**

Vous êtes fiscalement domicilié à l'étranger et vous avez réalisé un investissement Denormandie lorsque vous étiez fiscalement domicilié en France ..... **7QF** COCHEZ

Imprimé 2042 RICI – page 6

Malraux

Lorsqu'un contribuable veut bénéficier du dispositif Malraux, il doit joindre, la première année, une note donnant des informations sur le logement et l'engagement. Des justificatifs doivent également être joints. La note doit être conforme au modèle de l'administration fiscale (BOI-LETTRE-000201).

Les **revenus perçus** du dispositif doivent être inscrits dans la déclaration **2042** ou **2044**, selon le régime du contribuable.

Afin de bénéficier de la réduction d'impôt Malraux, il est nécessaire de renseigner les montants des travaux réalisés dans le cadre de la restauration dans la déclaration **2042 RICI**.

TRAVAUX DE RESTAURATION IMMOBILIÈRE MALRAUX

Dépenses payées en 2020

Demande de permis de construire ou déclaration de travaux déposée au plus tard le 31.12.2016 :

- dans un secteur sauvegardé, dans un quartier ancien dégradé ou dans un site patrimonial remarquable couvert par un plan de sauvegarde et de mise en valeur (PSMV) approuvé **7NX**
- dans une zone de protection du patrimoine architectural, urbain et paysager (ZPPAUP), dans une aire de mise en valeur de l'architecture et du patrimoine (AMVAP) ou dans un site patrimonial remarquable non couvert par un PSMV approuvé **7NY**

Demande de permis de construire ou déclaration de travaux déposée à compter du 1.1.2017 :

- dans un site patrimonial remarquable couvert par un PSMV approuvé, dans un quartier ancien dégradé ou dans un quartier du nouveau programme national de renouvellement urbain (NPNRU) **7TX**
- dans un site patrimonial remarquable non couvert par un PSMV approuvé **7TY**

Report du solde de réduction d'impôt non encore imputé

À remplir uniquement lorsqu'une fraction de réduction d'impôt n'a pas pu être imputée faute d'un montant suffisant d'impôt sur le revenu.

Indiquez la fraction de réduction d'impôt non imputée.

Report du solde de réduction d'impôt de l'année : .... 2017 **7KZ** ... 2018 **7KY** ... 2019 **7KX**

Imprimé 2042 RICI – page 11

Censi-Bouvard

Quand un contribuable souscrit le dispositif Censi-Bouvard, il doit inscrire les revenus issus de la location meublée dans la déclaration 2042 C PRO.

Pour déclarer le dispositif en lui-même, il est nécessaire de se munir de la déclaration **2042 RICI**. Il faut indiquer la date du début de l'engagement de neuf ans, ainsi que d'autres informations liées à l'investissement. Les années suivantes, il convient simplement de reporter un neuvième du prix de revient dans l'encadré « Report concernant les investissements des années antérieures ».

INVESTISSEMENTS DESTINÉS À LA LOCATION MEUBLÉE NON PROFESSIONNELLE CENSI-BOUVARD

Investissements réalisés en 2020 ou réalisés antérieurement si achevés en 2020

Engagement de location à souscrire la première année au titre de laquelle la réduction d'impôt est demandée

Engagement de location en meublé à l'exploitant pendant une durée de 9 ans, à compter de la date de prise d'effet du bail :

cochez la case .... 7II COCHEZ

Adresse du logement; nom et type d'établissement dans lequel se situe le logement :

Date d'achèvement du logement *pour les logements acquis en l'état futur d'achèvement*

ou date d'achèvement des travaux *pour les logements achevés depuis au moins quinze ans acquis en vue de leur réhabilitation* 2020

Investissements réalisés en :

À remplir uniquement la première année de demande de la réduction d'impôt. Indiquez le montant de l'investissement.

2014	2015	2016	2017	2018	2019	2020
7OU	7OV	7OW	7OX	7OY	7PZ	7MZ

Reports concernant les investissements des années antérieures

À remplir à partir de la deuxième année d'application de la réduction d'impôt. Reportez 1/9 de la réduction d'impôt.

Investissements achevés en 2019, réalisés de 2013 à 2019 .... 7SP

Investissements achevés en 2018 :

réalisés de 2013 à 2018 7SN .... réalisés en 2012 7SO

Investissements achevés en 2017 :

réalisés de 2013 à 2017 7SA .... réalisés en 2012 7SB .... réalisés en 2011 7SC

Investissements achevés en :	2013	2014	2015	2016
– réalisés de 2013 à 2016	7OA	7OF	7OK	7OP
– réalisés en 2012 ou réalisés en 2013 avec promesse d'achat en 2012	7OB	7OG	7OL	7OQ
– réalisés en 2011 ou réalisés en 2012 avec promesse d'achat en 2011	7OC	7OH	7OM	7OR
– réalisés en 2010 ou réalisés en 2011 avec promesse d'achat en 2010	7OD	7OI	7ON	7OS
– réalisés en 2009 ou réalisés en 2010 avec promesse d'achat en 2009	7OE	7OJ	7OO	7OT

Investissements achevés en 2012 :

- réalisés en 2012 .... 7JV
- réalisés en 2011 ou réalisés en 2012 avec promesse d'achat en 2011 .... 7JW
- réalisés en 2010 ou réalisés en 2011 avec promesse d'achat en 2010 .... 7JX
- réalisés en 2009 ou réalisés en 2010 avec promesse d'achat en 2009 .... 7JY

Report du solde de réduction d'impôt non imputé les années précédentes

À remplir uniquement lorsqu'une fraction de réduction d'impôt n'a pas pu être imputée les années précédentes faute d'un impôt sur le revenu suffisant.
Indiquez la fraction de réduction d'impôt non imputée.

- Investissements réalisés en 2009 et achevés de 2009 à 2015; réalisés en 2010 avec engagement avant le 1.1.2010 et achevés de 2010 à 2016.
  report du solde de réduction d'impôt de l'année :
  2014 7PF ... 2015 7PK ... 2016 7PP ... 2017 7PU ... 2018 7HO ... 2019 7HT
- Investissements réalisés en 2010 et achevés de 2010 à 2016; réalisés en 2011 avec promesse d'achat en 2010 et achevés de 2011 à 2016.
  report du solde de réduction d'impôt de l'année :
  2014 7PG ... 2015 7PL ... 2016 7PQ ... 2017 7PV ... 2018 7HP ... 2019 7HU
- Investissements réalisés en 2011 et achevés de 2011 à 2017; réalisés en 2012 avec promesse d'achat en 2011 et achevés de 2012 à 2016.
  report du solde de réduction d'impôt de l'année :
  2014 7PH ... 2015 7PM ... 2016 7PR ... 2017 7PW ... 2018 7HQ ... 2019 7HV
- Investissements réalisés en 2012 et achevés de 2012 à 2018; réalisés en 2013 avec promesse d'achat en 2012 et achevés de 2013 à 2016.
  report du solde de réduction d'impôt de l'année :
  2014 7PI ... 2015 7PN ... 2016 7PS ... 2017 7PX ... 2018 7HR ... 2019 7HW
- Investissements réalisés et achevés de 2013 à 2019. Report du solde de réduction d'impôt de l'année :
  2014 7PJ ... 2015 7PO ... 2016 7PT ... 2017 7PY ... 2018 7HS ... 2019 7HX

Imprimé 2042 RICI – page 10

7. LES ANCIENS DISPOSITIFS : LA DÉCLARATION 2044 SPÉCIALE

Un contribuable doit souscrire la déclaration 2044 spéciale lorsqu'il a effectué une opération entrant dans le champ des dispositifs :

- Borloo neuf ;
- Robien et Robien ZRR classique ;
- Robien et Robien ZRR recentré ;
- Besson neuf ;
- Périssol ;
- Scellier intermédiaire ou ZRR.

8. DÉCLARER DES RÉDUCTIONS ET CRÉDITS D'IMPÔT

AVIS DE L'EXPERT

Lorsque vous réalisez un investissement ou payez une prestation de services, ayez toujours le réflexe de vous demander si cette opération n'ouvre pas droit à un avantage fiscal.

Les réductions et crédits d'impôt sont présents dans toutes les déclarations. Généralement, les avantages fiscaux se situent dans la déclaration ayant un lien avec l'investissement ou la prestation.

Concernant le **crédit d'impôt pour l'emploi d'un salarié à domicile**, il est nécessaire de le déclarer dans la déclaration **2042**. C'est un des dispositifs les plus utilisés et il concerne les particuliers. C'est pour cette raison qu'il se trouve dans cette déclaration.

Il existe cependant une déclaration d'impôt ne contenant que des réductions et crédits d'impôt : il s'agit de la déclaration **2042 RICI**. Le contribuable peut y déclarer les dons ou encore le type d'établissement scolaire où se trouvent ses enfants. Ce sont des sommes qui ouvrent droit à une réduction d'impôt.

En matière immobilière, c'est dans la déclaration **2042 RICI** qu'il convient de reporter les intérêts d'emprunt contractés pour l'acquisition ou la construction de l'habitation principale, lorsque les conditions d'attribution de l'avantage sont remplies. De ce fait, il faut indiquer en case **7VX** le montant des intérêts d'emprunt payés dans l'année.

Dans cette même déclaration, il convient d'indiquer le montant des dépenses réalisées dans l'habitation en faveur de l'aide aux personnes. Le montant doit être reporté dans les cases **7WJ**, **7WI** ou **7WL**, selon la nature des travaux.

Enfin, la majeure partie de la déclaration RICI est composée du **crédit d'impôt pour la transition énergétique** (CITE). Elle comportait toutes les catégories de travaux, ainsi que les plafonds concernant les dépenses réalisées. Désormais remplacé par **Ma Prime Rénov'**, le CITE devrait bientôt disparaître des déclarations.

9. DÉCLARER DES REVENUS ISSUS DE LA LOCATION D'UN BIEN SITUÉ DANS UN PAYS ÉTRANGER

Les résidents fiscaux français sont imposés sur tous leurs revenus, qu'il s'agisse de revenus de source française ou de revenus de source étrangère. De ce fait, lorsqu'ils perçoivent des revenus étrangers, ils doivent souscrire une déclaration annexe : la **2047**.

Lorsque le contribuable français met en location un bien immobilier dans un pays étranger, il doit déclarer en France les revenus perçus. Dans la rubrique 4 de la déclaration 2047, il convient d'indiquer les montants des loyers, ainsi que certaines informations concernant l'immeuble (notamment son pays d'origine).

Selon les conventions fiscales internationales conclues entre le pays de situation de l'immeuble et la France, le bien peut être taxé différemment. De ce fait, il est important d'indiquer le montant des loyers sans déduire le montant de l'impôt payé à l'étranger.

Lorsque le contribuable est sous le **régime réel,** il doit reporter ces résultats dans les déclarations **2044** et **2042** (case 4BL). Lorsqu'il bénéficie du **régime microfoncier**, un report dans la déclaration **2042** suffit (case 4BK).

Si le contribuable réalise des plus-values issues d'un immeuble à l'étranger, il doit également les indiquer en rubrique 3 de la déclaration 2047.

Ici encore, il est nécessaire de préciser le pays d'origine, ainsi que le montant payé, sans prendre en compte l'impôt étranger. Ces montants doivent être reportés dans la déclaration **2042 C**, case **3VZ.**

Il existe quatre situations possibles lorsqu'un contribuable perçoit des revenus locatifs étrangers :

- *Situation 1 :* si le pays étranger et la France n'ont pas signé de convention fiscale internationale, les revenus sont taxés dans les deux pays.
- *Situation 2, 3 et 4 :* lorsque l'on est en présence d'une convention fiscale, trois cas sont possibles :
  - **Un crédit d'impôt égal à l'impôt étranger :** l'impôt payé à l'étranger vient donc en déduction de celui payé en France, sans le rendre négatif. De ce fait, il faut indiquer le montant de l'impôt payé à l'étranger en rubrique 7. Ce montant doit être reporté dans la déclaration **2042 C**, en case **8VL**.
  - **Un crédit d'impôt égal à l'impôt français :** ici, le contribuable peut bénéficier d'un crédit d'impôt équivalent au montant qu'il aurait dû payer en France sur ces revenus, et ce quel que soit le montant de l'impôt payé à l'étranger. Il convient de seulement indiquer le montant des loyers perçus à l'étranger dans la rubrique 6 de la déclaration **2047**. Il est alors nécessaire de reporter ce résultat dans la déclaration **2042 C**, en case **8TK**.
  - **Une exonération d'impôt :** certaines conventions fiscales permettent d'exonérer d'impôt en France les revenus perçus d'une location étrangère. Néanmoins, ces revenus doivent être déclarés, mais ils ne font pas l'objet d'une imposition. Le montant de l'impôt payé à l'étranger n'a aucune incidence sur l'exonération. Afin de bénéficier de l'exonération, il convient de renseigner les revenus fonciers étrangers déduits de toutes charges, y compris l'impôt payé à l'étranger, dans la rubrique 8 de la déclaration **2047**. Le montant doit faire l'objet d'un report dans la déclaration **2042 C**, en case **8TI**.

L'AVIS DE L'EXPERT

Pour savoir dans laquelle des trois situations vous vous trouvez si vous percevez des revenus de source étrangère, il est nécessaire d'analyser la convention fiscale signée par la France avec le pays dans lequel vous percevez les revenus concernés.

10. SOUSCRIRE LA DÉCLARATION D'IMPÔT SUR LA FORTUNE IMMOBILIÈRE

Entré en vigueur le 1er janvier 2018 en remplacement de l'impôt de solidarité sur la fortune (ISF), l'impôt sur la fortune immobilière (IFI) est payé par les contribuables qui détiennent un patrimoine immobilier d'une valeur nette supérieure à 1 300 000 €, évalué au 1er janvier de l'année d'imposition.

La déclaration de l'IFI se déroule en même temps que celle de l'impôt sur le revenu. Elle doit être souscrite annuellement. Cependant, si le montant du patrimoine immobilier chute à moins de 1 300 000 €, le contribuable ne doit plus souscrire de déclaration.

Il existe deux déclarations, selon la situation du contribuable. Si celui-ci possède des revenus soumis à l'impôt sur le revenu, il convient de souscrire la déclaration **2042-IFI**. Cependant, lorsque le redevable ne perçoit pas de revenu soumis à l'impôt sur le revenu (ne réside pas en France ou est majeur rattaché au foyer fiscal de ses parents), il doit, en plus de la précédente déclaration, souscrire la déclaration **2042-IFI-COV-K**.

À la différence de l'impôt sur le revenu, pour la taxation de l'IFI, le foyer fiscal peut être différemment composé. En effet, les **concubins** doivent souscrire une seule déclaration. Il est question de situation de concubinage impliquant une seule déclaration d'IFI quand une personne, unie de fait avec une autre, vit sous le même toit qu'elle, sans qu'elles soient mariées ou pacsées. L'union doit être **stable** et **continue**. Juridiquement, cette situation n'engage aucune obligation. Fiscalement, elle n'est prise en compte que pour le calcul de l'impôt sur la fortune immobilière.

La déclaration 2042-IFI permet d'établir la liste de tous les biens immobiliers détenus dans le patrimoine du contribuable. Les biens exonérés de l'assiette de taxation de l'IFI sont les biens immobiliers affectés à l'activité professionnelle. Ces derniers doivent néanmoins être énumérés dans l'**annexe 1** de la déclaration (pour davantage de détails, voir Thème 10).

Les biens immobiliers bâtis détenus directement sont retenus pour le calcul de l'IFI. Lorsque le contribuable détient seulement une partie de l'immeuble, il doit indiquer la valeur de ses droits. L'**annexe 2** doit comprendre les informations suivantes : la date et le prix d'acquisition, ainsi que la nature, le lieu et les caractéristiques de l'immeuble.

Si l'immeuble est mixte (affecté à un usage autre que l'habitation), le pourcentage habitable doit être renseigné. Enfin, lorsque le bien est détenu par plusieurs personnes, il est nécessaire d'indiquer dans l'annexe la valeur des droits détenus par le contribuable.

Les immeubles non bâtis détenus directement sont également taxables à l'IFI. Ils doivent être indiqués dans la suite de l'annexe 2. Le contribuable doit encore une fois indiquer tous les renseignements afférents aux immeubles.

Dans l'**annexe 3**, il convient de renseigner les biens immobiliers détenus indirectement. C'est le cas lorsque le bien est détenu indirectement par des parts ou actions de sociétés, d'organismes de placement collectifs ou d'autres organismes. Le contribuable doit renseigner la société détenant les biens immobiliers, la valeur vénale de ses parts, ainsi que la nature et la valeur des droits immobiliers qu'il détient.

Après avoir répertorié l'actif du patrimoine, le contribuable peut renseigner les dettes déductibles dans l'**annexe 4**. Les dépenses afférentes à l'acquisition du bien immobilier, aux réparations et à l'entretien sont notamment déductibles.

Toutes les données inscrites dans les annexes doivent être reportées dans la page 2 de la déclaration.

CE QU'IL FAUT RETENIR

DÉCLARATION	CONTENU
2042	- Doit être remplie par tous - Situation familiale - Salaires, revenus du capital, revenus fonciers, etc. - Quelques RI/CI : emploi d'un salarié à domicile
2042 C	Revenus soumis à un régime d'imposition particulier
2042 C PRO	BIC / BNC / Revenus des locations meublées (LMP / LMNP)
2042 RICI	Intérêts des prêts immobiliers, dépenses d'équipement du logement, CITE Dispositifs Pinel, Denormandie ancien, Scellier
2042-IFI	Pour les patrimoines immobiliers supérieurs à 1 300 000 €
2044	Revenus des locations nues quand régime réel
2044 SPÉCIALE	Dispositifs Borloo, Robien, Besson, Périssol, Scellier
2047	Revenus provenant de l'étranger

Quand déclarer ?

1
Mi-avril – mi-mai
Réception de la déclaration

2
1re quinzaine de juin
Date de clôture des déclarations

3
Août – septembre
Réception des avis

4
Fin septembre
Paiement de l'impôt sur le revenu

ENTRAÎNEZ-VOUS !

1. Depuis la mise en place du prélèvement à la source, la déclaration d'impôt est…

- ❑ …facultative.
- ❑ …obligatoire.
- ❑ …obligatoire dans certains cas.

2. Que risque le contribuable qui a déposé tardivement sa déclaration ?

- ❑ 0,20 % par mois de retard.
- ❑ 10 % de majoration.
- ❑ 20 % de majoration.

3. Quelle déclaration permet d'actualiser son foyer fiscal ?

- ❑ 2042 RICI.
- ❑ 2042.
- ❑ 2042 C.

4. En matière de location nue, l'assujettissement du contribuable à un régime ou à un autre a une incidence sur la souscription des déclarations.

- ❑ Faux, une seule déclaration suffit, que ce soit le régime micro-foncier ou réel.
- ❑ Vrai, les déclarations dépendent du régime.

5. En cas de location meublée, il convient de remplir la déclaration :

- ❑ 2042.
- ❑ 2044.
- ❑ 2042 C PRO.

6. La 2042-EB n'est pas une déclaration fiscale.

❑ Vrai. ❑ Faux.

7. Où se trouve le crédit d'impôt pour l'emploi d'un salarié à domicile ?

- ❑ Dans la déclaration 2044.
- ❑ Dans la déclaration 2044 S.
- ❑ Dans la déclaration 2042.

8. La déclaration 2047 nécessite la lecture de la convention fiscale applicable avant sa souscription.

❑ Vrai. ❑ Faux.

CONCLUSION

Au moment où j'entame l'écriture de cette conclusion, nous sommes le 19 août 2021.

Seuls quelques jours séparent la rédaction de l'introduction de celle de la conclusion. Et pourtant, entre les deux, je me suis attelé à la relecture de l'ensemble du livre, à la vérification de la cohérence globale et à tenter de répondre aux nombreuses interrogations qui subsistent, à commencer par savoir si vos attentes seront comblées. Évidemment, le chemin est encore long, puisque plusieurs phases de relecture et d'amélioration vont démarrer et s'enchaîner jusqu'à la sortie du livre.

Comme je l'indiquais déjà en introduction, j'ai conscience de ne pas avoir pu traiter l'ensemble des questionnements que vous aviez concernant la fiscalité immobilière. D'ailleurs, aucun ouvrage ne saurait avoir cette prétention.

Ce livre ne peut pas non plus remplacer un accompagnement personnalisé que nous réaliserons peut-être ensemble un jour, en tenant compte précisément de votre situation particulière et en établissant une stratégie qui vous est propre.

Pour autant, ce livre a le mérite de vous transmettre des bases solides en fiscalité immobilière, mais également, plus globalement, en matière fiscale. Nul doute que la maîtrise des éléments qu'il comporte vous permettra d'avancer plus vite et aura l'avantage de vous faire gagner un temps précieux dans vos prises de décisions. Surtout, ces connaissances vous permettent désormais de comprendre le fonctionnement de la fiscalité dans son ensemble et la logique de calcul de vos impôts, de connaître les impositions existantes et la législation afférente, et d'avoir conscience des comportements à adopter en certaines circonstances.

En réalité, j'espère simplement qu'à la lecture de ces 15 thèmes, vous avez acquis des connaissances, notamment concernant les enjeux de la fiscalité – et plus précisément de la fiscalité immobilière –, et que vous saurez les utiliser pour adopter à l'avenir les bons comportements. Et évidemment que vous pourrez vous aussi transmettre, tout autour de vous, les éléments qui vous ont semblé essentiels. Car votre entourage, assurément, mérite également de maîtriser les développements juridiques et fiscaux de cet ouvrage.

À titre personnel, la rédaction de ce livre est une grande fierté. Si ma thèse de doctorat, bien plus volumineuse, a demandé plus de cinq années de travail et a également été publiée il y a quelques années, elle demeure réservée à des spécialistes (professionnels et chercheurs) de la fiscalité, et traite d'un sujet bien trop complexe. Ici, dans ce livre consacré à la fiscalité immobilière, j'ai au contraire voulu être au service de tous les contribuables, car la majorité accorde trop peu d'importance à la fiscalité, matière réputée complexe.

*****

Au moment d'écrire ces dernières lignes, j'ai une pensée particulière pour toute mon équipe, qui m'accompagne au quotidien dans mes projets, et qui a largement contribué à la réalisation de ce livre. Vos idées, nos discussions et vos relectures ont constitué une aide précieuse depuis le début de cette aventure. Plus généralement, vous avez un sens exceptionnel du travail et de l'investissement, et c'est une chance pour moi de pouvoir compter sur vous chaque jour.

Enfin, je conclus cet ouvrage en m'adressant à vous, lectrices et lecteurs de ce livre. Je vous remercie chaleureusement pour votre confiance et vous souhaite le meilleur pour la suite, notamment une pleine réussite dans tous vos investissements immobiliers. J'espère avoir le plaisir de rencontrer chacune et chacun d'entre vous prochainement, lors de mes passages dans les différentes villes de France, à l'occasion d'événements collectifs ou de rendez-vous individuels.

Ce sont nos échanges qui m'ont conduit à la rédaction de ce livre.

Ce sont nos rencontres partout en France et dans le monde qui m'ont convaincu de la nécessité de rendre la fiscalité accessible à tous.

Et pour cela, je ne vous remercierai jamais assez.

À très bientôt,

Simon

GLOSSAIRE

Abattement : somme venant diminuer la base imposable. L'abattement peut être forfaitaire ou en pourcentage.

Accord tacite : correspond à un sous-entendu et non à une volonté clairement exprimée.

Acompte : provision (ou avance) payée par le contribuable au titre de l'impôt. Le montant acquitté est déduit du paiement final.

Acte authentique/notarié : acte établi par un officier public compétent, notamment par le notaire. Il peut également s'agir d'un huissier de justice, selon les types d'actes.

Acte sous seing privé : s'oppose à l'acte authentique. L'acte sous seing privé est un acte rédigé par les parties elles-mêmes ou par un tiers non officier public.

Acte unilatéral : acte qui n'engage qu'une seule partie.

Amortissement : déduction, échelonnée dans le temps, d'un actif affecté de manière durable à l'entreprise. L'amortissement permet de tenir compte, au fur et à mesure des années, de la perte de valeur du bien.

Assiette (de l'impôt) : base de calcul. Il s'agit de la somme des éléments financiers permettant d'établir l'imposition, autrement dit de l'ensemble des éléments sur lesquels va s'appliquer l'imposition.

Assistance administrative et internationale : outil de coopération internationale visant à lutter contre l'évasion et la fraude fiscales. Il permet, pour les États signataires des conventions d'assistances internationales, l'échange des informations concernant les contribuables ayant des intérêts dans plusieurs États.

Assujettissement : situation mettant une personne physique ou morale dans l'obligation de payer un impôt ou une taxe.

Ayant droit / Ayant cause : celui qui va récupérer l'exercice d'un droit.

Bail : contrat mettant à disposition d'une personne la jouissance d'un droit mobilier ou immobilier contre un prix.

Bailleur : propriétaire d'un bien qui le met en location, au profit d'un preneur, *via* un contrat de bail.

Bonne foi : situation où une personne se croit en conformité avec le droit sans intérêt de nuire.

Carrez : mesure de la surface privative d'un logement. Elle prend en compte les planchers des locaux clos, en déduisant les murs, marches ou cloisons.

Caution : couramment, il s'agit de l'engagement pris par un tiers pour garantir le paiement d'une somme en cas de défaillance de l'engagé. Mais, contrairement à ce que l'on entend généralement, la caution désigne en réalité la personne qui, dans un document appelé « acte de cautionnement », s'engage envers le propriétaire du logement loué à payer les dettes du locataire si ce dernier n'est pas en mesure d'y faire face.

Cession : transmission à titre onéreux (vente) ou à titre gratuit (donation).

Colocation : location d'un logement par plusieurs locataires, qui vont en faire leur résidence principale.

Consentement : fait de donner son accord pour quelque chose à quelqu'un.

Constitution : texte juridique définissant les principes et droits fondamentaux, ainsi que l'organisation de l'État.

Constitutionnalité : ce qui est conforme à la Constitution.

Contradictoire : débat permettant la discussion entre deux personnes.

Contrat d'accueil familial : contrat permettant à une personne âgée et/ou handicapée de pouvoir être accueillie dans le domicile d'un accueillant familial.

Contrat de cohabitation intergénérationnelle solidaire : contrat autorisant la sous-location d'une partie du bien d'un senior à un jeune de moins de 30 ans contre un prix modeste.

Contrepartie : chose fournie en échange de quelque chose d'autre.

Convention fiscale bilatérale : accord bilatéral entre deux pays, visant à organiser l'imposition et à supprimer la double imposition.

Copropriété : immeuble bâti dont la propriété est répartie entre plusieurs propriétaires de lots. Elle est composée de parties privatives et d'une quote-part sur les parties communes.

Crédit d'impôt : avantage fiscal accordé pour un investissement ou une dépense, qui permet de réduire le montant de l'impôt dû et d'octroyer, en cas d'insuffisance, un remboursement de la part de l'administration fiscale.

Demande d'éclaircissement : demande d'éléments de compréhension émanant de l'administration fiscale.

Dépôt de garantie : somme versée confiée en garantie d'un engagement pris.

Dividende : revenu que l'actionnaire perçoit en échange de ses parts/actions.

Dol : manœuvres trompeuses ayant entraîné le consentement d'une des parties, qui n'aurait pas donné son consentement sans ces manœuvres.

Dommages et intérêts : somme octroyée à une personne qui a subi un préjudice.

Domicile fiscal : lieu où le contribuable a son foyer (ou lieu de séjour habituel), son activité professionnelle ou le centre de ses intérêts économiques. Ces éléments permettent généralement de déterminer le pays d'imposition.

Donation : transmission d'un bien sans contrepartie, au profit d'une autre personne.

Droit d'enquête : droit permettant de rechercher des manquements aux règles de facturation (TVA).

Droit de communication : action permettant à l'administration fiscale de demander des renseignements ou des documents sur un contribuable à des tiers.

Droit de visite et de saisie : contrôle inopiné permis à l'administration fiscale lorsqu'il existe des présomptions de comportements frauduleux.

Effet rétroactif : effet anéantissant un acte pour le futur, mais également pour le passé.

Emprunt : prêt d'argent.

Enregistrement : formalité fiscale permettant de donner une date certaine aux actes et de bénéficier d'un double, conservé au service Enregistrement.

Erreur : fausse représentation de la réalité qui vicie le consentement d'une partie, qui n'aurait pas contracté en connaissance de cause.

Flagrance fiscale : procédure mise en place par l'administration fiscale, notamment en cas d'activité occulte, illicite ou encore d'émission de factures fictives.

Foyer fiscal : ensemble de personnes figurant sur une même déclaration d'impôt octroyant un certain quotient familial, selon le nombre de parts qu'il représente.

Immeuble : bien qui ne peut, par nature, pas être déplacé.

Impôt sur la fortune immobilière (IFI) : impôt ayant remplacé l'impôt de solidarité sur la fortune (ISF) et ne s'appliquant qu'aux patrimoines immobiliers excédant 1,3 million d'euros.

Inaliénabilité : bien qui ne peut pas faire l'objet d'un transfert.

Incapacité : inaptitude à jouir de ses droits ou à les exercer.

Indivision : situation où plusieurs personnes exercent des droits sur un même bien, sans division matérielle.

Location meublée : location d'un immeuble avec tous les meubles énoncés dans la loi ALUR, suffisant pour permettre la vie courante.

Location nue : location d'un immeuble sans meuble.

Location saisonnière : location meublée de courte période (semaine, mois, saison).

Marge : rapport entre le prix d'achat et le prix de vente d'un bien.

Mauvaise foi : comportement déloyal adopté de manière volontaire.

Mise en demeure : document remis à un débiteur, afin de lui demander d'exécuter son obligation.

Nue-propriété : partie du droit de propriété qui confère au titulaire le droit de disposer de la chose (*abusus*). Ce droit ne permet pas la jouissance (*fructus*) ou l'usage (*usus*).

Nullité : sanction d'un acte qui n'est pas valable ou dont le consentement est vicié.

Opposabilité : situation avertissant les tiers des actes passés.

Pacs : convention entre deux personnes physiques voulant caractériser une union commune.

Patrimoine : ensemble de biens possédés.

Personne morale : entité ayant une personnalité juridique lui permettant de jouir de droits similaires à ceux des personnes physiques, notamment celui d'agir en justice.

Personne physique : homme ou femme jouissant d'une personnalité juridique lui accordant des droits (droit de propriété, droit au respect de la vie privée, etc.).

Preneur : celui qui va prendre en location un immeuble auprès d'un bailleur.

Prescription : effet extinctif d'une action. Au-delà de ce délai, la situation devient définitive et ne peut donc pas être remise en cause devant un juge.

Présomption : faits apparents dont la preuve contraire n'est pas facile à établir.

Procédure contradictoire : procédure mise en place par l'administration fiscale lorsque le contribuable a souscrit ses déclarations avec toutefois des erreurs ou omissions.

Procédure d'office : procédure mise en place par l'administration fiscale lorsqu'aucune déclaration n'a été souscrite.

Propriété : droit de jouir et disposer de la manière la plus absolue.

***Prorata temporis* :** expression latine signifiant « en proportion du temps ». Permet de calculer une somme selon le temps écoulé.

Publicité foncière : publicité officielle des actes afférents au cadastre immobilier.

Quasi-usufruit : situation permettant à une personne d'user un bien par sa consommation, et qui, suite à celle-ci, disparaîtra (exemple : usage de l'argent).

Quittance : document attestant un remboursement ou le paiement d'une somme.

Réclamation contentieuse : fait de demander à l'administration de réparer ses erreurs lorsqu'elle n'a pas donné de réponse (ou une réponse négative) à la réclamation administrative.

Reconduction : renouvellement d'un contrat arrivé à son terme.

Recours gracieux : recours permettant au contribuable de demander à l'administration fiscale une remise (totale ou partielle) d'impôt quand il est dans l'impossibilité de payer.

Recours hiérarchique : recours formé devant le supérieur hiérarchique de l'auteur de l'acte ou de la décision.

Recours juridictionnel : recours formé devant le tribunal compétent.

Recouvrement : action de la part du créancier pour obtenir le paiement de la dette de son débiteur. On parle de recouvrement de l'impôt lorsque le recouvrement est ordonné par l'administration fiscale.

Redevance : somme versée par un usager d'un service ou d'un ouvrage public.

Réduction d'impôt : avantage fiscal permettant de réduire le montant de l'impôt, sans toutefois le rendre négatif.

Référé : procédure d'urgence permettant de régler un litige de manière provisoire.

Référé-liberté : procédure d'urgence permettant à un justiciable de demander au juge administratif de prendre des mesures nécessaires à la sauvegarde d'une liberté fondamentale.

Référé-suspension : procédure d'urgence permettant à un justiciable de demander au juge administratif de prendre des mesures empêchant l'exécution d'une décision administrative.

Résidence (fiscale) : appelée également « domicile fiscal » en droit interne ; il s'agit du pays où le contribuable est établi. La résidence est déterminée par quatre critères alternatifs et ouvre des obligations fiscales illimitées ou limitées.

Sous-location : lorsqu'un locataire décide de mettre lui-même en location son logement.

Succession : transmission du patrimoine d'une personne décédée à une ou plusieurs personnes vivantes.

Syndic : personne physique ou morale ayant la gestion et l'administration d'un immeuble en copropriété.

Taux d'imposition effectif : prise en compte des revenus français et étrangers pour établir un taux qui n'est appliqué qu'aux revenus taxables en France.

Transfert : déplacement d'une chose, d'une personne à une autre.

Usufruit : jouissance d'un bien dont on n'a pas la propriété (*usus* et *fructus*).

Vacance : chose qui est libre.

Valeur vénale : valeur d'un bien immobilier sur le marché s'il avait été mis en vente.

Vente en l'état futur d'achèvement : contrat liant un acheteur à un promoteur construisant un immeuble neuf. Appelée aussi « vente sur plan ».

Viager : contrat par lequel un acheteur verse au propriétaire d'un bien, jusqu'à son décès, une rente en plus d'un premier bouquet pour acquérir un bien.

Vice du consentement : comportement qui a poussé le contractant à contracter (dol, erreur, violence) et qui peut rendre l'acte annulable.

Violence : vice du consentement établi par la pression exercée sur quelqu'un pour qu'il contracte. La pression peut être physique, morale ou par menace de droit (menacer d'utiliser les voies de droit).

Nous vous remercions d'avoir choisi ce livre Vuibert et nous espérons qu'il a répondu à vos attentes.

Retrouvez **toute notre actualité** :

- ➔ les événements, les articles et les dernières vidéos de nos auteurs
- ➔ la parution de nos derniers livres
- ➔ un espace dédié aux candidats aux concours
- ➔ nos nombreux jeux-concours…

Sur notre site internet

www.vuibert.fr

Sur nos réseaux sociaux

@Editions.Vuibert

@editionsvuibert

Éditions Vuibert

@EditionsVuibert

Chaque mois, 3 personnes seront tirées au sort parmi les nouveaux inscrits sur nos réseaux sociaux et gagneront un livre.*

Merci encore !

L'équipe Vuibert

* Règlement du jeu disponible sur notre site

Achevé d'imprimer en janvier 2022 en France par Présence Graphique

Dépôt légal : février 2022 – N° éditeur : MAGSI20210407

PEFC 10-31-2677